Vergleichende Analyse politischer Systeme

herausgegeben von

Prof. Dr. Herbert Obinger, Universität Bremen
Prof. Dr. Christine Trampusch, Universität zu Köln
Prof. Dr. Uwe Wagschal, Universität Freiburg
Prof. Dr. Reimut Zohlnhöfer, Universität Heidelberg

Band 4

Benedikt Strunz

Globale Agenda

Die Nachrichtengeographie internationaler
Nachrichtensender

Die Deutsche Nationalbibliothek verzeichnet diese Publikation in
der Deutschen Nationalbibliografie; detaillierte bibliografische
Daten sind im Internet über http://dnb.d-nb.de abrufbar.

Zugl.: Freiburg i. Br., Univ., Diss., 2013

ISBN 978-3-8487-1038-6

1. Auflage 2014

Danksagung

Diese Arbeit wäre in der vorliegenden Form nicht ohne die Unterstützung meiner Familie, meiner Freundinnen und Freunde und natürlich meiner Kolleginnen und Kollegen entstanden. Dafür möchte ich mich herzlich bedanken. Vielen Dank an Prof. Dr. Uwe Wagschal für die kritische und stets hilfreiche Begleitung meines Vorhabens. Herzlich danke ich Prof. Dr. Ingeborg Villinger für die Unterstützung bei der Entwicklung des Themas. Vielen Dank an den Lehrstuhl für Vergleichende Regierungslehre der Albert-Ludwigs Universität Freiburg sowie an die Landesgraduierten-Förderung Baden-Württemberg für das entgegengebrachte Vertrauen. Für Rat und Tat tausend Dank an: Mikko Huotari, Flo Imbery und Doris Schweitzer, Markus Bromm, Tillmann Kaier, Hannes Müller, Hans Rittinghausen, Andrea Stolz, Christian Strunz, Christoph Walther, Carmen Wenk-Reich, dem BC Barracuda und Ralf Elfering.

Jelena Kleißler möchte ich dafür danken, dass sie diese Arbeit intensiv begleitet und korrigiert hat (für alle verbliebenen Fehler bin ich selbst verantwortlich) und dafür, dass sie ein so großartiger Mensch ist! Meinen Eltern Anne-Kathrein und Bernhard Strunz danke ich dafür, dass sie mich ein Leben lang gefördert und bedingungslos unterstützt haben. Ihnen möchte ich dieses Buch widmen.

Vorwort

Internationale Nachrichtensender sind im 21. Jahrhundert nicht mehr aus der globalen Nachrichtenwelt wegzudenken. Kanäle wie BBC und CNN sind längst zu Taktgebern des Nachrichtensystems geworden, die die Informationseliten in vielen Ländern der Welt mit ihren Realitätsangeboten versorgen. Ihnen ist dabei ein implizites Versprechen gemeinsam: Internationale Nachrichtensender wollen einen globalisierten Blick auf die Welt vermitteln und damit eine Sichtweise einnehmen, die sich deutlich von national-verankerten Nachrichtenangeboten unterscheidet. Vielleicht sogar eine Sichtweise, welche die alten Konflikte im Rahmen der NWIKO-Debatte obsolet werden lässt. Doch können Internationale Nachrichtensender dieses Versprechen einlösen? Welche Länder und welche Akteure sind es, die in den Nachrichten dieser Sender eine Rolle spielen? Wo liegen ihre nachrichtengeographischen Schwerpunkte, wo die „weißen Flecken"? Und welche Faktoren sind es, die die Chance auf Publizität erhöhen? Internationale Studien, die sich solchen und ähnlichen Fragen widmen, sind rar. In seiner Dissertationsschrift „Eine Globale Agenda", verfasst an der Albert-Ludwigs-Universität Freiburg, hat Benedikt Strunz die Nachrichtengeographie globaler Nachrichtensender systematisch erforscht.

Im Vordergrund von Strunz' Studie stehen die Nachrichten von Al-Jazeera English, BBC World News, CNN International, France 24 und Russia Today. An der Schnittstelle von Kommunikationswissenschaft und politischer Wissenschaft angesiedelt, liegt der Arbeit Nachrichtenmaterial von insgesamt zwei Nachrichten-Wochen zugrunde. In den vergangenen Dekaden konnte die nachrichtengeographische Forschung eins deutlich zeigen: Journalisten zeichnen in aller Regel ein höchst selektives und fragmentiertes Bild der Welt. Die Muster der Berichterstattung sind dabei offenbar global ähnlich. In der Regel stehen das jeweilige Heimatland des Senders sowie Europa und die USA im Fokus der Berichterstattung. Viele Länder Afrikas, Südamerikas und Osteuropas werden kaum reflektiert. Strunz kann eindrücklich zeigen, dass auch Internationale Nachrichtensender ein unvollständiges Weltbild zeichnen. Internationale Sender folgen in der Konstruktion von Geographie offenbar zwar nicht den von der Nachrichtenwerttheorie postulierten Gesetzmäßigkeiten. Gleichwohl rücken auch sie das jeweilige Herkunftsland und die G-8-Welt in den Berichterstattungsmittelpunkt. Ein Ergebnis, das die vermeintliche Globalität dieser Programme zur Diskussion stellt.

Methodisch betrachtet geht Strunz zweigleisig vor. Deskriptive Analysen liefern Befunde darüber, welche Länder, Akteure und Themen Internationale Nachrichtensender in den Vordergrund rücken. Inferenzstatistisch wird der Einfluss der nachrichtenwerttheoretischen Ländermerkmale auf den Nachrichtenwert gemessen. Die Arbeit kann auf diese Weise zahlreiche Ergebnisse zur Gestaltung von Sendeinhalten liefern, die sowohl für Wissenschaftler als auch für Medienpraktiker von Interesse sein werden. Wer das nächste Mal Nachrichten schaut, wird sich die Arbeit in Erinnerung rufen.

Uwe Wagschal   Freiburg März 2014

Inhaltsverzeichnis

1. Einleitung   13

1.1 Forschungslogischer Aufbau   15
1.2 Die politische Relevanz geographischer Nachrichtenrealität   17
1.3 Die politische Relevanz Internationaler Nachrichtensender   20

2. Die journalistische Konstruktion von Geographie   23

2.1 Die NWIKO-Debatte   23
2.2 Die Nachrichtengeographie im Spiegel deskriptiver Studien   27
2.2.1 News of the World- und Foreign News-Studie   27
2.2.2 Die Nachrichtengeographie des Fernsehens   33
2.2.3 Die Nachrichtengeographie Internationaler
      Nachrichtensender   39
2.3 Die Nachrichtengeographie im Spiegel inferenzstatistischer
      Studien   44
2.3.1 Nachrichtenwerttheoretisch orientierte Studien   44
2.3.2 Systemische und andere Studien   54
2.4 Strukturmerkmale der Nachrichtengeographie   63

3. Die Konstruktion nachrichtengeographischer Realität   68

3.1 Theorien zur Konstruktion nachrichtengeographischer Realität   68
3.1.1 News-Bias-Forschung   69
3.1.2 Framing-Ansatz   71
3.1.3 Gatekeeping-Ansatz   74
3.1.4 Systemische Perspektive   77
3.2 Die Nachrichtenwerttheorie   79
3.2.1 Theoretische Grundlagen   82
3.2.2 Konstruktivistische Wende   86
3.2.3 Kausal- versus Finalmodell   89
3.2.4 Das Zwei-Komponenten-Modell   92
3.3 Kontextmerkmale als Nachrichtenfaktoren   96
3.3.1 Kontextmerkmale und ihre forschungsgeschichtliche
      Entwicklung   96
3.3.2 Kontextmerkmale in der Nachrichtenwerttheorie   102

3.3.3 Zur Operationalisierung von Kontextmerkmalen 107
3.4 Zusammenfassung 109

4. Internationale Nachrichtensender 111

4.1 Zur Theorie Internationaler Nachrichtensender 111
4.1.1 Der Begriff INC 111
4.1.2 Theoretische Zugänge zum Phänomen INC 113
4.1.3 INC und die Konstruktion geographischer
Nachrichtenrealität 117
4.2 Der Markt für INC 119
4.3 Übersicht Forschungsgegenstand 125
4.3.1 Al-Jazeera English 125
4.3.2 BBC World News 127
4.3.3 CNNI 128
4.3.4 France 24 130
4.3.5 Russia Today 132

5. Forschungsdesign 136

5.1 Fragestellung 136
5.2 Operationalisierung der forschungsleitenden Hypothesen 137
5.3 Inhaltsanalytisches Vorgehen 141
5.4 Untersuchungsgegenstand, Untersuchungszeitraum und
Analyseeinheiten 146
5.5 Kategoriensystem 148
5.6 Datenanalyse 151
5.6 Operationalisierung der Kontextmerkmale 153
5.7 Ereignishintergrund 157

6. Die Nachrichtengeographie von INC 159

6.1 Formale Berichterstattungsmerkmale 159
6.2 Thematische Berichterstattungsmerkmale von INC 163
6.4 Die Nachrichtengeographie von INC 171
6.4.1 Überblick 171
6.3.2 Die Nachrichtengeographie von INC im Vergleich 178
6.3.3 Zentrismus und Elitenfixierung 183
6.4 Kontextmerkmale in der Berichterstattung von INC 199
6.4.1 Ergebnisse der Regressionsanalysen 200

6.4.2 Modellannahmen   214
6.5 Zusammenfassung   217

7. Eine Globale Agenda?   222

8. Literaturverzeichnis   229

1. Einleitung

Welche Länder schaffen es in die Nachrichten und welche Länder nicht? Wieso zählt ein Land zu den Top-News-Makern, während ein anderes Land nur wenig oder gar keine Aufmerksamkeit auf sich zieht? Die Politische Kommunikation hat sich mit Fragen der Nachrichtengeographie in den vergangenen Jahrzehnten intensiv beschäftigt.[1] Zahlreiche Studien haben seither ein vergleichsweise genaues Bild davon entworfen, wie Fernsehen, Radio, Zeitung und Internet geographische Nachrichtenrealitäten konstruieren. Unabhängig vom zeitlichen, örtlichen und medialen Untersuchungskontext gleichen sich die Ergebnisse in zentralen Punkten: Nachrichten fokussieren zunächst auf das Heimatland des jeweiligen Senders. Erst an zweiter Stelle bilden sie Geschehen in benachbarten Ländern sowie in einer Handvoll Krisenregionen und Elitenationen ab, allen voran in den USA. Fast scheint es so, als hätte sich dieser Befund seit der emotionalen Debatte um eine neue Weltinformations- und Kommunikationsordnung (NWIKO-Debatte)[2] nicht grundsätzlich verändert. Noch immer gleichen die Bilder der Welt, die wir tagtäglich konsumieren, einem Flickenteppich. Ein Großteil der 194 Staaten der Erde erregt auch im frühen 21. Jahrhundert so gut wie kein Nachrichteninteresse.[3]

Die Globalisierung der Massenkommunikation hat die internationale Nachrichtenarchitektur fundmental verändert. Nie zuvor waren Nachrichten so schnell und so allgegenwärtig wie heute. Noch nie war ihre Beschaffung und Verbreitung so kostengünstig und scheinbar simpel. Einen besonders deutlichen Ausdruck finden jene vielschichtigen Prozesse, die unter dem Paradigma der Globalisierung diskutiert werden, im Entstehen eines neuen TV-Sender-Typus. Herkömmliche TV-Angebote finden ihre Zielgruppe in aller Regel innerhalb der Grenzen einer Nation. Der technische und politische Wandel der vergangenen Dekaden hat diese Grenzen aufgeweicht. Mit Internationalen Nachrichtensendern (INC)[4] sind seit den

---

1   Lin 2004; Graber 2005.
2   Vgl.: Carlsson 2003.
3   Vgl. statt anderer: Meier 1984; Kamps 1999; Tiele 2010.
4   International News Channel = INC.

späten 1980er Jahren TV-Angebote entstanden, die einen globalen Sende-anspruch formulieren und ihre Rezipienten mit dem Versprechen einer globalisierten Nachrichtenagenda werben. Offenbar sind INC mit diesem Konzept erfolgreich. Denn der Markt für Internationales Nachrichtenfern-sehen boomt. Weitgehend unbeachtet von der (Fach-) Öffentlichkeit hat sich der INC-Markt seit der Gründung von CNN-International (1985) stark ausdifferenziert. Mittlerweile konkurrieren dutzende Akteure um die knappe Aufmerksamkeit einer begrenzten, vorwiegend an internationalen Nachrichten interessierten Zielgruppe. Neben den großen Drei der Szene, AJE (Katar), BBC (GB) und CNN (US) schicken heute auch Sender wie CNC-World (China), France 24 (Frankreich), Russia Today (Russland) oder Press TV (Iran) ihre Wirklichkeitsangebote über Satellit, Kabel und Internet in alle Welt.[5] Längst sind INC zu einem »inescapable part of con-temporary [news-] landscape« geworden.[6] Die Politische Kommunikation hat auf diese Veränderung der globalen Nachrichtenarchitektur bislang kaum reagiert, die Erforschung von INC steht noch am Anfang und es lie-gen bislang keine geschlossenen Theoriemodelle vor, mit denen sich das Phänomen interpretieren ließe. Und auch die (geographische) Nachrich-tenkonstruktion von INC ist bislang kaum erforscht. Mit der Folge, dass die werbewirksamen Selbstzuschreibungen von INC, wonach es sich bei diesen um durch und durch globalisierte Nachrichtenprodukte handelt, bisweilen unwidersprochen in die (fach-)öffentliche Debatte diffundieren.[7]

Die vorliegende Arbeit untersucht die Nachrichtengeographie Internati-onaler Nachrichtensender empirisch. Sie fragt, inwiefern INC eine Nach-richtenagenda konstruieren, die sich von den geographischen Struktur-merkmalen der Nachrichtenberichterstattung unterscheidet? Oder ob INC u.U. ein weit weniger internationalisiertes Nachrichtenbild zeichnen, als Kritiker vermuten.[8] Die Arbeit zeigt, dass INC in der geographischen Konstruktion von Nachrichtenrealität herkömmlichen Medien weit mehr ähneln, als dies ihre Selbstdarstellungen vermuten lassen. Gleichwohl trifft die nachrichtenwerttheoretische Hypothese, wonach journalistische Medien Nachrichtenwert anhand von Nähe-Relationen zuweisen, auf INC nur sehr eingeschränkt zu. Trotz zahlreicher struktureller Überschneidun-

---

5 Rai 2007; Figenschou 2010; Rai 2010.
6 Cushion 2010: 1.
7 Wood 1998: 23; Chalaby 2003: 467; Pintak 2006; Staun 2006
8 Rain 2004: 327; Hafez 2005: 84f.

gen in der Art und Weise, wie INC geographische Realität konstruieren, zeigen sich zwischen den untersuchten Sendern deutliche Unterschiede.

1.1 Forschungslogischer Aufbau

Forschungslogisch betrachtet, wird die Frage nach dem Internationalisierungsgrad von INC-Agenden in zwei Schritten beantwortet. Zunächst liefert eine deskriptive Analyse ein Bild davon, welche Länder in INC-Nachrichten eine Rolle spielen und welche nicht. In einem zweiten Schritt wird unter nachrichtenwerttheoretischen Vorzeichen geprüft, ob INC eine Nachrichtenagenda konstruieren, die in Abhängigkeit zum berichterstattenden oder zum Machtstatus des berichterstatteten Landes steht.

Die vorliegende Arbeit fragt danach, inwiefern Internationale Nachrichtensender eine internationalisierte Nachrichtenagenda konstruieren, die sich in ihrer Nachrichtengeographie von den Konstruktionsmustern nationaler Fernsehsender unterscheidet. Hierbei interessiert nicht nur die faktische Nachrichtengeographie, die in einer deskriptiven Analyse ausgewertet wird, sondern auch, inwiefern für INC in der Konstruktion geographischer Nachrichtenrealität die gleichen »Gesetzmäßigkeiten« eine Rolle spielen, wie sie für gewöhnliche Fernsehformate gelten. Die Nachrichtenwerttheorie geht davon aus, dass Nachrichtenmedien solchen Meldungen mehr Nachrichtenwert zuweisen, die mit bestimmten Nachrichtenfaktoren (Prominenz, Negativität, etc.) ausgestattet sind.[9] Bei einem Teil der Nachrichtenfaktoren handelt es sich um so genannte *Kontextmerkmale*, die darüber Auskunft geben, in welchem geographischen, kulturellen, wirtschaftlichen und politischen Nähe-Verhältnis berichterstattendes und berichterstattetes Land stehen und welchen Machtstatus das berichterstattete Land bekleidet.[10] Die Forschung kann zeigen, dass einige Kontextmerkmale signifikante Prädiktoren der Fernsehberichterstattung sind.[11] Die Arbeit nimmt dies zum Ausgangspunkt und überprüft das Kausalverhältnis zwischen Kontextmerkmalen und Nachrichtenwert in schrittweisen Regressi-

---

9   Schulz 1976; Kepplinger 1998; Kepplinger 2006; Kepplinger 2006.

10   Vgl.: Westerståhl 1994; Hagen 1998. Die Unterscheidung in berichterstattendes und berichterstattetes Land orientiert sich an einem Vorschlag Webers, der den Begriff »Ereignisland« als unpräzise ablehnt, vgl.: Weber 2008: 396.

11   Vgl. Kap. 2.2.

onen anhand der INC-Berichterstattung. In die Untersuchung fließen die Hauptnachrichtensendungen von AJE, BBC, CNN, FR24 und RT aus zwei realen Nachrichtenwochen (Juli und Oktober 2010) ein. Insgesamt wurden 873 Nachrichten in 14 Kategorien ausgewertet, der Arbeit liegen über 12.000 Einzeldaten zugrunde.

Als quantitative Inhaltsanalyse folgt die Arbeit einem klassisch deduktiven Forschungsaufbau.[12] Kapitel 2 diskutiert den Forschungsstand. Berücksichtigt werden die Ergebnisse deskriptiver und deduktiver Inhaltsanalysen zur Konstruktion geographischer Nachrichtenrealität (Kap. 2.1 und Kap. 2.2) und hier insbesondere solche Arbeiten, die auf das Nachrichtenangebot nationaler Fernsehsender fokussieren. Aus den Ergebnissen des Forschungsüberblicks werden einige *Strukturmerkmale der Nachrichtengeographie* abgeleitet (Kap. 2.3). Sie bilden den Ausgangspunkt zur Beantwortung der Frage, inwiefern INC eine internationalisierte Nachrichtenagenda konstruieren, die sich von herkömmlichen Berichterstattungsmerkmalen deutlich unterscheiden.

Die Frage danach, welche Ereignisse als Nachricht selegiert werden und welche nicht, begründet ein wichtiges Forschungsfeld der Politischen Kommunikation.[13] Die Nachrichtenwerttheorie konnte sich in diesem Feld – zumindest im deutschsprachigen Forschungsraum – als besonders leistungsstark durchsetzen. Mittlerweile liegen unterschiedliche Spielarten der Nachrichtenwerttheorie vor. Kapitel 3.1 begründet, weshalb die Nachrichtenwerttheorie für die vorliegende Arbeit als forschungsleitender Theorierahmen gewählt wurde, Kapitel 3.2 stellt die Nachrichtenwerttheorie vor und fokussiert auf Kepplingers Zwei-Komponentenmodell, das der Arbeit zugrunde liegt. Kap. 3.3 diskutiert die Kontext- bzw. Ländermerkmale unter den Nachrichtenfaktoren, die als unabhängige Variablen in die Regressionsanalyse eingehen.

Kapitel 4 stellt den Forschungsgegenstand vor: Es liefert einen kurzen Abriss über die NWIKO-Debatte sowie über die Theorie Internationaler Nachrichtensender und über die Entwicklung des INC-Marktes. Außerdem werden die Sender, deren Nachrichtenangebote in die Untersuchung eingegangen sind, kurz vorgestellt. Hierfür wurde auch auf einige zu die-

---

12 Früh 2007: 63; vgl. auch: Merten 1995; Rössler 2005; Diekmann 2009: 576ff.
13 Graber 2005.

sem Zweck durchgeführte Interviews zurückgegriffen.[14] Kapitel 5 stellt das der Arbeit zugrunde liegende Forschungsdesign vor und dokumentiert das Kategoriensystem der Inhaltsanalyse. Kapitel 6 stellt die Ergebnisse der Arbeit vor. Kapitel 7 fasst die zentralen Ergebnisse der Arbeit zusammen und liefert einen Ausblick.

1.2 Die politische Relevanz geographischer Nachrichtenrealität

Bei der Frage danach, ob es ein Land in die Tagesschau schafft oder nicht, mag es sich auf den ersten Blick um eine Bagatelle handeln, erscheint es im individuellen Fall doch unerheblich ob der Auslandskorrespondent aus Frankreich, Belgien oder aus Großbritannien berichtet. In erster Linie geht es um die Nachricht und nicht um deren Handlungsort, sollte man meinen. Im Einzelfall mag diese Interpretation zutreffen, strukturell betrachtet tut sie es nicht. Niklas Luhmann leitet sein Buch *Die Realität der Massenmedien* mit der vielzitierten Feststellung ein: »Was wir über unsere Gesellschaft, ja über die Welt in der wir leben, wissen, wissen wir durch die Massenmedien«.[15] Luhmann bringt damit einen Kerngedanken der Politischen Kommunikation auf den Punkt. Da journalistische Massenmedien »allen [gesellschaftlichen] Funktionssystemen eine gesellschaftsweit akzeptierte, auch den Individuen bekannte Gegenwart [bereitstellen], von der sie ausgehen können, wenn es um die Selektion einer systemspezifischen Vergangenheit und um die Festlegung von für das System wichtigen Zu-

---

14 Vgl. Anhang. Bedauerlicherweise haben nur zwei Sender (CNNI und France 24) auf die Fragen geantwortet. In manchen Fällen schien es so, als wären die Fragen von der jeweils zuständigen Stelle für Öffentlichkeitsarbeit als unangenehm empfunden worden. So habe ich mit der zuständigen Pressereferentin von Russia Today mehr als 30 (!) Telefonate geführt, in denen sie mir jeweils sehr freundlich erklärte den Fragebogen »verlegt« oder »niemals erhalten« zu haben, derzeit keine Zeit oder »ausgerechnet heute Geburtstag« zu haben, sich über eine »neuerliche Zusendung« des Fragebogens zu freuen, diesen gleichwohl »in jedem Falle beantworten« zu wollen. Nach sechsmonatigem Werben für die Belange der Politischen Kommunikation habe ich mein Vorhaben aufgegeben.
15 Luhmann 1996: 9. Natürlich sind auch in der Postmoderne Primärerfahrungen nicht gänzlich obsolet geworden. Für eine grundsätzliche Kritik an Luhmann vgl.: Siegert 2002: 161f.; Görke 2003: 126f.; Hellmann 2003: 12; Jarren 2006: 35; 52f.; Görke 2008: 185ff.

kunftserwartungen geht"[16], handelt es sich bei ihnen um die zentralen Architekten der Massenöffentlichkeit, dem Lebensnerv moderner Massendemokratien.[17] Systemtheoretisch betrachtet sind journalistische Massenmedien demnach die professionalisierten Garanten der sachlichen, sozialen und temporalen Synchronisierung einer globalisierten und höchst fragmentarisierten Gesellschaft. Die globale Nachrichtenrealität fungiert als »Metronom der Welt-Gesellschaft«.[18]

Der Gedanke, dass journalistische Massenmedien durch die Konstruktion einer allgemein akzeptierten Realität die sachlichen und thematischen Handlungs- und Bewertungsmuster einer Gesellschaft strukturieren, greift einen nicht unproblematischen Aspekt der (Post-)Moderne auf. An die Stelle der Versammlungsöffentlichkeit ist die Massenöffentlichkeit getreten. Wo in vormodernen Gesellschaften der Gang zum Marktplatz den Zugang zur Öffentlichkeit sicherte, fällt in der funktional differenzierten Gesellschaft journalistischen Massenmedien die Aufgabe zu, aus einer nicht zu überblickenden Menge möglicher Kommunikationen, diejenigen Informationen zu selegieren, die ein »ausgewogenes Maß« gesellschaftlicher Selbstbeobachtung ermöglichen. Die Funktion dieses hochkontingenten Prozesses der Realitätskonstruktion besteht notwendigerweise darin, einem Großteil möglicher Informationen den Zugang zur Massenöffentlichkeit zu verwehren, sie als »nicht berichterstattenswert« auszusortieren.[19] Diese simple Feststellung konturiert ein erhebliches gesellschaftliches Konfliktpotenzial. Denn längst handelt es sich bei der Frage, welche Informationen Zugang zur Massenöffentlichkeit erhalten und welche Informationen unbeachtet bleiben, um eine existenzielle Frage. Pointiert, wenn auch weniger verkopft als Luhmann, formulierte der ehemalige US-Präsident Lyndon B. Johnson: »If it didn´t happen on the evening news it did´n´t happen«.[20]

Das Forschungsfeld der Politischen Kommunikation hat viel Energie darauf verwendet, die Wirkung massenmedialer Kommunikation zu erschließen.[21] Als besonders leistungsstark erwies sich der Agenda-Setting-

---

16 Luhmann 1996: 176.
17 Vgl.: Gerhards 1993; Gerhards 1994; Neidhardt 1994.
18 Görke 2002: 74.; vgl. auch: Görke 2003; Görke 2005; Görke 2008.
19 Vgl.: Luhmann 1996; Scholl 1998: 78f; Görke 1999; Görke 2002; Görke 2003.
20 So zitiert nach: Jansen 1997: 33.
21 Merten 1994; Schulz 2007, Jäckel 2008.

Ansatz.[22] Seinen Kerngedanken bringen McComb und Shaw auf den Punkt:

> »While the mass media may have little influence on the direction or intensity of attitudes, it is hypothesized that the mass media set the agenda for each political campaign, influencing the salience of attitudes toward the political process«.[23]

Die Hypothese, dass Massenmedien zwar nicht beeinflussen, was wir denken, wohl aber worüber wir nachdenken,[24] hat in vielen Studien empirische Evidenz gefunden.[25] Als (wenn auch nicht unumstrittenes) Fazit einer regen Agenda-Setting-Forschung lässt sich mit Marcinkowski formulieren: »Das, was die Medien als wichtig auszeichnen, halten auch die Rezipienten für wichtig; das, was in den Medien nicht auftaucht, kommt ihnen nicht in den Sinn«.[26] Und offensichtlich tritt dieser Agenda-Setting-Effekt nicht nur auf einer primären Ebene, sondern auch auf Ebene der Attributierung bestimmter Themen und Personen auf. Insofern Massenmedien nicht nur spezifische Themen vermitteln, sondern »auch positive oder negative Eigenschaften von Personen bzw. für oder gegen einen Standpunkt in den Vordergrund« rücken, fließt auch diese Attributierung in das Urteil des Rezipienten ein.[27] Nachrichtenberichterstattung muss aus dieser Perspektive immer auch als ein Kampf um die gesellschaftliche Deutungshoheit, als ein Kampf um die Konstruktion von Realität interpretiert werden. In der Sphäre des Politischen ist das längst erkannt worden. Selbst realistische Hardliner erklären die »global public opinion« heute zu einer der verbliebenen Supermächte, mit denen sich Regierungen in aller Welt unweigerlich auseinanderzusetzen zu haben.[28]

Was im Bereich der politischen und gesellschaftlichen Deutung und Wertzuweisung gilt, das gilt auch für Fragen medial vermittelter Auslandsbilder. Radio, Internet, Zeitungen und Fernsehen sind die zentralen Informationsquellen im Prozess der individuellen Konstruktion globaler Realität.[29] Auch in diesem Sinne handelt es sich bei medial vermittelten

---

22   Rössler 1997; Weaver 1998; Marcinkowski 2002; Weaver 2004.
23   McCombs 1972: 177.
24   Vgl.: Cohen 1963: 13.
25   Weaver 1998: 198; Weaver 2004: 257f.
26   Marcinkowski 2002: 199.
27   Maurer 2010: 69.
28   Treverton 2005.
29   Galtung 1965: 64; Brettschneider 1998: 219.

Auslandsbildern um eine tragende Säule von individuellen Globalisierungsprozessen.[30] Die Nachrichtengeographie eines Sendeangebots entwickelt aber nicht nur individuelle, sondern auch gesellschaftliche und letztlich unmittelbar politische Relevanz. Denn die Qualität und das Ausmaß mit dem über ein spezifisches Land berichterstattet wird, beeinflussen sowohl das Bild eines Landes und an dieses gerichteten Bewertungsmaßstäbe, sowie die gesellschaftliche Einschätzung von seiner Wichtigkeit. Wanta et al. konnten entsprechend zeigen:

> »The more media coverage a nation received, the more likely respondents were to think the nation was vitally important (…) The more negative coverage a nation received, the more likely respondents were to think negatively about the nation«.[31]

Der massenmedial induzierte Konstruktionsprozess von Welt-Realität verweist insofern in seiner gesellschaftlichen und politischen Wirkung auf faktisch Reales; konstruierte Realität bedingt faktische Realität. Dies gilt offensichtlich für Handel, Tourismus und Investitionen.[32] Aber gerade auch die Sphäre des Politischen wird von medial vermittelten Auslandsbildern mittelbar und unmittelbar beeinflusst. Massenmedial vermittelte Auslandsbilder gehören zu den wichtigsten Informationsquellen außenpolitischer Akteure in der Beurteilung der öffentlichen Meinung[33], der selbst wiederum ein entscheidender Einfluss auf außenpolitische Entscheidungen beigemessen wird.[34]

1.3 Die politische Relevanz Internationaler Nachrichtensender

Auf viele Beobachter üben Internationale Nachrichtensender eine besondere Faszination aus. Sie ist nicht zuletzt auf deren vermeintliche Macht zurückzuführen. Tatsächlich weisen einige INC sowohl in der Nachrichtenbeschaffung als auch in der Nachrichtendistribution erstaunliche Möglichkeiten auf, die sie von herkömmlichen TV-Sendern unterscheiden. In diesen Bereich fallen z.B. die Nachrichtennetzwerke von BBC und CNN mit ihren internationalen Studiostrukturen, die eine rasche Liveberichter-

---

30 Giddens 1995: 100ff.
31 Vgl.: Wanta 2004; Gilboa 2000: 276; vgl. auch: Schulz 2008: 71f.
32 Rain 2004: 318.
33 Powlick 1995.
34 Brettschneider 1998; vgl. auch: Gilboa 2000; Gilboa 2002.

stattung ermöglichen, sowie Reporterpools von mehreren hundert Mitarbeitern.[35] Tatsächlich mag George W. Bushs Einschätzung der strategischen Nachrichtenbeschaffung zu Zeiten des 2. Irakkriegs [«I learn more from CNN than I do from the CIA«[36] mehr über den ehemaligen US-Präsidenten, als über die (Un-)Fähigkeiten von CIA und CNN aussagen. Gleichwohl spiegelt sich darin eine Kompetenzvermutung, mit der der Bush nicht alleine steht. Längst gehören INC für Politiker zu wichtigen Informationsquellen, die in der Beurteilung außenpolitischer Fragen große Relevanz entfalten.[37]

Auf Seite der Nachrichtenverbreitung ist es vor allem die technische Reichweite von INC, die überzogene Erwartungen an deren Macht begünstigt. Unabhängig davon, dass das Internet kommunikative Staatsgrenzen längst perforiert hat, werden TV-Angebote, die in Mediensystemen auf mehreren Kontinenten der Welt zu empfangen sind, bisweilen als reale Gefahr staatlicher Souveränität wahrgenommen.[38] Deutlich wurde dies nicht nur dann, als arabische Potentaten und us-amerikanische Politiker gleichermaßen unliebsame INCs kaltstellen wollten.[39] Auch die jüngste Gründungswelle regierungsnaher INC dürfte in beidem, der Angst vor den Gefahren und dem unterstellten politischen Potenzial grenzüberschreitender Kommunikation, ihren Ursprung haben.[40]

Die Nachrichtenverbreitung durch INC beeindruckt nicht nur in quantitativer sondern auch in qualitativer Hinsicht. INC fungieren oftmals nicht nur als »Hybride zwischen Agentur und TV-Sender«[41] und spielen insofern eine stärkere Rolle auf der globalen Nachrichtenbühne als andere TV-Sender. Sie sprechen zumeist auch eine andere Zielgruppe an. CNN International bezeichnet diese als »Global Citizens« und definiert sie als »high-

---

35 Vgl.: Chalaby 2003: 467. Ein direkter Vergleich zeigt allerdings, dass sich Netzwerke von INC weit weniger dramatisch von gut ausgestatteten öffentlich-rechtlichen Angeboten unterscheiden, als dies manchmal erscheinen mag, vgl. Kap. 4.

36 Gilboa 2002: 737

37 Eine entsprechende Nutzungsstatistik hat Russia Today für sein Programm vorgelegt, vgl.: Russia Today 2011. Eine unabhängige Nutzerstatistik von INC steht gleichwohl noch aus.

38 Vgl.: Ruchatz 2004: 99f; Tietje 2005: 15f; El-Nawawy 2002.

39 Vgl. statt anderer:

40 Vgl. Kap. 4.

41 Hepp 2006: 207.

ly educated, c-suite or business executives. They are also often opinion
leaders who are culturally aware, information hungry and geographically
agnostic".[42] Auch andere INC zielen darauf ab, insbesondere Politiker,
wirtschaftliche Entscheider und andere gesellschaftliche Multiplikatoren
mit ihrem Nachrichtenangebot zu erreichen.[43] Immer wieder gelang es einigen INC somit Mediensysteme in aller Welt in einem zeitlich und thematisch begrenzten Raum zu synchronisieren.[44] Es darf INC insofern sicherlich zu Recht ein größeres politisches und gesellschaftliches Gewicht
zugemessen werden als den meisten nationalen Sendern.[45] Gleichwohl hat
dieses Potenzial seine Grenzen und überzogene Erwartungen an INC sind
fehl am Platz. Wenn der ehemalige UN-Generalsekretär Butros Ghali
CNN kurzerhand zum »16. Mitglied des Sicherheitsrates« erklärt,[46] ver-
kennt dies nicht nur die autonome Systemlogik von Politik und Journalismus. Hinter Ghalis scherzhafter Anmerkung verbirgt sich die verbreitete
Tendenz, die Macht von INC maßlos zu überschätzen. Dass Nachrichten
die Außenpolitik nicht unmittelbar beeinflussen, hat die Forschung zum
sog. »CNN-Effekt« hinreichend gezeigt.[47] Und es spricht nichts dafür, warum dies für INC nicht auch gelten sollte. Und noch eins wird oft in der
Einschätzung vergessen: Bei allem Respekt, den man den Schwergewich-
ten der internationalen Berichterstattung entgegenbringen mag, ist es
wichtig sich zu vergegenwärtigen, dass sich der INC-Markt stark differenziert hat.[48] Hinter so manchem Angebot, dass heute als INC auftritt, verbirgt sich eine Nachrichteninfrastruktur, die mit dem Begriff »International« nur wenig zu tun hat.[49]

---

42   Strunz 2010.
43   Strunz 2010.
44   Vgl. statt anderer: Flournoy 1997; Bessaiso 2005.
45   Siehe auch: Hepp 2006: 207.
46   Brettschneider 1998: 216.
47   Robinson 1999; Robinson 2001; vgl. auch: Bahador 2007.
48   Rai 2010.
49   So etwa im Falle des iranischen Senders Press-TV.

2. Die journalistische Konstruktion von Geographie

Nachrichtengeographische Studien[50] verfolgen für gewöhnlich zwei Erkenntnisziele. Zum einen fragen sie danach, in welchen Ländern und unter Beteiligung welcher Akteure die Nachrichten einer bestimmten Sendung (einer bestimmten Zeitung, etc…) spielen. Entsprechend folgen sie einer deskriptiven Forschungslogik. Ein zweites Erkenntnisziel fragt nicht nach dem Wo? sondern nach dem Warum? der Nachrichtengeographie. Gefragt wird danach, weshalb bestimmte Nationen bzw. geographisch verortete Akteure in einer Nachricht genannt werden und andere nicht. Die Frage nach den Ursachen bestimmter nachrichtengeographischer Selektionsroutinen wird zumeist inferenzstatistisch analysiert. Einen zentralen theoretischen Ausgangspunkt hierfür bildet die Nachrichtenwerttheorie, die in den *Kontextmerkmalen der Berichterstattung* die unabhängigen Variablen nachrichtengeographischer Selektionsentscheidungen ausmacht (vgl. Kap. 3). Bevor im Folgenden die zentralen Ergebnisse der deskriptiven (Kap. 2.2.) und inferenzstatistischen Forschungslinie (Kap. 2.3) vorgestellt werden, wird zunächst der normative Rahmen vorgestellt, in dem sich nachrichtengeographische Forschung unweigerlich bewegt. Die Debatte um eine Neue Welt- Informations- und Kommunikationsordnung (NWIKO-Debatte).

2.1 Die NWIKO-Debatte

Die nachrichtengeographischen Selektionsroutinen der internationalen Berichterstattung sind seit jeher stark umstritten.[51] Die emotionale und normative Ladung der Debatte um geographisch ausgewogenere Berichter-

---

50 Unter dem Begriff der Nachrichtengeographie wird die geographische Zusammensetzung eines Nachrichtenangebots verstanden. Vgl.: Schulz 1983; Kamps 1998; Meckel und Kamps 2005 . Abweichend versteht Bonfadelli unter dem Begriff der Nachrichtengeographie die Analyse internationaler Nachrichtenflüsse (Bonfadelli 2003: 85.).

51 Kamps 1999: 294.

stattungsmuster, wie sie in der Debatte um eine Neue Weltinformations-
und Kommunikationsordnung (NWIKO-Debatte) in den 1970er und
1980er Jahren ihren Höhepunkt fand, mag ihren Ursprung sicherlich auch
in hehren ethischen und entwicklungspolitischen Überlegungen haben.
Wie bereits erwähnt, handelt es sich bei der Frage, welche Länder die
Nachrichten dominieren und welche Länder lediglich auf den Zuschauer-
rängen Platz nehmen dürfen, aber vor allem um eine machtpolitische Frage.[52]

Im Mittelpunkt der Konflikte um die qualitative und quantitative Be-
schaffenheit nachrichtengeographischer Wirklichkeitsentwürfe steht die
NWIKO-Debatte.[53] Sie markiert den Versuch der Blockfreien Staaten, den
Dekolonialisierungs-Prozess von Politik und Ökonomie weiter voran zu
treiben und auf die Felder der Information und Kommunikation auszudeh-
nen. In einer gemeinsamen Erklärung ließen verschiedene Regierungspoli-
tiker der Blockfreien Staaten Anfang der 1970er Jahre ihrem Frust über
die schwachen Fortschritte der Dekolonialisierungs-Prozesse freien Lauf
und kritisierten:

> »the imbalances in international news flows, as summarized in the phrase, 'one-
> way-flow'; the lack of respect for third-world peoples' cultural identity that such
> imbalances reflected, the monopoly positions of transnational communications
> corporations, which were perceived as a threat to the countries' national inde-
> pendence«.[54]

Als mitursächlich für die Asymmetrien im Feld der Massenkommunikation geriet das UN-Prinzip des Free Flow of Information ins Visier der Mi-
nister. Aufgrund der ökonomischen Asymmetrien zwischen den Ländern
des Politischen Südens und Nordens führe ein gänzlich unregulierter In-
formationsaustausch zu einer Informationseinbahnstraße, so die Befürchtung. Informationen aus den Industrienationen flössen in die Dritte Welt,
nicht aber aus der Dritten Welt in die Industrienationen.[55] Gerade Nachrichtenagenturen wie AFP, AP, Reuters, UPI (»the Big Four«) von denen

---

52 Vgl.: Galtung und Ruge 1965: 64; Brettschneider 1998: 219; Rain und Brooker-
Gross 2004: 318; Treverton und Jones 2005.
53 Steinweg und Becker 1984; Becker 1985; Nordenstreng 1986; Nordenstreng et
al. 1986; Carlsson 2003; Padovani et al. 2005.
54 Carlsson 2003: 40; vgl. auch: Doc. No. 49: Declaration of the Ministerial Confer-
ence of non-aligned countries on Decolonialization of Information, in: Nordenstreng et al. 1986: 289.
55 UNESCO-Kommission der Bundesrepublik Deutschland 1981: 189.

behauptet wurde, sie zeichneten für 80 - 90% der weltweit verbreiteten Nachrichteninformationen verantwortlich,[56] sahen sich dem Vorwurf einer unausgeglichenen Berichterstattung ausgesetzt. Nicht nur würden sie über den Politischen Süden zu wenig berichten, auch sei ihre Berichterstattung »unsensibel gegenüber den Weltordnungen außerwestlicher Kulturen«, stecke häufig voller »abendländischer Vorurteile« und führe bei den Rezipienten in der Dritten-Welt zu einer Art »mentaler Selbstkolonialisierung«.[57]

Die vom damaligen Generaldirektor der UNESCO M'Bow eingesetzte International Commission for the Study of Communication Problems (MacBride-Commission)[58] gab der Kritik der Blockfreien Staaten Nahrung. [59] Neben einer quantitativen Kritik am internationalen Nachrichtenfluss übt die MacBride-Kommission vor allem eine qualitative Kritik an der Berichterstattung, denn:

> »die Nachrichten, die tatsächlich veröffentlicht werden, [vermitteln] manchmal ein stark verzerrtes Bild der Wirklichkeit (...). Die Medien der Industriestaaten konzentrieren sich auf politische Angelegenheiten, die meist im Zusammenhang mit Krisen, Staatsstreichen und gewaltsamen Konflikten oder – im günstigsten Fall – mit dem Auftreten bedeutender Persönlichkeiten und Mitteilungen von Eliten präsentiert werden«.[60]

Obgleich die Experten der MacBride-Kommission den Auftrag hatten, mit ihrer Analyse eine Perspektive für eine Neue Welt-Informations- und Kommunikationsordnung zu entwerfen und der MacBride-Bericht planmäßig auf der 21.Generalkonferenz der UNESCO vorgestellt wurde, verschwand die Forderung nach einer grundlegenden Reform des globalen Kommunikations- und Informationssystems im Laufe der 1980er Jahre sukzessive von der UNESCO-Agenda. Allen voran scheiterte die Forderung nach einer NWIKO an der enormen Polarisierung, die die Debatte hervorgerufen hatte. Während die Vertreter der Dritten Welt mehr politische Regulation und eine symmetrische Verteilung der globalen Informations- und Kommunikationsmittel wünschten und, dass Nachrichten künftig nur »nach ihrer wirklichen Bedeutung« und nicht anhand ökonomi-

---

56   Tupper 2010: 49. (Die Aussagekraft solcher Schätzungen bleibt zweifelhaft).
57   Kleinsteuber 1994: 564.
58   So benannt nach ihrem Vorsitzenden Sean MacBride.
59   UNESCO-Kommission der Bundesrepublik Deutschland 1981: 189.
60   UNESCO-Kommission der Bundesrepublik Deutschland 1981: 192.

scher Kriterien beurteilt würden,[61] lehnten die Vertreter der westlichen Industrienationen die Idee eines *Balanced Flow of Information* vehement ab.
Insbesondere Vertreter der USA und Großbritanniens sahen in der Stär-
kung staatlicher Kontrolle auf dem Kommunikations- und Informations-
sektor ein Einfallstor für staatliche Zensur.[62] Einen zweifelhaften Höhepunkt fand die NWIKO-Debatte in einer – von einer der Reagan-
Regierung nahestehenden Stiftung inszenierten – PR-Kampagne, die den
Vorwurf transportierte »die Neue Internationale Informationsordnung sei
das wichtigste Planungsmittel der UNESCO, die gesamte Welt in einen
sozialistischen Staat zu verwandeln«.[63] Dass die eigentliche Konfrontati-
onslinie nicht nur durch ideologische und normative Parameter bestimmt
wurde, sondern ein Scheitern des NWIKO-Prozesses auch auf handfeste
wirtschaftliche Interessen zurückzuführen ist, liegt auf der Hand, denn
»Letztlich ging es (…) um die unbestreitbar dominierende Position des
Westens in der Welt-Medienordnung, die dieser nicht preiszugeben bereit
war«.[64] Ein symbolisches Ende fand die NWIKO-Debatte schließlich im
demonstrativen Austritt der USA aus der UNESCO (1984), gefolgt von
Großbritannien und Singapur.

Doch die Kritik an den globalen Berichterstattungsmustern verschwand
damit keineswegs aus der öffentlichen Diskussion.[65] Und es verwundert
nicht, dass die vermeintliche Missachtung des Politischen Südens und die
Dominanz westlicher Medienstrukturen zentrales Thema der Politischen
Kommunikation geblieben sind.[66] Angesichts der Liberalisierungs- und
Konzentrationsprozesse auf den internationalen Medienmärkten, wie sie
für die vergangenen Dekaden kennzeichnend waren, halten einige Politikwissenschaftler eine »Renewal of the Global Media Debate« für über-
fällig.[67] Dass die Debatte um ausgeglichene Besitz- und Berichterstat-
tungsstrukturen nicht nur einem akademischen Interesse entspringt, zeigte
das von der UN initiierte *World Summit on the Information Society* (Genf,
2003; Tunis, 2005). Knapp 25 Jahre nach dem Ende der UNESCO-

---

61 Vgl. UNESCO-Kommission der Bundesrepublik Deutschland 1981: 189.
62 Becker 1984: 24.
63 Becker 1985: 53.
64 Kleinsteuber 1994: 568.
65 Nordenstreng und Kleinwächter 1989: 107.
66 Vgl. dazu: Nordenstreng und Kleinwächter 1989: 107f.; Schludermann 1998:
    27ff; Thussu 2000: 232f.; Thussu 2005: 54; Lubetkin 2009; Tupper 2010.
67 Mowlana 2001; Hafez 2005: 44.

Debatte, muss sich das Treffen offensichtlich noch immer an deren Maß-
stäben messen lassen.[68]

2.2 Die Nachrichtengeographie im Spiegel deskriptiver Studien

Seit den 1950er Jahren sind hunderte, zumeist deskriptive Nachrichten-
fluss-Studien entstanden.[69] In den 1970er Jahren lieferte die NWIKO-
Debatte einen zentralen Forschungsimpuls. Seither ist das Interesse an
nachrichtengeographischen Fragestellungen nicht abgerissen, im Gegenteil: Der Zusammenbruch der Sowjetunion, die kommunikationstechni-
sche Revolution und die Kriege im Zuge des *War on Terror* haben die
Fragen nach der nachrichtengeographischen Repräsentation von Staaten
und Regionen wieder zu einem zentralen Thema der Internationalen Politischen Kommunikation gemacht.

Die meisten dieser Studien finden ihren Forschungsgegenstand in Tageszeitungen,[70] was sicherlich auch forschungsökonomisch begründet
ist.[71] Die Ergebnisse sind weitgehend dokumentiert.[72] Im vorliegenden
Überblick werden vor allem Studien diskutiert, die die Länderverteilung
national-orientierter TV-Berichterstattung fokussieren (Kap.2.2.2). Die
Ergebnisse werden mit den Ergebnissen der wenigen Studien verglichen,
die auf Internationale Nachrichtensender fokussieren (Kap.2.2.3). Zunächst werden die Ergebnisse der bis heute umfangreichsten Nachrichtenstudien *News-of-the-World-* und *Foreign-News-Studie* vorgestellt.

2.2.1 News of the World- und Foreign News-Studie

Die beiden globalen Nachrichtenstudien *News-of-the-World-Studie* (1979)
und *Foreign-News-Studie* (1995) bilden bis heute zentrale Parameter der
nachrichtengeographischen Forschung. Ihr besonderes Verdienst liegt in

---

68 Padovani et al. 2005: 264f.
69 Vgl. statt anderer: Wu 1998: 494.
70 Vgl. statt anderer: Kayser 1953; Galtung und Ruge 1965; Gerbner und Marvanyi
    1977; Allen 2005; Tiele 2010. Einen Überblick liefert: Meier 1984.
71 Rössler 2005: 53.
72 Vgl.: Meier 1984; Tiele 2010:9ff.

der breiten Wahl des Untersuchungsgegenstandes. Beide Studien berücksichtigen die Nachrichten verschiedener Mediengattungen auf allen Kontinenten. Vergleichbare Arbeiten liegen bislang nicht vor.

Die *News-of-the-World-Studie* regierte unmittelbar auf die Vorwürfe
der NWIKO-Debatte. Sie wurde 1979 unter Leitung von Anabelle
Sreberny-Mohammadi, Kaarle Nordenstreng, Robert Stevenson und Frank
Ugboajah durchgeführt und 1984 veröffentlicht.[73] Die UN-finanzierte
Studie untersucht die Nachrichtenberichterstattung von Presse und Rundfunk und berücksichtigt 29 Mediensysteme auf der ganzen Welt. Ziel war
es einen möglichst umfassenden Überblick über die internationalen Nachrichtengeographien im Jahr 1979 zu erhalten.[74] Die Ergebnisse vermitteln
ein differenziertes Bild auf die Nachrichtenwelt. Wie von Vertretern der
Blockfreien Staaten kritisiert, dominierten tatsächlich so genannte Elitenationen das Nachrichtenbild, allen voran die USA. Ebenso fand die Hypothese einer herausragenden Stellung der »Big-Four-Agenturen« empirische Evidenz. Eine unausgewogene Nachrichtenagenda erscheint aber
nicht allein als Resultat einer unausgewogenen Perspektive westlicher
Nachrichtenakteure. Vielmehr lassen die Ergebnisse auf globalere Nach-
richten-Selektionsmuster schließen. So zeigten alle untersuchten Medien
zunächst einmal Interesse für ihre jeweilige Herkunfts-Region, ein Phänomen das seither etwas unglücklich als *Regionalismus* bezeichnet wird.[75]
Zwischen 23% und 63% der untersuchten Auslandsberichterstattung be-
handelten solche »regionale« Themen. So fokussierten etwa nigerianische
Medien auf Themen aus Afrika, während argentinische Medien Nachrichten aus Südamerika den meisten Platz einräumten. Gemeinsamkeiten in
der Selektionspraxis der Nachrichtenakteure unterschiedlichster Mediensysteme zeigten sich aber noch in einem anderen Punkt: In der Zentrierung

---

73 Vgl. dazu: Sreberny-Mohammadi 1984: 122.
74 In den Radio- und Fernsehnachrichten berücksichtigten die verschiedenen For-
    schergruppen allerdings nur die Sendungen, »that best represented their particular
    national system«, vgl.: Sreberny-Mohammadi et al. 1985: 122.
75 Regionalismus bedeutet für die Autoren «[that] the main focus was given on re-
    gional events; only secondarily was attention given to news breaking in other
    parts of the world«. Der Begriff Regionalismus ist insofern irreführend, da sich
    aus der bloßen geographischen Nachbarschaft zweier Staaten nicht automatisch
    ein intensiviertes Berichterstattungsmuster ergibt, vgl. Kap. 3.

auf so genannte »Elitenationen« [76], also auf Länder mit herausragendem politischen, militärischen und ökonomischen Status. Entgegen der in der NWIKO-Debatte kolportierten Annahme, eine Elitezentrierung sei vornehmlich ein Charakterzug westlicher Medien, konnten die Autoren ein internationales Nachrichteninteresse für Ereignisse in Elitenationen nachweisen.[77] Die qualitative Kritik am internationalen Nachrichtenstrom wurde von den Autoren lediglich anhand der Themenverteilung ausgewertet. Die Berichterstattung erwies sich als stark von politischen Themen dominiert. Die Hypothese eines Negativismus in der Dritt-Welt-Berichterstattung wird durch die Forschungsergebnisse gestützt. In der thematischen Auswertung des Samples zeigte sich eine deutliche Häufung negativer Nachrichten in der Berichterstattung über die Blockfreien Staaten. Gleichwohl geben die Autoren zu bedenken, dass eine negative Berichterstattung kein Alleinstellungsmerkmal der Drittwelt-Berichterstattung sei.[78]

Region	Region	Akteur
Nordamerika	3	2
Lateinamerika	7	7
Afrika	5	6
Naher Osten	2	1
Asien	4	5
Osteuropa	6	4
Westeuropa	1	3

Tabelle 1: Ranking der Weltregionen nach Erwähnungshäufigkeiten (Regionen und Akteuren) (News-of-the- World-Studie), vgl.: Sreberny-Mohammadi et al.: 39.

---

76 Der Begriff »Elitenation« ist problematisch, da er einer chauvinistischen Weltsicht entspringt und diese weitertransportiert. Er wird hier dennoch verwendet, um eine möglichst große begriffliche Kontinuität sicherzustellen.
77 Sreberny-Mohammadi et al. 1985: 39.
78 Sreberny-Mohammadi et al. 1985: 52.

Die Auswertung der Ländernennungen (vgl. Tab. 1) zeigt einen deutlichen Unterschied zwischen der Akteurs- und der Schauplatz-orientierten Analyse. Zum anderen wird der der starke Fokus auf die Krisenregionen im Nahen Osten deutlich, der sowohl die Region an sich, als auch die abgebildeten Akteure in den Vordergrund des globalen Nachrichtensystems zu rücken scheint.

In der Auswertung des deutschen Teils der Studie kann Schulz zeigen, dass die Auslandsberichterstattung deutscher Medien vor allem auf die USA fokussiert, mit weitem Abstand folgen Großbritannien und Frankreich. Diese Länder bilden in 30 Prozent der analysierten Beiträge den Handlungsort. Länder mit »relativ starker« Beachtung sind die damalige DDR, Italien, Österreich, Iran, UdSSR, Israel und Spanien (25 Prozent). »Alle übrigen Beiträge verteilen sich auf weitere 119 selbstständige Staaten der Erde«.[79] Besonders geringe Aufmerksamkeit finden die Länder in Osteuropa, Afrika und Lateinamerika. Darüber hinaus konnte Schulz zeigen, dass sich die Muster der TV-Berichterstattung nicht wesentlich von denen anderer Medien unterscheiden.[80]

Der Zusammenbruch der Sowjetunion veränderte die globale Nachrichtenarchitektur fundamental und es stand zu erwarten, dass sich die neue politische Situation in veränderten Berichterstattungsmustern niederschlagen würde. Beidem, der anhaltenden Kritik an der internationalen Berichterstattung und den dramatischen Veränderungen in der Nachrichtenarchitektur sollte eine Nachfolgestudie Rechnung tragen.[81] Die ebenfalls UN-finanzierte *Foreign-News-Studie* orientiert sich in ihrem Aufbau an ihrer Vorgängerstudie. Auch sie wählte als Grundgesamtheit zwei Nachrichtenwochen und berücksichtigte Print- und elektronische Medien. Mit Daten aus 38 Erhebungsländern fällt die *Foreign-News-Studie* noch umfangreicher aus, als ihre Vorgängerstudie. Es liegt auch an dem großen Ehrgeiz des Projekts, dass die Studie faktisch nicht abgeschlossen wurde.[82]

Hagen wertete 1998 die bis dato vorliegenden Daten der Studie aus und fragt nach der Beachtung Deutschlands in den internationalen Nachrich-

---

79 Schulz 1983: 287.
80 Schulz 1983: 286.
81 Sreberny-Mohammadi 1995.
82 Weitere Informationen zur Foreign News Studie finden sich im Internet unter: http://sunsite.unc.edu/newsflow/ [01.11.2012]. Die Foreign News-Studie weist keine Reliabilitätstests aus (Rössler 2003: 317).

ten. Für eine Grundgesamtheit von über 1.000 Beiträgen von Nachrichtenmedien aus 27 Ländern kann Hagen zeigen, dass Deutschland eine hohe Aufmerksamkeit erfährt. So liegt die BRD im internationalen Vergleich auf Platz fünf, unmittelbar hinter den USA, Frankreich, Großbritannien und Russland.[83]

Wu führt eine nachrichtengeographische Analyse unter leicht veränderten Rahmenbedingungen durch.[84] Auch er findet den, bereits in der News-of-the-World-Studie dokumentierten Sonderstatus der USA bestätigt. Wu führt die augenfällige Sonderstellung der USA nicht allein auf deren Hardpower zurück, denn:

> »the U.S. is powerful not only in political and economic strength and military muscle, but also formidable in culture- and media-related industries [...]. Most of the world's largest media conglomerates, such as Time-Warner and Disney-ABC, well developed sports enterprises, famous athletes like Michael Jordan, and, above, pop music that rocks the globe, flow from this single country. These factors might help the U.S. generate the highest amount of coverage in the surveyed countries«.[85]

Wu fasst die Ergebnisse seiner deskriptiven Auswertung in einem Länderranking zusammen, das nicht nur die starke Stellung der USA sondern auch eine Sonderstellung europäischer Nachrichten unterstreicht.

Abgesehen vom Großmachtstatus Russlands und Chinas, der offensichtlich auch in der internationalen Berichterstattung seinen Niederschlag findet, verdeutlicht die Rangliste noch etwas anderes: Bosnien ist mit einem Berichterstattungsanteil von über vier Prozent weltweit ungewöhnlich stark reflektiert. In der Sonderstellung Bosniens zeigt sich ein Berichterstattungsmuster, das offensichtlich die aktuellen Krisenregionen der Welt schlaglichtartig fokussiert.[86] Entsprechend spielt Bosnien in nachrichtengeographische Studien mit anderem Untersuchungszeitraum so gut wie keine Rolle.[87]

---

83   Vgl.: Hagen 1998: 146.
84   Wu wertet lediglich das wichtigste bzw. in den Nachrichten erstgenannte Land aus, vgl.: Wu 2000: 121f. Eine Nennung der tatsächlichen Samplegröße fehlt.
85   Wu 2000: 126f.
86   Bosnienkrieg 1992-1995, 1995 u.a. NATO-Luftangriffe auf serbische Stellungen.
87   Vgl. statt anderer: Larson 1979; Tiele 2010. Stattdessen erreichen hier wahlweise der Vietnam oder der Irak als aktuelle Krisenregionen einen ungewöhnlich hohen Beachtungsgrad.

Stevenson, der die Studie gemeinsam mit Sreberny-Mohammdi geleitet hat, findet in den Ergebnissen der *Foreign-News-Studie* einige zentrale Ergebnisse der *News-of-the-World-Studie* bestätigt. So verweist Stevenson insbesondere auf die Kontinuität einer regionalisierten Berichterstattung und auf die auffällige Elitenzentrierung.[88] Lediglich den Einfluss der »Big-Four«-Agenturen sieht Stevenson in den Ergebnissen weniger deutlich ausgeprägt.[89]

Land	Berichterstattungsanteil
USA	17,7
Frankreich	8,5
Großbritannien	6,2
Russland	5,4
Bosnien	4,4
China	4,0
Deutschland	3,6
Italien	3,1
Japan	2,4
Spanien	1,9

Tabelle 2: Länder-Ranking nach Erwähnungshäufigkeit (Top 10, Angaben in Prozent) (Foreign News-Studie) , vgl.: Wu 2000.

Bedauerlicherweise werten beide Studien lediglich Auslandsnachrichten aus, d.h. Nachrichten, deren Handlungsort außerhalb des berichterstattenden Mediensystems liegt. Diese Beschränkung ist angesichts der bearbeiteten Datenmenge legitim und viele nachfolgende Studien verfahren ähnlich. Eine umfassende Analyse der Nachrichtengeographie ist auf diesem Weg aber nur eingeschränkt möglich, da eine der Kernfragen der Nach-

---

88　Stevenson 1996.
89　Stevenson 1996.

richtengeographie, nämlich die Frage danach, welchen Berichterstattungsumfang Nachrichtenmedien überhaupt auf die Internationale Berichterstattung aufwenden, unbeantwortet bleibt.

2.2.2 Die Nachrichtengeographie des Fernsehens

Neben Untersuchungen zur geographischen Selektionspraxis von Zeitun-
gen, Nachrichtenagenturen und Radiosendern geriet auch die TV-
Berichterstattung in den Fokus der Politischen Kommunikation. In den
USA entstanden noch zur Hoch-Zeit der NWIKO-Debatte verschiedene
Studien, die sich der Frage nach geographischen Asymmetrien der Be-
richterstattung widmeten.

In seiner Studie *International-and-Foreign-Affairs* fragt Almaney nach
dem Anteil der Auslandsberichterstattung in den Hauptnachrichtensendungen der größten amerikanischen TV-Sender (ABC, CBS und NBC).[90]
Hierbei erhebt er die Gesamtberichterstattung und unterscheidet zwischen
den Berichterstattungssparten Auslands- und Inlandsberichterstattung sowie der Mischkategorie Internationale Angelegenheiten. Almaney kann
zeigen, dass die Sender in ihren diesbezüglichen Berichterstattungsmustern weitgehend übereinstimmen. Rund 60% der Beiträge widmen sie dem
reinen Inlandsgeschehen. Etwa 20% der Nachrichten thematisieren Internationale Nachrichten, also Nachrichtengeschehen, das einen Auslandsbe-
zug aufweist, an dem die USA aber mittelbar oder unmittelbar beteiligt
sind. Lediglich 20% der Berichterstattung entfallen auf die reine Auslandsberichterstattung.

Das Ranking zeigt ein Aufmerksamkeitsmuster, das nachfolgende Studien bestätigen. Mehr als ein Viertel der untersuchten Auslandsnachrichten widmen sich dem Geschehen in Europa, ein weiteres Viertel entfällt
auf die Krisenregionen im Nahen Osten. Osteuropa erfährt mit rund 17%
ein ungewöhnlich großes Nachrichteninteresse, das sich allerdings durch
ein singuläres, krisenhaftes Ereignis erklärt.[91] Abgesehen von der Bericht-

---

90 Almaney 1970. Die Studie berücksichtigt vier reale Nachrichtenwochen aus dem
    Jahr 1969.
91 Nach der Haft-Entlassung von Alexander Dubcek brachen in der Tschechoslo-
    wakei militante Studentenproteste aus. Fast alle erhobenen Berichte aus Osteuro-
    pa beschäftigen sich mit diesem Ereignis, vgl.: Almaney 1970: 503.

erstattung über den amerikanischen Krieg gegen Nordvietnam,[92] erregt der riesige Kontinent Asien mit einem Berichterstattungsanteil von 8% ein nur verhaltenes Medieninteresse. Afrika, Lateinamerika und Ozeanien bilden die vergessenen Kontinente der Nachrichtenberichterstattung. Weiter kann Almaney mit seiner Untersuchung ein Phänomen zeigen, das später miss-verständlich als *Aberdeen Effekt* thematisiert worden ist.[93] Die gesonderte Erhebung von Nachrichten der Kategorie Internationale Angelegenheiten zeigt, dass Nachrichtenredakteure offensichtlich ein besonderes Interesse für Auslandsnachrichten entwickeln, die einen unmittelbaren Bezug zum Inland aufweisen. Rössler beschreibt dieses Phänomen mit den Worten:

> »Events that take place in a faraway nation are "made" part of the domestic issue agenda by pointing out similarities with events at home, by focusing on nationals affected or by emphasizing the relevance of the event for domestic affairs«.[94]

Die Hypothese einer geographischen Rekontextualisierung von Auslands- an Inlandsgeschehen findet sich in zahlreichen nachfolgenden Studien be-stätigt.[95]

Auch Larson und Hardy analysieren die Nachrichten der größten us-amerikanischen TV-Sender[96] und fokussieren auf die Nachrichtengeogra-phie der Berichterstattung über Internationale Angelegenheiten, also über Nachrichten in denen (auch) ein anderes Land als die USA genannt wird. Die Autoren können zeigen, dass lediglich rund 30% der Gesamtberichter-stattung von ABC, CBS und NBC auf diese Kategorie entfällt. Die ermit-telte Nachrichtengeographie verdeutlicht ein interessantes Detail. Ob-gleich die reine Inlandsberichterstattung nicht mit in das Sample einge-flossen ist, ziehen die USA die mit Abstand größte Aufmerksamkeit auf sich und bilden die unumstrittene »Nachrichtensupermacht«[97]. Das Inte-resse für den »Rest der Welt« hält sich hingegen in Grenzen. Trotz eines großen Samples von über 2.000 analysierten Nachrichten finden rund 50 Prozent aller Länder der Erde im Untersuchungszeitraum überhaupt keine

---

92   Diese fließt in die Kategorie Internationale Nachrichten ein.
93   Der Begriff Aberdeen-Effekt leitet sich von einer Anekdote ab: Unter der Über-schrift *Aberdeen-Man lost in Sea* soll eine Tageszeitung aus Aberdeen 1912 über den Untergang der Titanic berichtet haben. Tatsächlich dürfte es sich bei der Ge-schichte um eine 'Rural Legend' handeln, vgl.: Mackay 2004.
94   Rössler 2004: 275. Vgl. auch: Gurevitch et al. 1993: 206f.
95   Vgl. statt anderer: Schulz 1976.: 34.; Gans 1980; Kamps 1999; Clausen 2004.
96   Larson und Hardy 1977; Larson 1979.
97   Hagen et al. 1998a: 75.

Erwähnung. Nach den USA folgt die Krisennation Südvietnam, gefolgt der UdSSR, Nordvietnam, Israel und Kambodscha. Und auch die »Elitenationen« Großbritannien und Frankreich tauchen im Top-Ten-Ranking auf. Und auch die Regionalmacht China zählt unter die Top-Ten.

Land	Erwähnungshäufigkeit (Mehrfachkodierung möglich)
USA	63,3
Südvietnam	24,0
USSR	14,6
Nordvietnam	14,3
Israel	12,3
Frankreich	9,3
Großbritannien	8,6
Kambodscha	7,0
Ägypten	6,0
China	5,3

Tabelle 3: Erwähnungshäufigkeit nach Ländern (Top 10, Angaben in Prozent) (International-Affairs-Studie), vgl.: Larson, 1977.

Larson kann zeigen, dass die untersuchten Networks grundsätzlich mehr über Industrienationen als über Entwicklungsländer berichten.[98] So liegt die mittlere Wahrscheinlichkeit berichterstattet zu werden für »entwickelte« Länder bei 3% und sinkt für »unterentwickelte« Länder auf einen Wert von nur noch 0,7%.[99] Auch Larson findet einen Negativismus in der Drittwelt-Berichterstattung bestätigt. Demnach nehmen Krisenthemen in

---

98 Vgl.: Larson 1979.
99 Entwickelte Länder = GDP per Capita > 100 USD (World Bank), vgl.: Larson und Hardy 1977.: 254.

der Drittwelt-Berichterstattung grundsätzlich einen größeren Raum ein als in der Berichterstattung über Industrienationen.[100]

Auch eine TV-Nachrichtenstudie von Hester liefert Belege dafür, dass neben den USA Europa und Indochina das größte Nachrichteninteresse erregen. Aus den beiden Regionen stammen 50% der in den Auslandsnachrichten berichterstatteten Länder.[101] Hester zeigt, dass sich die Berichterstattungsmuster der großen Netzwerke weder in der thematischen Gestaltung noch in der geographischen Nachrichtenselektion wesentlich voneinander unterscheiden.[102] Wiederum bildet Lateinamerika die am wenigsten stark berichterstattete Region. Aber auch große Teile von Asien, Afrika und Osteuropa finden sich kaum in den Nachrichten vertreten. Aufgrund der starken konzeptionellen Übereinstimmung zwischen den Sendern zieht Hester den ernüchternden Schluss, dass es für den Rezipienten eigentlich keinen Unterschied mache, welches der großen amerikanischen Netzwerke er verfolgt.[103]

Weaver untersucht die Auslandsberichterstattung amerikanischer TV-Netzwerke über einen Zeitraum von zehn Jahren.[104] Die Ergebnisse seiner Studie bestätigen die besondere Stellung Westeuropas (21,1%). Aufgrund des gewählten Untersuchungszeitraums dominiert hier aber die Berichterstattung über Geschehen im Nahen Osten (32,4%) die geographische Nachrichtenstruktur. Lateinamerika (6,2%) und Afrika (6,1%) erweisen sich abermals als Schlusslichter der Auslandsberichterstattung.

Diese Muster sind offensichtlich kein amerikanisches Spezifikum. Meckel legt 1996 eine international angelegte Studie vor, für die sie die Berichterstattung von sieben national und international ausgerichteten Nachrichtenangeboten miteinander vergleicht.[105] Abgesehen von einem Trend zum Zentrismus und Negativismus bestätigt und präzisiert die Analyse einige der angeführten Ergebnisse und liefert neuerliche Hinweise für ein »internationales Kommunikationsgefälle«.[106] So kann Meckel zeigen, dass

---

100 Larson 1979: 138.
101 Ein Teil des Erhebungszeitraums fiel auf den Vietnamkrieg, vgl.: Hester 1978.
102 Hester kann zeigen, dass sich mehr als drei Viertel der Auslandsberichterstattung lediglich auf die vier Themen Verteidigung, Auslandsbeziehungen, Nationale Politik und Terrorismus konzentrieren.
103 Hester 1978.
104 Weaver et al. 1984.
105 Meckel 1996.
106 Meckel 1996: 201.

die Berichterstattung durch Nachrichten aus den USA und Westeuropa dominiert wird. Das Nachrichteninteresse ist aber nicht über Westeuropa gleichmäßig verteilt sondern konzentriert sich auf die EG-Staaten Großbritannien, Deutschland, Frankreich und Italien. Lateinamerika und Afrika bilden die am wenigsten stark berichterstatteten Regionen. Meckels Ergebnisse zeigen für Osteuropa, bzw. das ehemalige Jugoslawien einen ungewöhnlich hohen Berichterstattungsanteil (21,9%). Auch Meckel sieht in dem ungewöhnlichen Ergebnis einen Beleg für eine mediale Krisenfokussierung. In der Retrospektive zeigt sich, dass sich dieser Fokus ebenso rasch etablieren kann, wie er sich wieder verschiebt.

Kamps beachtet in seiner Analyse Politik in Fernsehnachrichten drei deutsche, einen britischen und einen amerikanischen Sender sowie CNN-Europa und CNN-US. [107] Mit knapp 5.000 untersuchten Nachrichten stützen sich die Ergebnisse seiner Studie auf einen ungewöhnlich großen Daten-Korpus. Ein Trend zu einem allgemeinen Zentrismus der Nachrichtenberichterstattung, wie er sich bereits in der Ergebnissen von Kaysers früher Nachrichtenstudie *One-Weeks-News* (1953) zeigte,[108] kann Kamps bestätigen. Eine Nachrichtenrealität, die das eigene Land in den Mittelpunkt rückt und sich erst an zweiter Stelle für das Ausland interessiert scheint demnach ein internationales Phänomen zu sein. So spielen zwischen 35% und 60% der untersuchten Nachrichten (N = 4.723) in den Heimatländern der jeweiligen Sender. Als Nachrichtenzentren treten in seiner Studie Länder wie die BRD, die USA und Großbritannien zu Tage, die rund 40% der Ländernennungen auf sich vereinigen. Ein vergleichsweise großes Nachrichteninteresse mobilisieren darüber hinaus die damalige Krisenregion Bosnien-Herzegowina sowie Frankreich, Israel und Russland (rund 15% Berichterstattungsanteil). Der überwiegende Teil der Länder, die während des Erhebungszeitraums Erwähnung finden, wird allerdings nur peripher und beiläufig beachtet: »In insgesamt 4723 Beiträgen [...] werden von den 146 kodierten Ländern 13 lediglich einmal, 49 weniger als zehnmal, 73, also die Hälfte, weniger als zwanzigmal in die Beiträge involviert«.[109]

Kamps geht davon aus, dass die internationale Berichterstattung einem viergliedrigen Muster folgt, das zwischen *Nachrichtenzentren* (Länder,

---

107 Kamps 1998; Kamps 1999.
108 Vgl.: Kayser 1953.
109 Kamps 1998: 240.

über die konstant und mit hoher Themenvarianz berichterstattet wird), *Nachrichtennachbarn* (Länder, die mit einiger Permanenz Gegenstand der Berichterstattung sind), *Thematischen Nachrichtennachbarn* (Länder, die relativ häufig, aber thematisch gebunden (Sportereignisse etc.) in der Berichterstattung auftauchen) und der *Nachrichtenperipherie* (»Länder, die für den Fernsehnachrichtenjournalismus [...] geradezu zufällig von Interesse sind«) unterscheidet.[110] Weber findet dieses Modell in einer Studie zur Osteuropa-Berichterstattung deutscher Tageszeitungen bestätigt.[111]

Mediensystem	*Inland*	*Ausland/Internationales*
Spanien	73	27
Italien	67	33
USA	64	36
Frankreich	53	47
Dänemark	52	48
Norwegen	50	50
Schweiz	45	55
Deutschland	40	60
Österreich	36	64

Tabelle 4: Länder-Ranking nach Erwähnungshäufigkeit, Inlands- / Auslandsberichterstattung (Top 10, Angaben in Prozent / gerundet), vgl.: Rössler, 2003.

Rössler untersucht die *Botschaften Politischer Kommunikation* auf Sendungs-, Beitrags- und Gestaltungs-Ebene.[112] In die Untersuchung fließen Daten von 15 europäischen und drei amerikanischen TV-Sendern ein. Auch Rössler zeigt, dass das Heimatland des jeweiligen Senders offensichtlich mit dem größten Nachrichtenwert ausgestattet wird. Alle untersuchten Sender fokussieren zunächst auf Nachrichten aus dem eigenen

---

110 Kamps 1998: 292.
111 Weber 2008; Weber 2008.
112 Rössler 2003; Rössler 2004.

Land. Rössler belegt, dass diese Form des Regionalismus zwar ein univer-
selles Phänomen ist, allerdings eines, dass von Mediensystem zu Mediensystem verschiedenstark ausgeprägt ist (vgl. Tab.4). Während deutsch-
sprachige TV-Nachrichten einen geringeren Schwerpunkt auf die Inlandsberichterstattung legen, findet sich in Spanien, Italien und in den USA eine extreme Schwerpunktsetzung auf Geschehen in der eigenen Nation.[113]
Belege für einen Negativismus in der Drittwelt-Berichterstattung, wie sie
auch Kamps diskutiert, sieht Rössler nicht. Vielmehr sei eine negative Berichterstattung ein Phänomen, das auf alle Länder zutreffe. Auf Akteurs-
ebene sieht Rössler eine deutliche Dominanz von Politikern. Die Nachrichten werden dominiert von Politikern aus dem eigenen politischen System.

2.2.3 Die Nachrichtengeographie Internationaler Nachrichtensender

Einige Autoren berücksichtigen in ihren Studien auch Internationale
Nachrichtensender. Meckel untersucht bereits 1996 die »Informationslei-
tung nationaler und internationaler Nachrichtensendungen«,[114] darunter
BBC, CNN, Euronews und ITN. Meckel kann im nachrichtengeographi-
schen Selektionsverhalten beider Sendergattungen keine fundamentalen
Unterschiede ausmachen.

So fokussieren auch die internationalisierten Nachrichtenangebote auf
die EG-Länder und die USA bzw. auf das Kriegsgeschehen auf dem Bal-
kan. Die Nachrichtenperipherien Lateinamerika und Afrika bleiben trotz
internationalisierter Angebote bestehen. Offenbar legen auch Internationale Sender einen gewissen Regionalismus an den Tag. Im Falle von CNN-
International zeigt sich dieser Trend besonders deutlich. Über 38% des
abgebildeten Nachrichtengeschehens spielen sich in Nordamerika ab. Wie
weiter oben aufgeführt, fällt dieser Regionalismus schwächer aus als auf
gewöhnlichen amerikanischen Nachrichtensendern.[115] Gleichwohl kann

---

113 Rössler 2003: 320.
114 Meckel 1996.
115 Vgl. etwa: Larson und Hardy 1977; Larson 1979.

dieses Ergebnis nicht mit dem besonderen Stellenwert der USA erklärt werden.[116]

Region	BBC	CNN	Euro News	ITN	ARD	ARTE	TV5
Nordamerika	3,7	38,7	23,4	31,6	6,7	9,2	1,7
Westeuropa	17,5	9,4	36	30,7	73,2	67,8	83,1
Osteuropa	38,5	31,7	23,4	18,6	14,1	16,8	12,5
Afrika	17,5	2,9	3,8	5,8	1,2	-	-
Naher Osten	1,3	9,8	4,3	5,9	3,1	4,3	1,3
Asien	19,8	1,5	2,5	-	1,1	-	-
Lateinamerika	0,77	1,6	6,6	5,7	0,5	1,7	-
Ozeanien	0,75	-	1,1	-	-	-	-
Andere	0,19	4,3	1,4	1,5	-	-	1,4

Tabelle 5: Ranking der Weltregionen nach Erwähnungshäufigkeit (Angaben in Prozent / gerundet), vgl.: Meckel, 1996.

Tiele zeigt für die internationale Zeitungsberichterstattung, dass etwa 20% der untersuchten Nachrichten in den USA spielen.[117] Zu einem ähnlichen Ergebnis kommt Wu in der Auswertung der Daten der Foreign News Studie.[118] Auch Meckels Ergebnisse sprechen dafür, dass der CNN-Fokus auf die USA nicht allein über die amerikanische Supermachtstellung erklärt werden kann.[119] In deutlichem Gegensatz zu den Berichterstattungsmustern aller anderen Sender stehen die Nachrichten der BBC. Besonders ungewöhnlich wirken der geringe Fokus auf Westeuropa und Nordamerika

---

116 In einem internationalen Vergleich der zehn Top-Nachrichten kann Tai allerdings zeigen, dass die USA zwar der unbestrittene »Top News Maker« sind, was sich aber weniger extrem ausdrückt. Lediglich ein Viertel aller Top-Nachrichten der untersuchten Medien spielen in den USA (vgl.: Tai 2000: 331).

117 Tiele 2010

118 Wu 2000

119 Sowohl der Nachrichtenfokus national ausgerichteter (ARD: 6,7%) als auch internationalisierter Sendeangebote (BBC: ca. 3,7%) fällt geringer aus.

und die deutliche Schwerpunktsetzung auf Asien und Afrika. Der »vergessene Kontinent« wurde von BBC-Journalisten im Untersuchungszeitraum
offenbar als genauso nachrichtenwert eingeschätzt, wie Westeuropa! Auch
aufgrund der enttäuschenden Ergebnisse der anderen internationalen Angebote kommt Meckel dennoch zu einer pessimistischen Einschätzung,
wonach »auch die globalisierten Angebote der Nachrichtenprogramme
[...] bislang offenbar nicht zum Abbau einer weltweit ungleichgewichti-
gen Berücksichtigung von Regionen« beigetragen haben.[120]

Land	*Al-Jazeera*	*Al-Jazeera English*
Irak	10,5	13,8
Palästina	11,0	11,7
USA	8,0	10,0
Libanon	5,6	5,8
GB	6,8	2,5
Russland	5,5	2,9
Somalia	3,0	4,2
Iran	2,5	3,8
Israel	2,5	3,8
Ägypten	1,7	2,5

Tabelle 6: Länder-Ranking nach Erwähnungshäufigkeit (Top 10, Angaben in Prozent)
(How Arab is Al-Jazeera English), vgl.: Al-Najjar, 2009.

Auch Kamps berücksichtigt in seinem Ländersample CNN und CNN-
Europe. Er findet die zentralen Ergebnisse von Meckel bestätigt. Auf den
USA liegt der unangefochtene Nachrichtenfokus beider Sender (CNN:
25,9% / CNN Europe: 21,6%). Auch was die Berücksichtigung der Welt-

---

120 Meckel 1996 #1054}: 201f.

regionen angeht zeigen sich zwischen CNN und den national verorteten Sendeangeboten Parallelen. Zwar berichtet CNN häufiger über Länder, die andere Sender überhaupt nicht beachten. Gleichwohl handelt es sich dabei um Ausnahmen. »Das [...] Verhältnis zwischen Nachrichtenzentren, Nachrichtennachbarn und Nachrichtenperipherien bleibt bestehen«.[121]

Neuere Studien zur Nachrichtengeographie Internationaler Nachrichtensender sind rar. Vergleichsweise viel wissenschaftliche Aufmerksamkeit haben der katarische Sender Al-Jazeera und sein englischsprachiger Partnersender Al-Jazeera English (AJE) auf sich gezogen. Schenk kann zeigen, dass sich die Islambilder, die BBC World, CNNI und AJE zeichnen, nicht wesentlich voneinander unterscheiden.[122]

Region	Al-Jazeera	Al-Jazeera English
MENA	55,8	42,2
Europa	15,6	24,3
Nordamerika	10,3	8,3
Asien	9,9	10,4
Afrika	6,5	11,3
Lateinamerika	1,7	1,7
Karibik	-	1,7

Tabelle 7: Ranking der Weltregionen nach Erwähnungshäufigkeiten, AJ / AJE (A voice for the voiceless?) (Angaben in Prozent), vgl.: Figenschou, 2010.

A-Najjar fragt danach, inwiefern Al-Jazeera und Al-Jazeera English unterschiedliche nachrichtengeographische Realitäten zeichnen.[123] Die Wissenschaftlerin weist nach, dass beide Sender einem vertrauten Berichterstattungsmuster folgen. Ein Großteil der Nachrichten (etwa Zweidrittel) konzentriert sich auf gerade einmal zehn Länder. Gleichwohl, und hierin un-

---

121 Kamps 1998: 247.
122 Schenk 2009.
123 Al-Najjar 2009.

terscheiden sich beide Akteure von den bekannten Mustern, fallen die Nachrichtenzentren weniger deutlich konturiert aus. Und noch ein anderes Detail sticht ins Auge: Einen Reflex, das eigene Herkunftsland zu fokussieren, scheint es hier nicht zu geben.

Die Analyse zeigt, dass sowohl AJ als auch AJE auf die Konfliktregion Irak und auf die palästinensischen Gebiete fokussieren. Die Nachrichtensupermacht USA findet auf den Al-Jazeera-Sendern zwar weniger große Beachtung, dennoch markiert sie mit 8% bzw. 10% Erwähnungsanteil einen deutlichen Nachrichtenschwerpunkt. Erstaunlich ist die Tatsache, dass Somalia in der Top-Ten-Liste mit 3% bzw. 4,2% auftaucht. Hinweise auf eine alternative Nachrichtengeographie finden sich in der Auswertung nach Regionen. Auffallend ist nicht nur die enorme Konzentration auf den Nahen Osten und das relative Desinteresse an den USA. Insbesondere die Schwerpunktsetzung auf Nachrichten aus Afrika, wie sie auch Meckel für die BBC nachweisen konnte, sticht ins Auge. Zumindest in diesem Punkt wird AJE seinem Versprechen die »underreported regions« dieser Erde zu fokussieren, gerecht.[124]

Ein gewisses Maß an Alterität in der Nachrichtengeographie von AJE kann auch Figenschou dokumentieren.[125] Die Forscherin wertet die AJE-Hauptnachrichtensendung auf Regionen-Ebene aus und zeigt, dass AJE mehr über den Politischen Süden (61%) als über den Politischen Norden (38%) berichtet. Interessanterweise bildet Europa dabei die am meisten berichterstattete Region, gefolgt von Asien und dem Nahen Osten.

In dem von Figenschou gewählten Untersuchungszeitraum erreichen nicht nur afrikanische Länder eine hohe Erwähnungshäufigkeit (10,1%) sondern auch Länder aus Südamerika (10%). Das beinahe vollständige Ignorieren von Nachrichten aus dem Heimatland des Senders, Katar, kann in den Augen Figenschous ein Ausweis besonderer Globalität sein, denkbar sei aber auch eine andere Interpretation, wonach »the limited coverage of domestic Qatari affairs is the result of self-censorship«.[126]

---

124 Al-Jazeera 2007.
125 Figenschou 2010.
126 Figenschou 2010: 94.

2.3 Die Nachrichtengeographie im Spiegel inferenzstatistischer Studien

Die Nachrichtenwerttheorie postuliert den Einfluss von Nachrichtenfaktoren auf die Nachrichten-Selektionsentscheidung von Journalisten.[127] Nachrichtenfaktoren lassen sich in Kontext- und Ereignismerkmale unterscheiden. Während Ereignismerkmale die Eigenschaften von Ereignissen bzw. von Akteuren beschreiben, fokussieren Kontextmerkmale auf den (geographischen) Kontext eines Ereignisses.[128] Kap. 2.3.1 stellt zunächst die Ergebnisse der Studien vor, die sich explizit auf die Nachrichtenwerttheorie als theoretischen Ausgangspunkt beziehen; Kap. 2.3.2 diskutiert die Ergebnisse der Studien, die Kontextmerkmale erheben, ohne sich explizit auf die Nachrichtenwerttheorie zu beziehen.[129]

2.3.1 Nachrichtenwerttheoretisch orientierte Studien

Grundsätzlich wird die theoriegeleitete Nachrichtenselektionsforschung auf Walter Lippmann zurückgeführt.[130] Eine erste systematische Formulierung der Nachrichtenwerttheorie lieferten Östgaart und Galtung und Ruge Mitte der 1960er Jahre.[131] Sie waren es auch, die zuerst Kontextmerkmale in ein Nachrichtenwert-Modell integrierten. In ihrer Arbeit *The structure of foreign news* (1965) untersuchen die beiden Forscher den Ein-

---

127 Für eine Diskussion der Nachrichtenwerttheorie vgl.: Kap. 3.
128 Vgl. Kap. 3.
129 Bei der Erarbeitung des inferenzstatistischen Forschungsüberblicks ergab sich eine grundlegende Schwierigkeit. Anders als es viele Vertreter der empirischen Sozialwissenschaften fordern (vgl. statt anderer: Wagschal 1999: 222; Backhaus et al. 2011: 84ff.),129 beschränken sich Forschungsarbeiten im Gebiet der Politischen Kommunikation in aller Regel auf eine äußerst eingeschränkte Dokumentation der Voraussetzungen und der Ergebnisse ihrer Untersuchungen. So geben zahlreiche Publikationen weder Auskunft darüber, ob die jeweiligen Datenverteilungen linear sind (und somit die Grundvoraussetzung für eine lineare Regression gegeben ist), noch werden die BLUE-Kriterien diskutiert. Stattdessen werden zumeist nur Daten über die anteilig erklärte Varianz, den Beta-Koeffizienten und das Signifikanzniveau veröffentlicht.
130 Lippmann 1922. Faktisch lassen sich weitaus frühere Arbeiten ausmachen, die dem Nachrichtenselektionsprozess bestimmte Gesetzmäßigkeiten unterstellen, vgl.: Stieler 1969 (Original1695).
131 Östgaard 1965; Galtung und Ruge 1965.

fluss von Nachrichtenfaktoren auf die Krisenberichterstattung von vier norwegischen Zeitungen. Ihr theoretisches Modell geht davon aus, dass journalistische und individuelle Wahrnehmungsprozesse durch bestimmte Faktoren, die nachfolgende Studien als Nachrichtenfaktoren[132] bezeichneten, geleitet sind. Insgesamt nennen die Autoren zwölf Nachrichtenfaktoren deren grundlegende Wirkung sie in der Hypothese bündeln: Je mehr ein Ereignis den Nachrichtenfaktoren entspricht, desto größer ist die Wahrscheinlichkeit, dass es zur Nachricht wird (Selektivitätshypothese). Neben Ereignismerkmalen (wie etwa der Unvorhersehbarkeit eines Ereignisses oder dessen Negativismus) spielen in der Auslandsberichterstattung auch einige Kontextmerkmale eine Rolle. Galtung und Ruge gehen davon aus, dass die Nachrichtenselektion in der Auslandsberichterstattung von der Frage bestimmt wird, ob ein Ereignis in einem kulturell nahestehenden Land stattgefunden hat (»kulturelle Nähe«), bzw. ob das Ereignis einen »Bezug zu einer Elitenation« (»Elitebezug«) aufweist.[133]

Winfried Schulz stellte die Nachrichtenwerttheorie auf eine solidere theoretische Basis und entwickelte ein stringenteres Forschungsdesign.[134] In diesem Zusammenhang ist insbesondere auf Schulz` Studie *Die Konstruktion von Realität in den Nachrichtenmedien* (1976) hinzuweisen. Ziel der Arbeit ist es, die Bedeutung von Nachrichtenfaktoren in journalistisch konstruierter Realität sowie den Zusammenhang zwischen Nachrichtenfaktoren und Nachrichtenwert zu ermitteln. Hinter diesem Vorgehen steht die Idee, dass die journalistische Nachrichtenselektion nicht allein in einer positiven Selektionsentscheidung sondern auch in der Art und Weise der Platzierung von Nachrichten Ausdruck findet.[135] In Anlehnung an Überlegungen von Sande[136] bestimmt Schulz den Nachrichtenwert einer Meldung durch eine rechnerische Kombination aus Werten für die Beachtung (bei Funkmedien Platzierung, bei Pressemedien Platzierung und Aufmachung) und den Umfang einer Nachrichtenmeldung. Seine Analyse basiert

---

132 Ursprünglich geht der Begriff der Nachrichtenfaktoren auf den Journalisten Carl Waren zurück, vgl.: Warren 1934.
133 Vgl. ausführlich dazu: Kap. 3. Obgleich Galtung und Ruge diese Annahmen in ihrer Studie selbst nicht getestet haben, legten ihre theoretischen Überlegungen den Grundstein für die nachrichtengeographische Forschung und bilden den Ausgangspunkt für viele Nachfolgestudien.
134 Schulz 1976.
135 Vgl.: Kepplinger 1998.
136 Vgl.: Sande 1971.

auf deutschen Zeitungs-, Hörfunk-, Agentur- und Fernseh-Nachrichten-meldungen von 11 Berichterstattungstagen, erhoben im Juni 1975.[137]

Durch Bestimmung von Verteilungshäufigkeit und mittlerer Intensitäts-stufe der Faktoren kann er zeigen, dass fast alle Nachrichtenfaktoren weit-verbreitete Konstituenten journalistischer Realität sind.[138] Anders als Gal-tung und Ruge arbeitet Schulz mit vier Kontextmerkmalen. Ihnen kommt besondere Bedeutung zu, denn veröffentlichte Realität ist überdurch-schnittlich häufig mit Kontextmerkmalen ausgestattet, deren mittlere In-tensitätsstufe die anderer Nachrichtenfaktoren übertrifft. 72,5% der unter-suchten TV-Auslandsberichterstattung spielte in Ländern, die Schulz als »politisch nah« einstufte, 82% in »räumlich nahen« Ländern und 83,5% der Auslandsberichterstattung in solchen Ländern, die eine »kulturelle Nähe« zu Deutschland aufweisen. Auf einen systematischen Zusammen-hang zwischen Nachrichtenwert und Kontextmerkmalen deuten aber we-der Korrelations- noch Regressionsanalysen hin. Schulz schlussfolgert:

> »Die Ergebnisse der Regressionsrechnung spezifizieren die von Galtung/Ruge aufgestellte Additivitätshypothese, wonach der Nachrichtenwert eines Ereignisses zunimmt, je mehr Nachrichtenfaktoren zutreffen. Tatsächlich kann man diese Aussage beschränken auf ein halbes Dutzend Faktoren: Komplexität, Thematisie-rung, Persönlicher Einfluss, Ethnozentrismus, Negativismus und Erfolg. Je mehr dieser Faktoren auf ein Ereignis zutreffen, desto größer ist die Wahrscheinlichkeit, dass es von den Medien in auffälliger Weise herausgestellt wird«.[139]

In einer Nachfolgestudie vergleicht Schulz die Nachrichtenrepräsentation von Massenmedien mit der öffentlichen Wahrnehmung von Nachrich-ten.[140] Zur Studie gehört auch eine nachrichtenwerttheoretische Inhaltsan-alyse mehrerer Tageszeitungen und der Hauptnachrichtensendungen von ARD und ZDF. Schulz kann einen starken Zusammenhang zwischen der öffentlichen Aufmerksamkeit für bestimmte Ereignisse und deren Nach-richtenprominenz nachweisen. In der Analyse zeigt sich, dass Nachrich-tenfaktoren zwar positiv mit den Nachrichtenwert-Indikatoren (Frequenz / Position / Länge) assoziiert sind. Eine (schwach-) signifikante Korrelation kann allerdings nur für eine integrierte Nähe-Variable (geographische, po-

---

137 Untersucht wird die TV-Berichterstattung von ARD und ZDF.
138 Vgl.: Schulz 1976: 65ff.
139 Schulz 1976: 106.
140 Schulz 1982.

litische und kulturelle Nähe vs. »journalistische Präsentationsform«) nachgewiesen werden.[141]

Eine deutlichere Beziehung zwischen Kontextmerkmalen und Nachrichtenwert kann Staab in seiner Arbeit Nachrichtenwert-Theorie (1990) dokumentieren.[142] In einer breitangelegten Cross-Media-Studie untersucht Staab die Bedeutung eines erweiterten Nachrichtenfaktorenkatalogs für die Berichterstattung. Staab erweitert die Kontextmerkmale um den Faktor ökonomische Nähe[143] und testet somit insgesamt fünf Kontextmerkmale. Staab misst den Nachrichtenwert einer Meldung nicht über einen Index, sondern weist die abhängigen Variablen Umfang und Platzierung gesondert aus. Er kann in multiplen Regressionen zeigen, dass der Einfluss der Nachrichtenfaktoren auf den Umfang einer Nachrichtenmeldung größer ausfällt als deren Einfluss auf die Platzierung. Den Kontextmerkmalen kommt auch in Staabs Analyse lediglich in einzelnen Mediengattungen ein signifikanter Einfluss auf die journalistische Beachtung zu. So hat die politische Nähe einen Einfluss auf den Berichterstattungsumfang von Qualitätszeitungen, die räumliche Nähe beeinflusst die Meldungsplatzierung von Qualitäts- und Abonnementzeitungen und die wirtschaftliche Nähe beeinflusst die Meldungsplatzierung von »Strassenzeitungen«. Einen signifikant negativen Einfluss auf die Meldungsplatzierung von Qualitäts- und Abonnementzeitungen und von Hörfunknachrichten weist interessanterweise der Faktor kulturelle Nähe auf.[144] Im Falle der TV-Berichterstattung zeigt lediglich ein Kontextmerkmal einen signifikanten Einfluss auf die journalistische Beachtung: Die Platzierungsentscheidung wird durch den Faktor politische Nähe[145] bestimmt: Je größere die politische

---

141 (r = 0,140; Signifikanz Niveau: p < .05).

142 Staab 1990a; Staab 1990b.

143 »Unter wirtschaftlicher Nähe wird die Ähnlichkeit der Wirtschaftssysteme zwischen dem Ereignisland und der BRD und die Intensität der Wirtschaftsbeziehungen mit der BRD verstanden. Sie wird nach folgenden Kriterien ermittelt: a) Wirtschaftssystem, b) Außenhandel mit der BRD, c) Wirtschaftsgemeinschaft«, vgl.: Staab 1990a: 216.

144 »Unter kultureller Nähe wird die Ähnlichkeit von Sprache, Religion und Kultur (Literatur, Malerei, Musik, Wissenschaft) zwischen dem Ereignisland und der BRD verstanden. Sie wird nach folgenden Kriterien ermittelt: a) Sprache, b) Religion, c) Wissenschaft und Kunst«, vgl.: Staab 1990a: 17.

145 »Unter politischer Nähe wird die Ähnlichkeit der Herrschaftssysteme, die Ähnlichkeit der außenpolitischen Zielsetzung und die Ähnlichkeit der Verteidigungspolitik zwischen dem Ereignisland und der BRD verstanden. Sie wird nach fol-

Nähe zwischen dem berichterstatteten Land und Deutschland ausfiel, desto prominenter wurde die Nachricht platziert.

Auch Ruhrmann et al. können die grundsätzliche Bedeutung der Nachrichtenfaktoren als Bausteine journalistischer Realität bestätigen. Die Studie *Der Wert von Nachrichten* (2003) analysiert die Nachrichtenrealität deutscher TV-Sender.[146] Analysiert wurde die Nachrichtenberichterstattung aus vier Nachrichtenwochen und acht deutschen TV-Sendern. Die Studie bestätigt, dass Kontextmerkmale sowohl für öffentlich-rechtliche als auch für private TV-Sender wichtige Konstituenten journalistischer Realität sind.[147] Auch Ruhrmann et al. prüfen mittels Faktorenanalyse (rechtwinklig rotiert) eventuelle Mehrfachmessungen in Folge des seit Galtung und Ruge stark ausdifferenzierten Faktorenkatalogs. Anders als bei Staab gelingt der Nachweis, dass für die Nachrichtenberichterstattung der untersuchten Sender übergeordnete Faktoren eine Rolle spielen. In der Berichterstattung zu Themen der internationalen Politik sind dies in beiden Sendergruppen die Dimensionen »Nähe, Nutzen bzw. Erfolg und bildliche Darstellung von Konflikten«. Als langfristig stabile Nachrichtenfaktoren erwiesen sich die Faktoren »kulturelle Nähe«, »wirtschaftliche Nähe«, »politische Nähe« und »räumliche Nähe« der Ereignisländer zur BRD sowie ein erkennbarer Nutzen bzw. Erfolg. Darüber hinaus konnte mit der bildlichen Darstellung von aggressivem Verhalten und Konflikten eine längerfristige, den »einzelnen Nachrichtenfaktoren übergeordnete Strukturdimension« ermittelt werden.[148] In der Berichterstattung zu unpolitischen Ereignissen zeigten sich ebenfalls Parallelen zwischen beiden Sendergruppen. Auch hier spielt die Nähe der Ereignisländer zu Deutschland eine wichtige Rolle. Der Faktor »Status der Ereignisnation« erweist sich zumindest im Falle der privaten Sender als besonders relevant, 82% der Gesamtberichterstattung thematisierten »Elitenationen«. Eine Regressionsanalyse, in die die übergeordneten Faktorendimensionen als unabhängige Variable eingehen, dokumentiert nur wenige systematische Effek-

---

genden Kriterien ermittelt: a) politisches System, b) außenpolitische Orientierung, c) Militärbündnis«, vgl.: Staab 1990a: 216.
146 Ruhrmann und Woelke 2003; vgl. auch: Ruhrmann et al. 2003; Diehlmann 2003.
147 Ruhrmann et al. 2003: 320ff.
148 Ruhrmann et al. 2003: 320ff.

te zwischen Faktorendimensionen und journalistischem Beachtungs-grad.[149]

Modellanpassung	
R^2	.59
Effekte der Faktoren	
Nähe	- .30^c
Bild. Darstell. v. Konflikten	.43^c
Prominenz	.27^b
Etablierung des Themas	.50^c
Handlungen mit posit. Folgen	-

Sinifikanzniveaus: a: <0,05; b <0,01; c: <0,001

Tabelle 8: Der Wert von Nachrichten (2003): Prädiktor: Nachrichtenfaktoren; abhängige Variable (N: 65): Nachrichtenwert (öffentl.- rechtl. Programme, internat. Berichterstattung), vgl.: Ruhrmann, 2003.

---

149 Der Beachtungsgrad einer Meldung wird durch einen Index abgebildet, in den die Platzierung einer Meldung, ihr Umfang sowie eine eventuelle Ankündigung der Meldung vor Sendungsbeginn eingingen.

Modellanpassung

R^2	.49
Effekte der Faktoren	
Nähe	-.29
Bild. Darstell. v. Konflikten	.27[c]
Nutzen für Viele	.26[c]
Etablierte Themen aus fernen Ländern	.50[c]
Latente Konflikte	.15[a]

Sinifikanzniveaus: a: <0,05; b <0,01; c: <0,001

Tabelle 9: Ergebnisse: Der Wert von Nachrichten (2003): Prädiktor: Nachrichtenfaktoren; abhängige Variable (N: 65): Nachrichtenwert (private Programme, internat. Berichterstattung), vgl.: Ruhrmann, 2003.

Die erklärte Varianz im Falle der Berichterstattung zur Internationalen Politik erweist sich wiederum als besonders groß (59%). Es zeigt sich, dass alle Nähe-Faktoren sowie die »bildliche Darstellung von Konflikten« einen systematischen Einfluss auf den journalistischen Beachtungsgrad haben. Für die Berichterstattung der privaten Anbieter kann ein signifikanter Einfluss des Faktors »Status der Ereignisnation« in der unpolitischen Berichterstattung dokumentiert werden. Interessanterweise weist die Faktorengruppe »Nähe« einen negativen Effekt auf. Fretwurst führt dies auf die Afghanistan-Berichterstattung zurück, die zum Erhebungszeitraum die Auslandsberichterstattung dominierte.[150]

In der aktuellen Auflage der Studie *Der Wert von Nachrichten im deutschen Fernsehen* (2009) können die dargestellten Effekte der Nähe- und Status-Dimensionen nicht mehr nachgewiesen werden.[151] Lediglich im Falle der unpolitischen Berichterstattung privater Rundfunkanbieter weisen die Faktorengruppen »Status der Ereignisnation« und »Nähe« systematische Effekte auf den journalistischen Beachtungsgrad auf. Die gerin-

---

150 Fretwurst 2008: 78.
151 Maier et al. 2009: 51ff.

gen Effekte der nachrichtengeographisch-relevanten Faktorendimensionen könnten ebenfalls mit einem stärkeren journalistischen Interesse an den Konfliktregionen des Nahen und Mittleren Ostens zusammenhängen. Beide Regionen weisen in Folge des »War on Terror« eine Nähe zu Deutschland und den G-8-Nationen auf, die sich mit dem klassischen nachrichtenwerttheoretischen Instrumentarium nicht mehr messen lässt.

In seiner Studie *Nachrichten im Interesse der Zuschauer?* (2008) fragt Fretwurst danach, inwiefern TV-Nachrichten den Interessen und Relevanzzuschreibungen der Zuschauer entsprechen und vergleicht die Ergebnisse einer Nachrichteninhaltsanalyse mit den Ergebnissen einer Rezipienten-Befragung.[152] Untersucht werden die Nachrichtensendungen privater und öffentlich-rechtlicher Rundfunksender an zehn Erhebungstagen, insgesamt werden knapp 700 Nachrichtenmeldungen analysiert. Fretwurst zeigt in partiellen Korrelationen, dass der Status eines Landes signifikant positiv mit der journalistischen Selektionsentscheidung und die wirtschaftliche Nähe mit der Beitragsdauer korrelieren. Hinsichtlich der Bedeutung des Faktors »Status« erklärt Fretwurst:

> »Am häufigsten wird über Länder mit sehr geringem Status berichtet, aber natürlich gibt es von denen auch am meisten. Mit steigendem Status nimmt die Häufigkeit zunächst ab, ist dann aber für Länder des Sicherheitsrates größer und mit 9 Prozent der Segmente für die USA groß. Die USA sind damit auch das Land, über das in der Auslandsberichterstattung am meisten berichtet wird«.[153]

Jüngere Studien können einen Zusammenhang zwischen Kontextmerkmalen und Länderpräsenz deutlicher dokumentieren. In einer »globalen Stichprobe« analysiert ein Team um Helmut Scherer die Titelseiten von Tageszeitungen aus 127 Ländern für eine natürliche Nachrichtenwoche aus dem Jahr 2004. Im Erkenntnismittelpunkt der Studie *So nah und doch so fern* (2006) steht die Rolle des Nachrichtenfaktors »Nähe« in der internationalen Tagespresse. In das Regressionsmodell gehen die Nähe-Faktoren als unabhängige, die prozentuale Erwähnungshäufigkeit eines Landes als abhängige Variable ein. Das von Scherer gewählte Regressions-Modell weißt »einen akzeptablen Anteil von 11 Prozent an erklärter Varianz« auf.[154] Als erklärungskräftigster Prädiktor der Auslandsberichterstattung erweist sich auch in diesem Modell die ökonomische Nähe zwi-

---

152 Fretwurst 2008.
153 Fretwurst 2008: 183.
154 Scherer et al. 2006: 223.

schen berichtetem und berichterstattendem Land (operationalisiert über die bedeutendsten Importpartner eines Landes (β = .23)). Drei weitere Variablen weisen signifikante Beta-Werte auf: bedeutendster Exportpartner (β = .14); kulturelle Nähe (β = .04); politische Nähe: (β = .03). Die Autoren interpretieren die Ergebnisse als Beleg dafür, dass die Nähe-Faktoren internationale Nachrichtenselektionsroutinen deutlich beeinflussen. Eine besondere Bedeutung spiele hierbei die ökonomische Nähe. Scherer et al. resümieren: »Nachrichten kommen also tatsächlich mit den Waren ins Land«.[155]

Patrick Weber untersucht in seiner Studie Nachrichtengeographie die Osteuropaberichterstattung von vier deutschen Tageszeitungen.[156] In die Untersuchung eingeflossen ist die Osteuropa-Berichterstattung an 52 Tagen aus dem Jahr 2006. Ziel war es Kamps Nachrichtengeographie-Modell[157] sowie einige Kontextmerkmale als Prädiktoren der Länderpräsenz zu testen. Weber kann zeigen, dass Kontextmerkmale auch in einem thematisch bzw. geographisch begrenzten Berichterstattungsfeld wirksam sind.

Annekaryn Tiele greift die Daten der Studie *So nah und doch so fern* (2004) für eine Analyse auf. Die Ergebnisse ihrer Studie *Nachrichtengeographien der Tagespresse* (2010) unterstreichen, dass die ursprünglich aus Skandinavien stammende Nachrichtenwerttheorie einen globalen Beitrag zur Erklärung der Nachrichtenselektion leistet. Auch sie unterscheidet in Anlehnung an Hagen et al.[158] zwischen den möglichen kontextuellen Merkmalsdimensionen Status, Nähe und Ähnlichkeit und wendet sie auf die Dimensionen Wirtschaft, Sozioökonomie, Politik, Militär, Wissenschaft, Medien, Geographie und Kultur an.[159] Sie kann somit insgesamt 30 Kontextmerkmale (14 Macht- und 16 Nähe-Faktoren) differenzieren, die sie durch eine Hauptkomponentenanalyse zu 10 Faktorendimensionen zusammenfasst.[160]

---

155 Scherer et al. 2006: 221.
156 Weber 2008; Weber 2010.
157 Vgl.: Kamps 1998; Kamps 1999.
158 Vgl.: Hagen et al. 1998b.
159 Vgl.: Tiele 2010: 128f.
160 1. Status der Lebensqualität; 2. Wirtschaftliche Macht; 3. Politisch-militärische Macht; 4. Wirtschaftliches Machtpotential; 5. Handels- und Migrationsströme; 6. Geostrategische Zusammenarbeit; 7. Ähnlichkeit der wirtschaftlichen und militä-

In multiplen Regressionen untersucht Tiele u.a. den Einfluss der Faktorendimensionen auf Ländernennung und Berichterstattungsumfang. Die Analyse zeigt, dass Kontextmerkmale auf Ebene der Selektion knapp 26% und auf Ebene des Berichterstattungsumfangs 24% anteilige Varianz erklären, d.h. dass »für die Auslandsberichterstattung der Titelseite global eher die Länder ausgewählt werden, die dem Erscheinungsland der Zeitung geographisch nah sind und mit denen es auf politischer und militärischer Ebene zusammenarbeitet«.[161] Erstaunlicherweise üben die Nähe-Faktoren in Tieles Modell einen größeren Einfluss auf die Länderselektion aus, als die Macht-Faktoren. Eventuell ist dieses Ergebnis darauf zurückzuführen, dass die Analyse lediglich die Titelseiten und nicht die Gesamtberichterstattung berücksichtigt. Tiele sieht in den Ergebnissen einen Hinweis darauf, dass die internationale Auslandsberichterstattung kein »hundertprozentiges Abbild der Macht- und Beziehungsstrukturen« des internationalen Systems darstellt.[162] Gleichwohl zeige sich, dass die Berichterstattung von diesen Strukturen bestimmt ist:

> »Zu geographisch wie wirtschaftlich und politisch nahen Ländern bestehen größtmögliche Abhängigkeiten mit Blick auf die inländische Politik, Wirtschaft, Sicherheit usw. Nachbarländer, Exportziele einheimischer […] sowie importierter Waren, politische Bündnispartner sowie Migrationsziele sind beobachtens- und berichterstattenswert, da besonders ihre Handlungen sowie Veränderungen ihrer Situation und Ziele potentiell Konsequenzen für das eigene Land mitbringen«.[163]

Darüber hinaus fällt insbesondere die starke Stellung von wirtschaftsbezogenen Kontextmerkmalen (Handels- und Migrationsströme, Wirtschaftliche Macht und Wirtschaftliches Machtpotential) auf. Die Autorin schlussfolgert: »Wirtschaftlichen Kennwerten eines Landes weisen Journalisten weltweit also einen großen Stellenwert bei der Nachrichtenselektion- und Darstellung zu«.[164]

---

rischen Macht; 8. Ähnlichkeit der Lebensqualität; 9. Ähnlichkeit der Energieressourcen; 10. Ähnlichkeit der Kultur.
161 Vgl.: Tiele 2010: 240.
162 Tiele 2010: 268.
163 Tiele 2010: 268; vgl. auch: 266f.
164 Tiele 2010: 270.

Einfluss von Kontextmerkmalen auf Länderselektion / Umfang der Länderdarstellung

R^2	.257	.236
Faktoren	*β-Werte Länderselektion*	*β-Werte Umfang der Länderdarstellung*
Status der Lebensqualität	.417[c]	-.045[a]
Geostrategische Zusammenarbeit	.416[c]	.183[c]
Handels- und Migrationsströme	.391[c]	.180[c]
Wirtschaftliche Macht	.371[c]	.346[c]
Politisch-militärische Macht	.332[c]	.117[c]
Wirtschaftliches Machtpotential	.219[c]	.182[c]
Ähnlichkeit der Kultur	.177[c]	.049[a]
Ähnlichkeit der Lebensqualität	.106[c]	-.096[c]

Sinifikanzniveaus: a: <0,05; b <0,01; c: <0,001

Tabelle 10: Ergebnisse: Nachrichtengeoraphien der Tagespresse (2010): Prädiktor: Nachrichtenfaktoren; abhängige Variable: Länderselektion / Berichterstattungsumfang, vgl.: Tiele, 2010: 220ff.

2.3.2 Systemische und andere Studien

Auch außerhalb des deutschsprachigen Forschungsraums wurde die Rolle von Kontextmerkmalen als Prädiktoren der Berichterstattung untersucht. Viele Studien verfolgen einen systemischen oder polit-ökonomisch-inspirierten Ansatz, manche Studien erheben Kontextmerkale ohne Bezug auf eine konkrete Theorie. Eine vergleichsweise frühe Studie liegt von Rosengren vor. In einer Analyse der Wahlberichterstattung einer deutschen, einer britischen und einer schwedischen Tageszeitung kann er für die Wahlberichterstattung bereits Anfang der 1970er Jahre zeigen, dass die Berichterstattungswahrscheinlichkeit insbesondere von der Wirtschaftskraft eines Landes beeinflusst wird.[165] Als Resultat seiner Studie fordert Rosengren eine polit-ökonomische Neuinterpretation des Nachrichtenselektionsverhaltens.

Adams untersucht in seiner Studie *Whos lives count* (1986) die Bedeutung von Kontextmerkmalen in der Krisenberichterstattung und fragt, inwieweit die Schwere einer Katastrophe – gemessen an der Anzahl der Toten – das Ausmaß journalistischer Beachtung in us-amerikanischen TV-Nachrichten bestimmt. In multiplen Regressionen testet Adams 16 Variablen als Prädiktoren journalistischer Aufmerksamkeit in der Krisenberichterstattung.[166] Als dominante Faktoren erweisen sich die Variablen »Anzahl us-amerikanischer Touristen« (»Anzahl der Todesopfer (Log.)« und die »geographische Nähe zwischen berichterstatteter und berichterstattender Nation«, die gemeinsam 61 % Varianz erklärten. Das Ergebnis verdeutlicht, dass auch der vermeintlich starke Nachrichtenfaktor »Negativismus« nicht unabhängig von nachrichtengeographischen Selektionsroutinen wirkt. Auch die journalistische Krisenberichterstattung scheint einer Nachrichtengeographie zu folgen, an deren oberen Ende Westeuropa und an deren unterem Ende Asien liegen. Adams fasst die Ergebnisse seiner Arbeit nüchtern zusammen:»the globe is prioritized so that the death of one Western European equaled three Eastern Europeans equaled 9 Latin Americans equaled 11 Middle Easterners equaled 12 Asians«.[167]

Auch Golan und Wanta untersuchen den Einfluss von Kontextmerkmalen auf die amerikanische Wahlberichterstattung. Die beiden Autoren können zeigen, dass die Variablen kulturelle und ökonomische Nähe in einem negativen Zusammenhang zur internationalen Wahlberichterstattung stehen,[168] gleiches gilt für den Faktor Bevölkerungsgröße, der oft als Indikator für den Machtstatus einer Nation genutzt wird.[169] Die mitunter

---

165 Vgl.: Rosengren 1970; Rosengren 1974.

166 Untersucht wird die Krisenberichterstattung von ABC, CBS und NBC zu 35 Katastrophen zwischen 1972 und 1985.

167 Adams 1986: 121.

168 Cultural Affinity: «number of immigrants in the U.S. from a foreign country«; Economic ties: «measured as the ranking of the nation on the US list of trading partners«.

169 Vgl.: Golan und Wanta 2003: 32ff.

stärksten positiven Effekte zeigen die Faktoren »Land besitzt Nuklearwaffen«, »Land entwickelt Nuklearwaffen« und «Land pflegt Verbindungen zu China«. Die beiden Autoren interpretieren diese Ergebnisse als Anzeichen für ein Berichterstattungsmuster, das auf Nationen fokussiert, die möglicherweise eine Gefahr für die USA darstellen. Eine Erklärung für dieses von früheren Ergebnissen abweichende Resultat könnte im Wandel der internationalen Machtarchitektur in Folge des Zusammenbruchs der SU liegen.

Nicht die Prädiktoren der Wahl- sondern der Afrika-Berichterstattung untersucht Golan in seiner Studie *Where in the World is Africa*? Ziel ist es den Einfluss von Kontextmerkmalen auf die Afrika-Berichterstattung von vier us-amerikanischen TV-Networks (ABC, CBS, CNN, NBC) zu analysieren.[170] Auch Golan kann zeigen, dass die untersuchte Afrika-Berichterstattung im Kern auf äußerst wenige Länder fokussiert. Über 60% der untersuchten Meldungen beschäftigen sich mit Themen, die unter den Kategorien »Bewaffneter Konflikt«, »War on Terror«, »Humanitäre Krisen«, »Unfälle«, »Naturkatastrophen« usw. kodiert wurden. Die Wahrscheinlichkeit, dass über ein Land berichterstattet wird korreliert signifikant mit den Faktoren relatives Handelsvolumen ($r = 0,267^a$), BIP ($r = 0,500^c$) und Bevölkerungsgröße ($r = 0,375^b$).[171] Die Regressionsanalyse stellt die Variablen Pressefreiheit, BIP und den relativen Handel zwischen USA und berichterstattetem Land heraus, wobei letzterer einen negativen Wert aufweist. Eine mögliche Erklärung des statistischen Widerspruchs zwischen Korrelations- und Regressionsanalyse sieht Golan in einer möglichen Interaktion der in das Regressionsmodell eingeflossenen Variablen. Die Ergebnisse seiner Studie interpretiert er als Unterstützung der Hypothese, wonach »a nation location within the world system […] a score, peripheral or semi-peripheral is the key-predictor of coverage«.[172]

---

170 Golan 2008.
171 Sinifikanzniveaus: a: <0,05; b <0,01; c: <0,001
172 Golan 2008: 55.

Einfluss von Kontextmerkmalen auf Länderselektion

R^2 korr.	.248	
Faktoren	*β-Werte*	*Sig.*
HIV/AIDS	-.015	.820
Deaths per thousands	-.026	.769
Muslims	-.016	.892
Press freedom	.406	.045
Trade with U.S.	-.046	.048
GDP	.021	.010
Population	.150	.439

Tabelle 11: Ergebnisse: Where in the World is Africa? (2008): Prädiktor: Nachrichten-faktoren; abhängige Variable: Länderselektion Golan, 2008: 52.

Der überwiegende Anteil von Studien zu Kontextfaktoren berücksichtigt keine TV-Berichterstattung. Und die Studien, denen doch TV-Daten zu-grunde liegen, erheben in der Regel Daten aus nur einem Mediensystem. Eine der wenigen Ausnahmen bildet die *Foreign News-Studie* (1994) von Westerståhl und Johansson.[173] Die Autoren fragen u.a. nach der Bedeu-tung der Kontextmerkmale »Bedeutung einer Nation« (»importance«) und »ökonomische, kulturelle und geographische Nähe« zwischen berichter-stattender und berichterstatteter Nation (»proximity«) auf die Länderprä-senz.[174] Die Regressionsanalysen zeigen, im Falle des Samples der schwe-dischen Tageszeitungen – dessen Ergebnisse als einzige differenziert aus-gewiesen werden – eine Varianzaufklärung der beiden Faktoren(-gruppen) zwischen 45% und 86%. Als stärkster und über die Zeit hinweg konstanter Prädiktor erweist sich die Variable »kulturelle Nähe« (operationalisiert über die Anzahl der Botschaften und des Botschaftspersonals im bericht-erstatteten Land), für die über den gesamten Untersuchungszeitraum hin-

---

173 Westerståhl und Johansson 1994. Das der Studie zugrunde liegende Sample be-rücksichtigt Berichterstattungsdaten aus sieben Dekaden. Erhoben wurden u.a. Nachrichten aus der schwedischen, deutschen und britischen Tagespresse sowie schwedische, italienische und us-amerikanische TV-Nachrichten.
174 Westerståhl und Johansson 1994: 73.

weg ein signifikant positiver Einfluss dokumentiert werden konnte.[175] Ein
überwiegend systematischer Einfluss auf die Nachrichtenselektion konnte
für den Faktor ökonomische Nähe (operationalisiert über die Handelsintensität zwischen berichterstattetem und berichterstattendem Land) dokumentiert werden. Überwiegend negative Effekte wies der Faktor geographische Nähe auf (operationalisiert über die Distanz zwischen zwei
Hauptstädten). Auch der Faktor »importance« zeigt über den gesamten
Erhebungszeitraum hinweg signifikant positive Effekte (Bevölkerungsgröße). Wird nur die TV-Berichterstattung berücksichtigt, so sinkt die
durch das Modell erklärte Varianz auf durchschnittlich 50%.[176] Einen
durchweg höheren Anteil erklärter Varianz dokumentiert die Studie, wenn
nicht nach dem Land gefragt wird, in dem ein (Nachrichten-) Ereignis
stattgefunden hat sondern nach dem Land, das als handelnder Akteur auftritt. Die Ergebnisse verdeutlichen aus Sicht der Autoren die globale
Bedeutung beider Faktorengruppen: »Their application might be disputed
in many special cases, but it seems difficult to find more reasonable selection rules than these two if audience interest is to be maintained«.[177]

---

175 Dieses von anderen Studien abweichende Ergebnis ist sicherlich auf die Operationalisierung der Variable kulturelle Nähe zurückzuführen. Es lässt sich darüber
   streiten ob mit der von Westerståhl und Johansson gefundenen Operationalisierung nicht eher die politische Nähe zweier Länder gemessen wird. Vgl. zu den
   empirischen Ergebnissen: Westerståhl und Johansson 1994: 78f.
176 Westerståhl und Johansson 1994: 83f.
177 Westerståhl und Johansson 1994: 84f.

Einfluss der Nachrichtenfaktoren auf den Anteil der Beiträge über Land A in Medien aus Land B		
R^2	.71	.59
Faktoren	*β-Werte Gesamt*	*β-Werte TV*
Machtstatus	.59^c	.51^c
Anteiliges Handelsvolumen	.31^c	.31^c
Gemeinsame Amtssprache	.18^c	.19^c
Sozioökonnom. Ähnlichkeit	.11^c	.07^c
Nähe der Hauptstädte	.03^b	-

Sinifikanzniveaus: a: <0,05; b <0,01; c: <0,001

Tabelle 12: Ergebnisse: Ländermerkmale als Nachrichtenfaktoren (1998): Einfluss von Kontextmerkmalen auf die Ländernennung, vgl.: Hagen, 1998: 64.

Eine Diskrepanz der Varianzaufklärung zwischen TV- und Zeitungsbe-richterstattung kann auch das Forscherteam um Lutz Hagen dokumentie-ren. In ihrer Studie Ländermerkmale als Nachrichtenfaktoren (1998) grei-fen die Autoren auf die Daten der *Foreign News-Studie* zurück und testen inwiefern der Nachrichtenwert eines Landes von insgesamt sieben Nähe- und Status-Faktoren determiniert wird. Aufgrund der differenzierten Da-tenstruktur kommt der Arbeit besondere Bedeutung zu.[178] Mit einer erklär-ten Varianz von 71% erweist sich das Gesamtmodell als eindrucksvoll er-klärungsstark. Im Modell beeinflusst der »Machtstaus«[179] die Länderse-lektion am stärksten, gefolgt von den Faktoren »anteiliges Handelsvolu-

---

178 Untersucht wurde die Berichterstattung von 69 Medien aus 28 Ländern in zwei realen Nachrichtenwochen.
179 Der Machtstatus wird im Sinne von Schulz als militärische, ökonomische und wissenschaftliche Macht interpretiert. Er wird über die Dimensionen: Wissen-schaftliche Publikationen pro Jahr, BIP und Verteidigungsetat operationalisiert.

men«, »gemeinsame Amtssprache« und »sozioökonomische Ähnlichkeit«.[180]

Auch in diesem Modell erweist sich die »geographische Nähe« (Entfernung zwischen den Hauptstädten) als lediglich schwacher Prädiktor der Nachrichtenselektion. Als besonders belastbar erscheinen die Ergebnisse des Modells nicht zuletzt deshalb, weil sie sich auch unter Kontrolle des Ausreißerfalles USA reproduzieren lassen. Zwar nimmt die erklärte Gesamtvarianz ab (51%), die Reihenfolge der Prädiktoren bleibt aber weitgehend erhalten. Lediglich Handelsvolumen und Machtstatus tauschen ihre Rangfolge. Gleichwohl zeigt sich hierin der u.U. verzerrende Einfluss starker Ausreißer. Weitere Extremwerte werden nicht ausgeschlossen.

Hagen et al. können noch eine Besonderheit der Nachrichtengeographie dokumentieren. Die Bedeutung der Ländermerkmale bleibt zwar auch erhalten, wenn in die Regression allein die Daten aus dem TV-Sample einfließen. Lediglich die Nähe der Hauptstädte taucht nicht mehr als signifikanter Prädiktor der Nachrichtenselektion auf. Gleichwohl nimmt die Erklärungskraft des Gesamtmodells deutlich ab, ein Phänomen, das aus der Agenda-Setting-Forschung als »Scheinwerfereffekt« (Schenk) bekannt ist[181]:

> »Fernsehnachrichten befassen sich im Vergleich zur Zeitungsberichterstattung nur mit einem kleinen Ausschnitt des Geschehens. Das hat mit ihrer höheren Aktualität und ihrem viel geringeren Umfang zu tun. Daher finden nur die kurzfristig allerwichtigsten Nachrichten ihren Weg ins Fernsehen«.[182]

Es ist anzunehmen, dass die hohe Varianzaufklärung im von Hagen et al. vorgelegten Modell nicht zuletzt auf eine bessere Operationalisierung der Kontextmerkmale zurückzuführen ist. Als zentrales Ergebnis der Studie ist die besondere Rolle der beiden Faktoren »Machtstatus« und »ökonomische Nähe« festzuhalten. Hagen et al. resümieren:

> »Bei allen regionalen Unterschieden dominieren [...] die internationalen Gemeinsamkeiten der Nachrichtenselektion, die als Folge der allgemeinen und nachrichtensystemspezifischen Globalisierung gelten können [...] der Machtstatus eines Landes – unabhängig vom Land des berichterstattenden Mediums – ist der beste

---

180 Die »Ähnlichkeit des sozioökonomischen Status« zweier Länder wird operationalisiert über: die Ähnlichkeit der Lebenserwartung bei Geburt; die Ähnlichkeit der Geburtenrate; einen ähnlichen Grad der Meinungsfreiheit.
181 Schenk 1987: 209.
182 Hagen et al. 1998b: 69; vgl. auch: Hagen 1998: 146.

Prädiktor der Auslandsberichterstattung, gefolgt vom relativen Handelsvolumen«.[183]

Die besondere Rolle, die die wirtschaftliche Nähe als Prädiktor der Auslandsberichterstattung spielt, findet Hagen auch in einer Einzelauswertung zur Beachtung Deutschlands in ausländischen Medien (1998) bestätigt. Den starken Einfluss den das Handelsvolumen auf den Grad journalistischer Beachtung ausübt, erklärt Hagen über infrastrukturelle und politisch-kulturelle Entwicklungen. Es sei davon auszugehen, dass zwischen der Entwicklung der Infrastruktur und dem Nachrichten- und Güteraustausch strukturelle Verbindungen bestehen. Ferner korreliere das Handelsvolumen u. U. mit der »Intensität von bestimmten kulturellen und politischen Beziehungsarten«.[184]

Auch Wu nutzt die Datenbasis der *Foreign News-Studie*. In seiner Arbeit *Systematic determinants of international news coverage* (2000) testet er den Einfluss von neun systemischen Determinanten auf die Erwähnungshäufigkeit eines Landes.[185] Wiederum erweist sich der Faktor »Handel« als die bedeutsamste Determinante der Länderselektion. Nicht nur taucht die Handelsintensität in der überwiegenden Zahl der Modelle (30 von 38) als signifikante Größe auf, auch erreicht sie durch die Bank weg hohe Regressionskoeffizienten. Wu schlussfolgert: »trade should be the most influential determinant when the whole world is considered«.[186] Als zweit wichtigsten Prädiktor weisen die Regressionsanalysen den Faktor »Vorhandensein einer Nachrichtenagentur« aus, der in zwölf Ländern einen erklärenden Beitrag zur Nachrichtenselektion leistet. Die Variablen »Bevölkerungsgröße«, »Bruttoinlandsprodukt« und »territoriale Ausdehnung«, Variablen also, die in manchen Studien zur Identifikation des Länderstatus herangezogen werden, leisten auch in Wus Modell einen nur sehr eingeschränkten Erklärungsbeitrag (signifikant positiv in 6 von 38 Fällen). Vor dem Hintergrund, dass Hagen et al. in der Analyse des gleichen Datensatzes den »Machtstatus« als erklärungskräftigsten Prädiktor präsentie-

---

183 Hagen et al. 1998a: 69f.
184 Hagen 1998: 155. Auch Hagen macht insbesondere eine Orientierung am Rezipienten für die starke Erklärungskraft des Prädiktors wirtschaftliche Nähe verantwortlich. Demnach sei zu erwarten, dass ein vermehrter Güteraustausch die Relevanz eines Landes in den Augen der Rezipienten erhöhe.
185 Jedes Land, aus dem Nachrichten erhoben wurden, bildet einen Fall. Insgesamt liegen 38 Fälle vor.
186 Wu 2000: 124.

ren, wird die große Bedeutung der Indikatorenwahl deutlich. Wu zieht aus den Ergebnissen seiner Analyse das Fazit, dass die internationale Nachrichtenberichterstattung in der Zeit nach dem Kalten Krieg in zweifacher Weise durch ökonomische Erwägungen gekennzeichnet ist:

> »Those countries who are trading partners are particularly important to governments, corporations, business people, and even average citizens. When countries are without the constant threat from an opposing bloc, economic issues become the single overseas topic cared about the audience and focused on by news professionals«.[187]

Die ökonomische Nähe, operationalisiert über die Außenhandelsstruktur, steht auch im Interessenmittelpunkt von Pietiläinens Studie *Foreign news and foreign trade* (2006).[188] Auch Pietiläinen greift auf die Daten der *Foreign-News-Studie* zurück und wertet die Berichterstattungsmuster von 33 Ländern aus. Er kann zeigen, dass grundsätzlich signifikante Korrelationen zwischen der Außenhandelsstruktur und der Erwähnungshäufigkeit eines Landes bestehen.[189] In allen 33 Ländersamples kann eine positive, hochsignifikante Beziehung der Variablen nachgewiesen werden. Gleichwohl zeigen sich deutliche Unterschiede in den Berichterstattungsmustern der verschiedenen Länder. So kann Pietiläinen auch zeigen, dass die entsprechende Beziehung in Ländern mit einem unilateralen Handelsfluss (Kuwait), in besonders großen Ländern (USA, Russland), in Ländern mit einer stärker kulturell ausgerichteten Nachrichtenberichterstattung (Kuwait) und in Entwicklungsländern, weniger stark ausgeprägt ist. Interessanterweise scheinen gerade auch die nachrichtengeographischen Selektionsroutinen us-amerikanischer Medien weniger stark mit der Außenhandelsstruktur zu korrelieren ($r = .457$). Pietiläinen erklärt diesen Befund mit der Tatsache, dass das us-amerikanische Wirtschaftssystem weniger stark vom Außenhandel abhängt als andere Staaten.[190]

---

187 Wu 2000: 127f.
188 Pietiläinen 2006.
189 Pietiläinen 2006: 219f.
190 In den nachrichtlichen Interessenmittelpunkt würden nicht die primären Handelspartner, sondern stattdessen sicherheitspolitisch besonders relevante Staaten wie Israel, Bosnien, Russland und Jugoslawien, aber auch die kulturellnahestehenden Staaten der europäischen Union rücken. Pietiläinen teilt diese Einschätzung mit Golan und Wanta, vgl.: Golan und Wanta 2003.

2.4 Strukturmerkmale der Nachrichtengeographie

Trotz aller methodischen Unterschiede weisen die Ergebnisse der vorgestellten Studien deutliche Gemeinsamkeiten auf und einige Befunde erweisen sich als besonders belastbar. Der Forschungsüberblick zeigt, dass die geographische Konstruktion von Nachrichtenrealität ein höchst selektives und fragmentarisiertes Bild der Welt zeichnet. Nachrichten fokussieren in aller Regel zuerst auf die Nation, in der der jeweilige Sender und dessen Zielpublikum beheimatet sind. Dieser nationale Fokus (Nachrichten-Zentrismus) fällt in unterschiedlichen Medienkulturen unterschiedlich stark aus und kann Werte von weit über 50% der Gesamtberichterstattung erreichen.[191] Keine andere Nation erfährt so viel journalistische Aufmerksamkeit wie das Heimatland des jeweiligen Senders.[192] Auch in den Auslandsnachrichten bleibt die eigene Nation der zentrale Referenzpunkt der Berichterstattung. Offensichtlich erfährt ein nicht unerheblicher Teil der Auslandsnachrichten das, was Gans eine »Domestizierung« nennt,[193] eine Rekontextualisierung an das Herkunftsland des Senders.

Darüber hinaus folgt die Nachrichtengeographie der Auslandsberichterstattung einer klaren Hierarchie, die die Welt in besonders stark und besonders schwach reflektierte Regionen unterteilt. Unabhängig von Untersuchungszeitraum, Mediengattung und Erhebungsmethode ziehen Afrika, Südamerika und Osteuropa ein besonders geringes und Europa und die USA ein besonders großes journalistisches Interesse auf sich. Aufgeschlüsselt nach einzelnen Ländern nimmt die USA die Position des »unbeatable superstar«[194] ein. Kontinuierlich dokumentieren internationale Studien für unterschiedliche Mediengattungen Spitzenwerte in der Beachtung. Sie liegen bisweilen bei 20% und mehr.[195] Die USA stellen damit das am stärksten beachtete Land der Welt dar. Aber auch Großbritannien, Frankreich, Russland und China zählen zu den »consistent newsmakers«.[196] Regelmäßig erreichen diese Elitenationen Beachtungswerte von 4% - 10% und rangieren direkt auf den Plätzen hinter den USA.

---

191 Vgl.: Rössler 2003.
192 Meckel und Kamps 2005: 487.
193 Gans 1980.
194 Wu 2000: 126
195 Vgl. etwa: Tai 2000; Wu 2000; Tiele 2010.
196 Sreberny-Mohammadi 1984: 129.

Neben den UN-Vetomächten gehören auch Deutschland, Japan, Italien und Israel zu jenen Ländern, die international betrachtet mit einiger Kontinuität stärker berichterstattet werden. Situationsbedingt rücken darüber hinaus immer auch Krisengebiete in den Fokus der Weltöffentlichkeit und zählen regelmäßig zu den Top-News-Makern. Gleichwohl ist diese Fokussierung unter Umständen von nur sehr kurzer Dauer. Während es etwa Bosnien 1998 noch in die Top-Ten-Liste der internationalen Berichterstattung schaffte, spielt das Land sechs Jahre später in der Weltöffentlichkeit keine Rolle mehr. Stattdessen hatte der Irak das öffentliche Interesse gebannt und bildete neben den USA, (kurzfristig) das am stärksten berichterstattete Land der Welt.[197] Eine ähnliche Dynamik lässt sich in der Vietnam- und Afghanistanberichterstattung ausmachen.[198] Adams konnte zeigen, dass sich der Nachrichtenwert eines Menschenlebens offensichtlich an Nationalitäten bemisst.[199] Ein Blick in die aktuelle Presse legt den Verdacht nahe, dass diese Hypothese nicht nur auf die Katastrophen-, sondern auch für die Krisenberichterstattung zutrifft.

Neben einem großen Mittelfeld von Ländern, die mit einiger Kontinuität ein geringes journalistisches Interesse auf sich ziehen, spielen erschreckend viele Länder, in der internationalen Nachrichtenagenda so gut wie keine Rolle. Sie bilden die weißen Flecken auf einer fiktiven geographischen Landkarte. Hierunter zählen Länder wie Surinam, Gabun, Gambia, Bhutan und viele andere mehr.

In den wenigen Arbeiten, die (auch) die Berichterstattung Internationaler Nachrichtensender untersuchen, finden sich manche der genannten Strukturmerkmale wieder, andere nicht. So zeigen die Studien von Kamps und Meckel auch für BBC und CNN starke Parallelen in der Gewichtung der Weltregionen und der genannten Elitenationen. In gewisser Weise scheint sogar der katarische Sender Al-Jazeera dieses Muster zu reproduzieren, wenn auch in abgeschwächter Form. Und auch das Muster des »Zentrismus« ist CNNI und BBC-WN offensichtlich nicht unbekannt. Gleichwohl weisen international ausgerichtete Sender auch deutliche Unterschiede in der Nachrichtengestaltung auf. Die vorliegenden Ergebnisse geben Hinweise darauf, dass die geographische Nachrichtenhierarchien flacher ausfallen. Auch scheinen senderspezifische Eigenheiten aufzutre-

---

197 Vgl.: Tiele 2010.
198 Almaney 1970.
199 Adams 1986.

ten. Fingenschou zeigt, dass der katarische Sender ungewöhnlich hohe Beachtungswerte für Südamerika und Afrika aufweist.[200]

Die Bedeutung von Kontextfaktoren in der Konstruktion geographischer Wirklichkeit ist nicht zweifelfrei geklärt. Wie gesehen spielt dabei nicht zuletzt die Operationalisierung von Kontextmerkmalen eine entscheidende Rolle. So können u. U. zwei Studien, die unterschiedliche Statusindikatoren als Prädiktoren der Länderpräsenz messen zu höchst unterschiedlichen Ergebnissen kommen.[201] Nicht zuletzt verdeutlichen die in Kap. 2.3 zusammengetragenen Forschungsergebnisse, dass sich die Bedeutung der Kontextmerkale in der TV-Berichterstattung weniger deutlich niederschlägt, ein Umstand, der bisweilen auf die Kurzatmigkeit der TV-Berichterstattung zurückgeführt und unter dem Begriff des »Scheinwerfereffekts« diskutiert wird.[202]

Trotz aller Unterschiede zeigt der Forschungsüberblick auch Gemeinsamkeiten. Offenbar handelt es sich bei Kontextmerkmalen um wichtige Konstituenten journalistischer Realität. Hinsichtlich ihrer Rolle als Prädiktoren der Ländernennung kommt ihnen eine unterschiedlich große Bedeutung zu. Den größten Einfluss auf die Berichterstattung scheint der Status einer Nation zu haben. Insbesondre dann, wenn der Einfluss des »Machtstatus« auf die Ländernennung Medien-, Themen- und Länderübergreifend gemessen wurde, zeigen Analysen eine kausalen Effekt. Die Hypothese, wonach der Grad der journalistischen Beachtung eines Landes auch von dessen Macht abhängt, scheint demnach zuzutreffen, wobei es sich bei dieser Macht offenbar weniger um eine potentielle Macht (»Bevölkerungsgröße« und »territoriale Ausdehnung«) als vielmehr um die faktische militärische, ökonomische und wissenschaftliche Macht zu handeln scheint.[203]

Hinter den relativen Kontextmerkmalen (Nähe-Faktoren) steht die Hypothese, dass ein journalistisches Medium einem Land umso mehr Aufmerksamkeit schenkt, je größer die wirtschaftliche, politische, kulturelle

---

200 Figenschou 2010.
201 Vgl.: Hagen et al. 1998a; Wu 2000.
202 Schenk 1987: 209. Eine alternative, u. U. plausiblere Erklärung findet sich in dem nur wenig berücksichtigten Faktor der »Visualisierbarkeit« eines Themas. Es ist anzunehmen, dass sich bildstarkes Filmmaterial auch gegen bestehende nachrichtengeographische Selektionsroutinen durchsetzt.
203 Vgl.: Hagen et al. 1998a.

und geographische Nähe bzw. Ähnlichkeit zwischen diesem und dem Heimatland des berichterstattenden Mediums ausfällt. Die stärksten Effekte in diese Richtung weist der Faktor »ökonomische Nähe« auf. Zwar bestehen offenbar von Mediensystem zu Mediensystem Unterschiede, dennoch konnten unterschiedliche Studien zeigen, dass insbesondere die Intensität der Handelsbeziehungen zwischen zwei Ländern (zumeist operationalisiert über den relativen Import-/Export-Anteil) die journalistische Länderbeachtung signifikant positiv beeinflusst. Dieses Ergebnis erweist sich in mehrfacher Hinsicht als belastbar. So kann ein Einfluss der ökonomischen Nähe auf die Länderbeachtung unabhängig von der untersuchten Mediengattung und unabhängig vom geographischen und thematischen Kontext dokumentiert werden. Vieles deutet insofern darauf hin, dass Nachrichten tatsächlich, wie Scherer et al. feststellen, mit den Waren ins Land kommen.[204]

Anders sieht es bei den übrigen Nähe-Faktoren aus. Sicherlich auch aufgrund der bisweilen stark abweichenden Operationalisierung der Variablen kulturelle und politische Nähe dokumentiert der Forschungsstand keinen eindeutigen Trend. Zwar zeigt sich in einigen umfangreichen Studien ein signifikant positiver Einfluss der beiden Faktoren auf den Berichterstattungsumfang.[205] Offensichtlich trifft dieser Zusammenhang aber nicht auf alle Mediensysteme zu. Anders liegt der Fall für die Faktoren geographische und kulturelle Nähe. Unabhängig von der gewählten Operationalisierung kann ein überwiegender Teil der diskutierten Studien nachweisen, dass die geographische und kulturelle Entfernung zwischen zwei Ländern keinen signifikant positiven Einfluss auf den Grad journalistischer Beachtung ausübt.[206]

Die in Kap. 2.2 und 2.3 zusammengetragenen Forschungsergebnisse zeigen vor allem eins: Pauschalisierende Aussagen über die Gesetzmäßigkeiten der journalistischen Konstruktion nachrichtengeographischer Realität sind schwer zu treffen. Bei aller gebührenden Vorsicht lassen sich zwei übergeordnete Strukturmerkmale ausmachen, die die nachrichtengeographischen Konstruktionsmuster vieler Nachrichtenmedien unabhängig vom zeitlichen, räumlichen oder medialen Kontext beschreiben.

---

204 Scherer et al. 2006: 221.
205 So etwa: Hagen et al. 1998b; Tiele 2010.
206 Vgl. auch: Wu 1998.

i.) Nachrichtenmedien tendieren dazu, geographische Realität in Abhängigkeit zum Herkunftsland des Nachrichtenmediums zu konstruieren.

- **Zentrismus:** Nachrichtenmedien tendieren dazu, das eigene Land in den absoluten Berichterstattungs-Mittelpunkt zu rücken. Dieser Fokus fällt in unterschiedlichen Mediensystemen unterschiedlich stark aus.
- **Nähe:** Nachrichtenmedien tendieren dazu, solchen Ländern größere Beachtung zu schenken, die in einem Nähe-Verhältnis zu ihnen stehen. Hierbei spielen offenbar die wirtschaftliche Nähe eine übergeordnete, die politische und kulturelle Nähe eine nachgeordnete Rolle.

ii.) Nachrichtenmedien tendieren dazu, in ihrer Auslandsberichterstattung auf mächtige Länder zu fokussieren.

- **Elitezentrierung:** Nachrichtenmedien tendieren dazu, in ihrer Auslandsberichterstattung auf »Elitenationen« zu fokussieren. Sie rücken insbesondere die USA und weitere mächtige Länder in den Mittelpunkt ihrer Auslandsberichterstattung.
- **Macht:** Nachrichtenmedien tendieren dazu, Ländern eine umso stärkere Beachtung zu schenken, je größer deren militärische, wirtschaftliche und wissenschaftliche Macht ausfällt.

3. Die Konstruktion nachrichtengeographischer Realität

»It is impossible to report all events in all parts of the world; a ruthless selection process must therefore take place«.[207]

Im Rahmen der Politischen Kommunikation werden verschiedene Modelle diskutiert, die den Konstruktionsprozess von Nachrichtenrealität theoretisieren. Unter ihnen hat sich die Nachrichtenwerttheorie als besonders leistungsstarkes Modell erwiesen. Kapitel 3 diskutiert die wichtigsten theoretischen Modelle der Nachrichtenselektion (Kap. 3.1) und begründet, weshalb die vorliegende Arbeit mit einem nachrichtenwerttheoretischen Modell arbeitet. Kap. 3.2 stellt die Nachrichtenwerttheorie und hier insbesondere das Zwei-Komponenten-Modell vor; Kap. 3.3 diskutiert die besondere theoretische und forschungslogische Rolle von Kontextmerkmalen, denen ein besonderer Einfluss auf die Konstruktion geographischer Nachrichtenrealität unterstellt wird.

3.1 Theorien zur Konstruktion nachrichtengeographischer Realität

Die Frage danach, welche Ereignisse Eingang in die journalistische Realität finden und welche Ereignisse eine fiktive Nachrichtenbarriere nicht überwinden können, ist eine Kernfrage der Politischen Kommunikation.[208] Walther Lippmann fordert in *Public Opinion* (1922), Nachrichten und Realität begrifflich und gedanklich voneinander zu trennen.[209] Lippmann begründet seine Feststellung mit einer einfachen Überlegung. Es ereignen sich tagtäglich schlichtweg zu viele Dinge, so Lippmann, als dass Journalisten »bei allen Ereignissen der Welt« zugegen sein und »die ganze Menschheit unter den Augen zu behalten« können.[210] Luhmann vorwegnehmend, sieht Lippmann den Nachrichtenkonstruktionsprozess insofern

---

207 Westerståhl und Johansson 1994: 84.
208 Graber und Smith 2005.
209 Lippmann und Noelle-Neumann 1990: 243.
210 Lippmann und Noelle-Neumann 1990: 230.

als »das Endergebnis einer ganzen Reihe von Auswahlvorgängen, die bestimmen, welcher Artikel an welcher Stelle mit wie viel Raum und unter welchem Akzent erscheinen soll«[211] und in denen bestimmte »Stereotype« eine wichtige Orientierungshilfe bieten.

Der Nachrichtenprozess kennt verschiedene Ebenen, auf denen unterschiedliche Selektoren wirken können. Im Folgenden bezeichnen wir diese Selektionsebenen der Einfachheit halber als Meta-, Meso- und Mikro-Ebene.[212] Die Mikro-Ebene umfasst Selektoren, die die Ebene des individuellen Journalisten betreffen. Auf dieser Ebene können etwa psychologische, ethische, ökonomische oder auch politische Präferenzen mit darüber entscheiden, welches Ereignis in welcher Form abgebildet wird. Auch professionelle Aspekte wie etwa die jeweilige journalistische Ausbildung, Spezialinteressen, spezifische (exklusive) Quellen-Zugänge etc. können auf der Mikroebene entsprechend wirken. Die Meso-Ebene umfasst spezifische redaktionelle und organisatorische Vorgaben wie etwa Zielgruppen, Verlagsinteresse, redaktionelle Absprachen, redaktionelle Stylebooks etc. Auf der Metaebene lassen sich übergeordnete Selektoren verordnen, so etwa politische und rechtliche Vorgaben, technische Möglichkeiten etc. Die Selektoren dieser unterschiedlichen Ebenen wirken u. U. nicht unabhängig voneinander, sondern beeinflussen sich gegenseitig. Vor diesem Hintergrund lässt sich leicht nachvollziehen, dass Politische Kommunikation und Publizistik unterschiedliche Theorien der Nachrichtenauswahl diskutieren.[213]

3.1.1 News-Bias-Forschung

Die News-Bias-Forschung richtet ihr Augenmerk auf die Meso- und Mikro Ebene des Nachrichtenprozesses. Sie rückt mögliche Verzerrungen der Nachrichtenrealität als Resultat individueller (politischer) Einstellungen von Journalisten in den Fokus. Das Erkenntnisziel der News-Bias-Forschung liegt in der Ermittlung von Einseitigkeiten, politischen Tenden-

---

211 Lippmann und Noelle-Neumann 1990: 241; vgl. auch: Luhmann 1996: 190.
212 Vgl. analog dazu: Zeh 2008.
213 Vgl. etwa: Zeh 2008; Ruhrmann 2005, Bonfadelli 2003; Kepplinger 1989b; Kim 2002: 432ff.; Shoemaker und Reese 1996; Hjarvard 1995; Wilke 2008; Chang et al. 1987.

zen und Unausgewogenheiten im Nachrichtenprozess. Methodisch betrachtet zielt die News-Bias-Forschung auf den nicht unproblematischen Vergleich ab, »inwiefern Medienrealität als sekundäre Wirklichkeit [...] mit der sog. primären Realität übereinstimmt«.[214]

Ein für den News-Bias-Ansatz charakteristisches Forschungsdesign weist die frühe Studie *Newspaper Objectivity in the 1952 Campaign* (1954) auf. In ihr vergleichen Klein und Maccoby die Wahlberichterstattung verschiedener Tageszeitungen und setzten sie in Beziehung zur Parteiorientierung der jeweiligen Zeitungs-Verleger und Herausgeber. Die Autoren können zeigen, dass Zeitungen über diejenigen Präsidentschaftskandidaten umfangreicher und besser platziert berichterstatteten, die den parteipolitischen Präferenzen der jeweiligen Verleger entsprechen.[215] Rosi konnte in einer qualitativ-hermeneutischen Inhaltsanalyse von 50 us-amerikanischen Zeitschriften nachweisen, dass die Berichterstattung zu Atombombentests zwischen 1954 und 1958 durch die politische Tendenz eines Mediums derart beeinflusst war, dass jeweils unterschiedliche Aspekte des kontroversen Themas in den Mittelpunkt der Berichterstattung gerückt wurden.[216] Francis konnte in einer Inhaltsanalyse von 17 amerikanischen Tageszeitungen zeigen, dass die Kuba-Berichterstattung der jeweiligen Linie des Mediums folgte.[217]

Einem Vorschlag Kepplingers folgend, lassen sich News-Bias-Studien anhand ihres konkreten methodischen Vorgehens in experimentelle Studien, auf Umfragen und Inhaltsanalysen basierte sowie auf Extramedia-Daten und Inhaltsanalysen basierte Studien unterscheiden.[218] Sieht man

---

214 Bonfadelli 2002: 50.
215 Klein und Maccoby 1954.
216 Rosi 1964.
217 Francis 1967. Einen Einfluss von redaktioneller Linie und individuellen Überzeugungen der Journalisten auf den Nachrichteninhalt konnten in den Folgejahren unterschiedliche, wenn auch nicht alle News-Bias-Studien dokumentieren, vgl. den Forschungsüberblick bei Staab 1990a: 27ff.
218 Vgl.: Kepplinger 1989b: *Experimentelle News-Bias-Studien* zielen darauf ab Nachrichtenselektionsprozesse zu simulieren um somit Aufschluss über wirkmächtige Einflussfaktoren zu erhalten (Vgl. statt anderer: Kerrick et al. 1964). Ein zweiter Ansatz kombiniert aus *Umfragen bzw. Befragungen* und aus *Inhaltsanalysen* gewonnene Daten und untersucht in der Regel mögliche Korrelationen zwischen politischen Einstellungen von Verlegern oder Journalisten und der politischen Linie eines Presseerzeugnisses (Vgl. statt anderer: Flegel und Chaffee 1971; Noelle-Neumann und Kepplinger 1978). Ein dritter Ansatz vergleicht in-

einmal davon ab, dass der News-Bias-Ansatz nicht uneingeschränkt empirische Evidenz findet,[219] muss er sich auch mit erkenntnistheoretischen Defiziten auseinandersetzen. So weist u.a. Schulz darauf hin, dass der Vergleich zwischen Realität und Medienrealität faktisch unmöglich ist und letztlich immer auf einen Vergleich zwischen zwei verschiedenen Quellen hinauslaufen muss, denen lediglich unterschiedliche Selektionsregeln zugrunde liegen.[220]

Im vorliegenden Kontext erweist sich der News-Bias-Ansatz aus noch einem anderen Grund als ungeeignet die geographische Nachrichtenselektion zu theoretisieren. Die politischen Dispositionen individueller Journalisten mögen zwar Verzerrungen, bzw. besser gesagt unterschiedliche Realitätskonstruktionen plausibilisieren und somit die Interpretations- und Berichterstattungsmuster spezifischer Ereignisse erklären können. Ihre Erklärungskraft für Prozesse der geographischen Nachrichtenselektion stößt aber rasch an Grenzen. Die Vermutung, individuelle nachrichtengeographische Selektionsroutinen würden sich primär an politischen Einstellungen von Journalisten und Redaktionen orientieren, erweist sich logisch als kaum begründbar.

3.1.2 Framing-Ansatz

Mit dem jüngeren Framing-Ansatz liegt ein wissenschaftliches Konzept vor, das beeinflussende Variablen im Nachrichtenprozess auf potentiell allen Selektionsebenen verortet. Im theoretischen Mittelpunkt des Konzepts steht die Idee der Selektion und der Salienz (Betonung) bestimmter Realitätsaspekte im Nachrichtenprozess. Der Framing-Ansatz ermöglicht eine Interpretation politischer und gesellschaftlicher Themen als ein Kaleidoskop möglicher Interpretationen, der öffentliche Diskurs erscheint aus die-

---

haltsanalytisch gewonnene *Mediendaten* mit Realitätsindikatoren, so genannten *Extra-Media-Daten*. Ein jüngeres Beispiel liefert Bell mit seiner Studie *Telling it, like it isn't: inaccuracy in editing international news*. In seiner Studie vergleicht Bell Zeitungsinhalte mit den ursprünglichen Agenturmeldungen, um auf diese Weise »Ungenauigkeiten« in den Nachrichten zu ermitteln, v: Bell 1983.
219 Krüger und Zapf-Schramm 1998.
220 Schulz 1976: 25; Weischenberg 1995a: 168ff.

ser theoretischen Perspektive als Kampf um Deutungshoheit, ein Wettbewerb um den dominanten Interpretationsrahmen (Frame).[221]

Der Framing-Ansatz geht in seinem Ursprung auf soziologische bzw. psychologische Studien Goffmans sowie Kahnemans und Tverskys zurück.[222] Goffman geht in seiner soziologisch fundierten Studie *Frameanalysis* davon aus, dass Individuen ihr situatives Verhalten an spezifischen »Definitionen von Situationen« orientieren, die er als »Frames« bezeichnet. Frames sind in dieser Konzeptualisierung keine objektiven Entscheidungskriterien, sondern subjektive Situationsdefinitionen.[223] In der entscheidungspsychologischen Studie *Judgement under uncertainty* können Kahneman und Tversky zeigen, dass identische Informationen, die in unterschiedlichen Interpretations-Kontexten präsentiert werden, Versuchspersonen dazu veranlassen, unterschiedliche Entscheidungen zu treffen. Die Autoren schlussfolgern aus den Ergebnissen der *Asean-Desease-Studie*, dass »Entscheidungsoptionen [...] nicht absolut, sondern in Abhängigkeit eines Referenzpunktes bewertet« werden.[224]

Der Framing-Ansatz hat sich mittlerweile stark ausdifferenziert und findet in unterschiedlichen Kontexten Anwendung. Im Rahmen der Politischen Kommunikation verfolgen Framing-Studien das Ziel »Konzepte aus der Nachrichtenauswahl und der Medienwirkung miteinander zu verbinden«.[225] Eine basale Definition des vielschichtigen Framing-Prozesses liefert Entman, wenn er den Framing-Prozess mit den Worten beschreibt:

> »To frame is to select some aspects of a perceived reality and make them more salient in a communicating text, in such a way as to promote a particular problem definition, causal interpretation, moral evaluation and/or treatment recommendation«.[226]

Gemäß Entmans Framing-Verständnis sind Framing-Prozesse nicht ausschließlich auf der Ebene konkreter Medieninhalte auszumachen, vielmehr handelt es sich beim Framing um eine »integrative Medientheorie«, die auf PR, Journalismus, Medieninhalte und Rezipienten anwendbar ist.[227] In

---

221 Matthes 2007: 15f.
222 Matthes 2007: 26ff.
223 Goffman 1974a; vgl. auch: Dahinden 2006: 38ff.
224 Vgl.: Matthes 2007: 29.
225 Ruhrmann 2005: 317.
226 Entman 1993: 52.
227 Dahinden 2006: 59; vgl. auch: 16.

der hier zentralen Dimension des Framing-Ansatzes, der Erklärung der Nachrichtenselektion, verweist das Konzept auf bestimmte journalistische Interpretations- und Bezugsrahmen, die über längere Zeitspannen vergleichsweise stabil bleiben. Entsprechend gelingt es Dahinden als Ergebnis einer propositionalen Meta-Analyse fünf »Basisframes« zu identifizieren, die in allen untersuchten Studien ausgemacht werden konnten.[228] Trotz aller Überschneidungen bleibt das Modell von der Nachrichtenwerttheorie (Nachrichtenfaktoren) unterscheidbar.[229] Ein »Frame« kann demnach verstanden werden als ein Bezugs- und Interpretationsrahmen, der die kognitive Verarbeitung eines Themas erleichtert. Maurer versteht unter dem Framing-Prozess deshalb einen kognitiven Prozess, »bei dem einzelne Realitätsausschnitte so hervorgehoben werden, dass den Rezipienten bestimmte Problemdefinitionen, kausale Interpretationen, moralische Bewertungen oder Handlungsempfehlungen nahegelegt werden«.[230]

---

228 Dahinden nennt die fünf Basis-Frames Konflikt, Wirtschaftlichkeit, Fortschritt, Moral/Ethik/Recht und Personalisierung, vgl.: Dahinden 2006: 108.

229 Vgl. dazu: Dahinden 2006: 67ff). Der Framing-Ansatz erhebt zeitlich betrachtet keinen universellen Geltungsanspruch, während Nachrichtenfaktoren i.d.R. als kulturunabhängige, grundsätzliche und über einen längeren Zeitraum stabile Merkmale der Nachrichtenselektion verstanden werden. Zudem handelt es sich bei der Nachrichtenwerttheorie um eine kausale Theorie, »mit deren Hilfe zukunftsbezogene Aussagen im Sinne von empirisch überprüfbaren Prognosen gemacht werden können«, der Framing-Ansatz wird als kausale, aber auch als rein deskriptive Theorie verwandt (vgl.: Scheufele 1999). Und letztlich geht der Framing-Ansatz in seinem multidimensionalen Erklärungsanspruch über die Nachrichtenwerttheorie hinaus.

230 Maurer 2010: 79. Nach Entmann erfüllt ein Frame grundsätzlich verschiedene kognitive Funktionen: »Frames, then, define problems – determine what a causal agent is doing with what costs and benefits, usually measured in terms of common cultural values; diagnose causes - identify the forces creating the problem; make moral judgments – evaluate causal agents and their effects; and suggest remedies – offer and justify treatments for the problems and predict their likely effects. A single sentence may perform more than one of these four framing functions, although many sentences in a text may perform none of them. And a frame in any particular text may not necessarily include all four functions« Entman 1993: 53.). Gleichwohl lassen sich die genannten Funktionsdimensionen, analytisch um weitere Dimensionen ergänzen, vgl. Sheafer und Gabay 2009a: 453). Ähnlich wie im Falle von Second-Level-Agenda-Setting- und Priming-Effekten, wird davon ausgegangen, dass beim Framing dem Rezipienten eine spezifische Realitätsselektion zugänglich gemacht wird (Accessability-Efekt). Neben diesem Zugangseffekt lässt sich ein weiterer Wirkungseffekt ausmachen: »Die im Text

Die Erklärungskraft des Framing-Ansatzes ist für die vorliegende Forschungsfrage nicht sonderlich groß. Zwar ist es wahrscheinlich, dass bestimmte routinierte Interpretationsrahmen Nachrichtenagenden auch in ihrer geographischen Ausgestaltung beeinflussen. Grundsätzlich dürfte die nachrichtengeographische Erklärungskraft des Framing-Ansatzes aber in der Analyse konkreter Auslandswahrnehmungen der Nachrichtenrezipienten bzw. in der Analyse spezifischer Auslands-Attribuierungen durch die Redakteure größer sein. Kim stellt in diesem Zshg. fest, dass sich Rezipienten in ihrer Nachrichtenwahrnehmung am Framing des Journalisten orientieren. »It follows that Americans´ understanding of other cultures and countries is significantly influenced by the way international news is framed«.[231] Aus dieser Perspektive betrachtet liefert der Framing-Ansatz bspw. jenen Akteuren, die im Rahmen der NWIKO-Debatte die Gefahren einer »mentalen Selbstkolonialisierung« als das Resultat asymmetrischer Besitzverhältnisse auf den internationalen Nachrichtenmärkten markierten, einen theoretische Ansatzpunkt.[232] Kausale Länderselektionsmechanismen lassen sich aus dem Framing-Ansatz jedoch nur schwer ableiten.

3.1.3 Gatekeeping-Ansatz

Der Begriff des *gatekeeper* geht ursprünglich auf Arbeiten Kurt Lewins zurück und wurde, um die Rollen eines Journalisten im Nachrichtenselektion zu beschreiben, von David Manning White adaptiert.[233] In seiner 1950 veröffentlichten Nachrichtenselektionsstudie *The gate keeper: A case study in the selection of news* untersucht White das Nachrichtenselektionsverhalten eines Nachrichtenredakteurs (wire editor) einer kleinen Tageszeitung im Westen der USA. Aufgabe des von White als »Mr. Gates« bezeichneten Nachrichtenredakteurs war es u. a., jede Agenturmeldung,

---

vorgegebene Perspektive (Frame) aktiviert bestimmte Gedanken, Vorstellungen und Interpretationen der Rezipienten und lässt sie als besonders relevant für die Urteilsbildung scheinen. Je nachdem, welche Aspekte sie relevant erscheinen lässt, fällt das Urteil der Rezipienten aus« (vgl.: Maurer 2010:79. Vgl. auch: Choong und Druckmann 2007: 104; Matthes 2007: 29.

231 Kim 2002: 431.
232 Kleinsteuber 1994: 564.
233 Lewin 1943; White 1950; vgl. auch: Robinson 1973; Shoemaker 1991; Shoemaker und Reese 1996; Shoemaker und Vos 2009.

die er nicht als Nachricht berücksichtigt hatte, mit einem Hinweis auf die Gründe seiner negativen Selektionsentscheidung zu versehen. 17 Jahre später wiederholte Paul Snider Whites Studie am Beispiel des gleichen Nachrichtenredakteurs.[234] Beide Autoren sahen in ihren Arbeiten deutliche Belege für den Einfluß subjektiver Einstellungen und individueller Dispositionen auf die Nachrichtenauswahl von Journalisten.[235] So hätte »Mr. Gates« in seinen Selektions-Bewertungen kaum objektivierbare Selektionskriterien angeführt, sondern subjektive Selektionsregeln geltend gemacht [etwa die Trivialität, den mangelhaften Schreibstil oder eine propagandistische Tendenz einer Agenturmeldung], kurz: Der Redakteur wählte die Artikel aus, »die er mag und von denen er glaubt, daß seine Leser sie wünschen«.[236]

Im Fokus moderner Gatekeeper-Studien steht nicht mehr nur der selektive Einfluss individueller Gatekeeper. Entsprechend unterscheidet Zeh neben Gatekeeper-Studien, die auf das Mikro-Level des Nachrichtenprozesses fokussieren auch solche Studien, die ihr analytisches Interesse auf die Meso- und Makro-Ebene des Nachrichtenprozesses richten.[237] Die Meso-Ebene (»organizational-level«) des Nachrichtenprozesses wird nach Zeh durch den konkreten Organisationskontext bestimmt. Demnach orientierten sich Selektionsentscheidungen auch an organisatorischen Imperativen, wie etwa spezifischen Medien-Standards, dem Redaktionsschluss, rechtlichen Erwägungen und nicht zuletzt an der Marke des jeweiligen journalistischen Mediums. In diesem Sinne geraten auch die redaktionelle Linie, der politische Organisationskontext eines Mediums und die antizipierte Nachrichtenpräferenz des Zielpublikums in das Blickfeld der Gatekeeper-Forschung.[238] Auf Makroebene sind hingegen selektionswirksame Effekte zu verorten, deren Ursprünge »Outside the news organization« liegen.[239] Mögliche Einflussfaktoren auf dieser Ebene können (antizipierte) Präferenzen wichtiger Werbekunden, gezielte Medienkampagnen von

---

234 Snider 1967.
235 Staab 1990a: 13.
236 Snider, so zitiert in: Robinson 1973: 346.
237 Vgl.: Zeh 2008: 510ff; für alternative Systematisierung-Vorschläge, vgl.: Donsbach 1987; Kim 2002: 432ff.
238 Neuere Forschungsansätze weisen auf den Trend zu einer "increasingly individualized reality construction" hin, der sich gerade auch in einer politisch-gefärbten Berichterstattung niederschlägt Iyengar und Bennett 2009; vgl. auch: Prior 2007.
239 Zeh 2008: 511.

Lobby-Gruppen, aber auch kulturelle Normen und gesellschaftliche Tabus sein.

Anders als im Falle von News-Bias- und Framing-Ansatz weist die Gatekeeper-Forschung eine bessere Anschlussfähigkeit für nachrichtengeographische Fragestellungen auf. So macht sich Kim dafür stark, die organisatorische Ebene des Nachrichtenprozesses zu betrachten, weil:

> »the creation and distribution of international news as a product are determined by resource allocation decisions within the media and environmental factors such as market demand and community attributes. The gatekeeping process of international news selection is implemented in the organizational context of the media. In other words, the contexts of scarce resources, organizational and technological constraints, as well as preference of advertisers, audiences and other social institutions are viewed as the main determinants of international news coverage«.[240]

Folgt man Kims Einschätzung, lassen sich aus diesem Blickwinkel unterschiedliche Einflussgrößen ausmachen, die auf die Nachrichtenpräsenz spezifischer Länder und Regionen Einfluss nehmen können. In diesem Zshg. lassen sich bspw. die Auflagenstärke einer Zeitung bzw. die Größe des erreichten Rezipientensegments,[241] aber auch die antizipierten Nachfragemuster[242] und nicht zuletzt die spezifische Konkurrenzsituation anführen. Auf Mikro-Ebene gerät die Rolle der Verleger und Journalisten in den Fokus, da »in the world of foreign affairs, editors as gatekeepers in the long chain of news flow undoubtedly hold a central and crucial position in providing news and information to the audiences«.[243] Auf Makroebene sind unter nachrichtengeographischen Fragestellungen schließlich nicht nur internationale rechtliche und faktische Restriktionen von Interesse, sondern gerade auch die gezielten Versuche von privaten und politischen Akteuren Einfluss auf Medieninhalte zu nehmen.[244]

Obgleich die Gatekeeper-Forschung vor diesem Hintergrund theoretische Relevanz für Fragestellungen der geographischen Wirklichkeitskonstruktion besitzt, erweist sie sich im vorliegenden Kontext als ungeeignet.

---

240 Kim 2003: 71.
241 So argumentieren Lacy, Chang und Lau, dass eine größere Zeitung die höheren Kosten verstärkter Auslandsberichterstattung besser umlegen könne als eine kleine Zeitung, vgl.: Lacy et al. 1989.
242 Chang und Lee 1992; Kim 2002.
243 Chang und Lee 1992: 554.
244 Vgl. zu derartigen Bemühungen: Busch-Janser und Florian 2007; Tenscher und Viehrig 2007; Stauber und Rampton 2006; Löffelholz 2004; Bussemer 2003.

Wie in den anderen Fällen auch handelt es sich beim Gatekeeping-Ansatz um kein geschlossenes theoretisches Modell. Obgleich Gatekeeping-Ansätze – wie oben dargelegt – gemeinsame Merkmale aufweisen, die fraglos einen gemeinsamen Überbegriff rechtfertigen, bietet der Ansatz keine übergreifende Erklärung »*how* and *why* one would expect the independent variable to explain or predict the dependent variable«.[245]

3.1.4 Systemische Perspektive

Mit der systemischen Perspektive auf den Nachrichtenprozess liegt ein im deutschsprachigen Forschungsraum weniger stark beachtetes Forschungskonzept vor, das sich mit Fragen der Konstruktion geographischer Nachrichtenrealität auseinandersetzt. Im Gegensatz zum Gatekeeping-Ansatz fokussiert die systemische bzw. logistische / kontextorientierte Perspektive[246] nicht auf die Identifikation spezifischer Selektoren im Nachrichtenprozess, sondern rückt den Nachrichtenfluss in den Forschungsmittelpunkt. Transnationale Nachrichtenflüsse werden als Repräsentanten und Konstituenten eines umfassenden eigengesetzlichen Weltsystems interpretiert, das selbst wiederum durch globale politische, ökonomische und kulturelle Strukturen konturiert ist.[247] Auch die systemische Perspektive auf den Nachrichtenprozess ist in ihrem Forschungsinteresse nicht allein auf die Analyse des Nachrichteninhalts reduziert, sondern zielt auch auf die Analyse der Strukturen und Bedingungen des internationalen Nachrichtenflusses ab. Hurs Differenzierung zwischen »news-coverage« und »news-flow-studies« beschreibt insofern auch die beiden grundsätzlichen Forschungsansätze der systemischen Perspektive.[248] In Anknüpfung an Galtungs strukturelle Theorie des Imperialismus[249] gehen Vertreter einer systemischen Perspektive davon aus, dass die Kommunikation zwischen Zentrum und Peripherie durch vertikale Beziehungen und eine Dominanz des Westens charakterisiert ist. Gerade auch die konkreten Nachrichtenin-

---

245 Creswell 2009a: 52.
246 Kim 2003: 67.
247 Vgl.: Hopkins und Wallerstein 1996, vgl. auch: Kim und Barnett 1996: 324.
248 Hur 1984.
249 Galtung 1971.

halte müssen aus dieser Perspektive in Abhängigkeit zur konkreten Ausgestaltung eines Wallersteinschen Weltsystems interpretiert werden:[250]

> »In many ways, international news transmission continues to reflect the earlier
> imperial system in which news agencies follow national flags, armies and traders.
> Moreover, larger Western nations, which have the resources to maintain their own
> systems of newsgathering, tend to distribute resources strategically. Reporters are
> typically assigned to foreign locals with pleasant amenities or to those regions
> with traditional and current links to their home country. Consequently, news is
> expected to follow reporters´ postings. Other factors likely to lead to an increase
> of news coverage include trade, territorial size, cultural ties, communication re-
> sources, and physical distance, all of which can be categorized under the umbrella
> of systemic factors«.[251]

Die Identifikation »systemischer Faktoren« fällt nicht einheitlich aus.[252]
Wu identifiziert drei Gruppen systemischer Faktoren: »national traits, international interactions and relatedness, and logistical factors of the media
for news gathering and distribution",[253] während Pietiläinen lediglich die
Außenhandelsbeziehungen eines Landes als unabhängige Variable model-
liert[254] und Knutson den anteiligen Welthandel, den relativen Handel von
zwei Ländern sowie den relativen Außenhandelsüberschuss als unabhängige Variablen festlegt.[255]

In einer Analyse der Nachrichtenberichterstattung von 38 Ländern kann
Wu insbesondere den hohen Einfluss der Variablen »Handelsvolumen«
und »Vorhandensein einer Nachrichtenagentur« auf die Länderpräsenz in
unterschiedlichen Mediensystemen nachweisen.[256] In einer nachfolgenden
Studie gelingt es Wu zu zeigen, dass sich diese beiden »systemischen«
Faktoren auch im Nachrichtenselektionsverhalten von Web-Journalisten
als dominierende Prädiktoren im Selektionsprozess internationaler Nachrichten erweisen.[257] Knutson kann in einer Neu-Analyse der 1995 veröffentlichten *Foreign-News-Studie* zeigen,[258] dass Nachrichtenfluss und Au-

---

250 Wallerstein 1979; Wallerstein 1991; Wallerstein 2004.
251 Wu 2000: 111.
252 Wu 2000: 111; vgl. auch: Kim und Barnett 1996; Chang et al. 2000; Wu 2003;
     Wu 2007.
253 Wu 2000: 111.
254 Pietiläinen 2006.
255 Knutson 2008.
256 Vgl.: Wu 2000: 121ff; vgl.: Kap. 2.2.
257 Wu 2007.
258 Stevenson 1996.

ßenhandelsbeziehungen stark miteinander korrelieren, wobei dies insbesondere auf kleinere Länder mit einer starken Außenhandelsorientierung zutrifft. Knutson kann in einer Längsschnitt-Studie der China-Berichterstattung von New York Times und Washington Post zeigen, dass sich die Handelsbeziehungen zwischen den beiden Ländern als stärkster Prädiktor für die abhängigen Variablen Berichterstattungshäufigkeit, -Umfang und -Platzierung erweist.

Obgleich die Erklärungskraft von Wirtschaftsdaten und insbesondere von handelsbezogenen Daten für die Auslandsberichterstattung durch andere Arbeiten bestätigt wird, wurde sich in vorliegenden Kontext gegen eine systemisch fundierte Analyse entschieden. Weber weist darauf hin, dass die theoretische Fundierung des systemischen Ansatzes wenig ausgereift ist, da »die forschungslogische Stellung der Erklärungsvariablen bisweilen im Unklaren bleibt« und somit für »festgestellte Zusammenhänge zwischen Variablen […] keine konsistente Erklärung« angeboten werden kann.[259] Diese Schwäche der systemischen Perspektive ist nicht zuletzt auf deren nur »lockere Verbindung zur Theorie« zurückführen, denn obgleich viele der in den Forschungsmittelpunkt gerückten Variablen, wie etwa das Handelsvolumen, polit-ökonomische Eigenschaften eines Nationalstaats, ehemalige koloniale Verbindungen etc., auf Plausibilitätsebene durchaus nachvollziehbar sind, bleibt im Unklaren, auf welche konkrete Art und Weise sie die spezifische Länderpräsenz in den Nachrichten beeinflussen sollen.

3.2 Die Nachrichtenwerttheorie

Die Nachrichtenwerttheorie ist die vielleicht populärste Theorie der Nachrichtenselektion, Nachrichtengestaltung und Nachrichtenrezeption, was sie insbesondere ihrem formalen Charakter verdankt, denn:

> »Die Nachrichtenwerttheorie führt die Nachrichtenauswahl auf allgemeingültige und damit (fast) überall geltende, dauerhafte und damit frei vom Zeitgeist wirkende, stabile und damit situationsunabhängig greifende sowie überindividuelle und damit Professionalität dokumentierende Ursachen zurück. Sie sind zudem keinen Nebenbedingungen unterworfen wie z.B. der Ereignislage und den Themen der Berichterstattung. Die Nachrichtenwerttheorie entspricht damit nahezu perfekt

---

259 Weber 2008: 395.

dem Ideal einer sozialwissenschaftlichen Theorie mittlerer Reichweite, die ein komplexes Geschehen (relativ) unabhängig von Raum und Zeit erklärt«.[260]

Obgleich sich erste theoretische Grundzüge der Nachrichtenwerttheorie bereits bis ins 17. Jahrhundert zurückverfolgen lassen,[261] wird ihr theoretischer Ursprung auf Walther Lippmann zurückgeführt. Lippmann konstatierte 1922, dass Journalisten aufgrund der Vielschichtigkeit von Realität nicht dazu in der Lage sind »die ganze Menschheit unter den Augen zu behalten«.[262] Um die Komplexität ihres professionellen Auswahlprozesses bewältigen zu können, würden sich Journalisten deshalb an einem standardisierten Vorgehen, an Routineurteilen und an Stereotypen orientieren, ohne die sie ihre Arbeit nicht erfüllen könnten. In diesem Kontext nennt Lippmann erstmals den Begriff des Nachrichtenwerts (news value), der einem Ereignis aufgrund bestimmter Eigenschaften verliehen werde und der dessen Publikationswahrscheinlichkeit erhöht.

In den USA setzen sich vor allem Journalismushandbücher, zunächst unabhängig von Lippmanns Überlegungen, mit der Idee eines Nachrichtenwertes bzw. spezifischer Nachrichtelemente, bzw. mit »Nachrichtenfaktoren« (Carl Warren) auseinander.[263] Eine stärker theoretisch-fundierte Nachrichtenwertforschung etablierte sich ab Mitte der 1960er Jahre in Europa.[264] Seither hat sich die Nachrichtenwerttheorie sowohl theoretisch als auch methodisch ausdifferenziert, was die Frage aufwirft, ob es sich sinnvollerweise überhaupt noch von *einer* Nachrichtenwerttheorie sprechen lässt.[265] Trotz aller notwendigen Differenzierungen finden nachrichtenwerttheoretische Ansätze ihren gemeinsamen Kern in der Idee, »[that] news factors lend news value to an event. The more newsworthy an event is considered to be by journalists, the more likely it will be selected for publication, and the more likely it will be prominently presented«.[266]

Die Nachrichtenwerttheorie ist für die vorliegende Studie als Referenzmodell aus mehreren Gründen besonders geeignet. Dass es sich bei ihr

---

260 Kepplinger 1998: 22.
261 Stieler 1969 (Original1695).
262 Lippmann und Noelle-Neumann 1990: 230.
263 Warren 1934: 13. Forschungsüberblicke über die US-amerikanische Nachrichtenforschungslinie liefert: Staab 1990a: 42ff; vgl. auch: Shoemaker und Reese 1996: 105.
264 Vgl. ausführlich dazu: Kap. 3.2
265 Schneider 2007: 16.
266 Eilders 2006: 6.

um ein vergleichsweise dichtes theoretisches Konzept handelt, das eine klare Identifikation unabhängiger und abhängiger Variablen ermöglicht und plausibilisiert, wurde bereits erwähnt. Darüber hinaus spricht vieles dafür, dass es sich bei den Nachrichtenfaktoren um Selektionsmerkmale handelt, die »größtenteils universell gültig sind und deren Wirksamkeit letztlich auf anthropologischen Wahrnehmungsgesetzmäßigkeiten« beruht.[267] Für nachrichtengeographische Fragestellungen erweist sich die Nachrichtenwerttheorie als Rahmen deshalb als besonders fruchtbar, da sie mit Länder- bzw. Kontextmerkmalen »die spezifischen Selektionsdeterminanten der Auslandsberichterstattung« benennt.[268] Auch deshalb wird die Nachrichtenwerttheorie bisweilen als »Leittheorie international vergleichender Studien zur Nachrichtenberichterstattung« diskutiert.[269] Und noch ein Grund spricht für die Nachrichtenwerttheorie. Wird die Nachrichtenwerttheorie im Sinne des Zwei-Komponenten-Modells[270] ausgelegt, lassen sich aus der medienspezifischen Kausalbeziehung zwischen Ländermerkmalen und Nachrichtenwert Rückschlüsse auf den Grad der Internationalisierung und Deterritorialisierung eines Nachrichtenangebotes ziehen.[271]

Wie bereits erwähnt, lässt sich heute nur noch schwerlich von *einer* Nachrichtenwerttheorie sprechen.[272] Zwar beziehen sich alle Ansätze, die heute unter dem Begriff der Nachrichtenwerttheorie diskutiert werden, auf die Konstrukte »Nachrichtenwert« und »Nachrichtenfaktoren«. Die Annahmen, wie sie zu operationalisieren sind, in welchem Kausalzusammenhang sie zueinander und in welcher Beziehung sie zur journalistischen Selektionsentscheidung stehen, kurz, welche forschungslogische Stellung sie einnehmen, gehen allerdings auseinander.

Kap. 3.2 stellt die Nachrichtenwerttheorie in ihrer Entwicklungsgeschichte vor und fokussiert insbesondere auf das *Zwei-Komponenten-Modell*. Wie zu sehen sein wird, trägt diese weniger populäre Spielart der Nachrichtenwerttheorie erheblich zur Plausibilisierung der Dateninterpretation bei, da es die je nach Medienorganisation u.U. höchst unterschiedli-

---

267 Hagen et al. 1998b: 59.
268 Hagen et al. 1998b: 59; vgl. auch: Westerståhl und Johansson 1994: 73.
269 Wilke 2008: 245.
270 Vgl.: Kepplinger 1998.
271 Vgl. dazu Kap. 3.3
272 Schneider 2007: 16.

chen Gewichtungen von Nachrichtenfaktoren interpretierbar macht. Unterschiedliche Selektionsmuster in der Konstruktion geographischer Nachrichtenrealität können so als Resultat einer bewussten journalistischen bzw. redaktionellen Entscheidung interpretiert werden.

3.2.1 Theoretische Grundlagen

Wie weiter oben dargelegt, fällt Lippmanns Arbeit Public Opinion das Verdienst zu, den Begriff des Nachrichtenwerts geprägt und für eine deutliche Unterscheidung zwischen Realität und Nachrichtenrealität eingetreten zu sein. Die zentralen Impulse für eine solide Theoretisierung des Nachrichtenwertmodells gingen allerdings in den 1960er Jahren vom skandinavischen Forschungsraum aus. An erster Stelle sind die Arbeiten der Osloer Friedensforscher Einar Östgaard, Johan Galtung und Marie Holmboe-Ruge zu nennen. In seinem 1965 erschienenen Artikel *Factors Influencing the Flow of News* diskutiert Östgaard solche Faktoren, die den Nachrichtenfluss beeinflussen und verzerren. Seine theoretischen Überlegungen sind nicht das Resultat eigener empirischer Untersuchungen sondern basieren auf der Grundlage vorhandener Forschungsliteratur. Außerhalb des eigentlichen Nachrichtenprozesses (extraneous) erwartet Östgaard verzerrende Effekte von Zensur, Propaganda, eine »Western loyalty-bias« der Nachrichten-Agenturen, aber auch von hohen Informationsübertragungskosten und von der redaktionellen Linie.[273] Innerhalb des Nachrichtenprozesses (inherent) sind es grundlegende Faktoren (»factors […] which are more general in nature«), die ihren Ursprung in der Notwendigkeit haben »of making the news ´newsworthy`, ´interesting`, or ´palatable` to the public«. Östgaard zählt hierunter die Faktoren simplification, identification und sensationalism.[274] Während die Faktoren simplification und sensationalism sich offenbar sowohl auf die Ereignis- als auch auf die Darstellungsebene beziehen,[275] beinhaltet der Faktor identifi-

---

273 Vgl.: Östgaard 1965: 40-45.
274 Östgaard 1965: 45ff.
275 Vgl.: Staab 1990a: 58. Unter dem Begriff *simplification* subsummiert Östgaard die journalistische Tendenz Ereignisse weniger komplex zu konstruieren, als diese sich faktisch darstellen. Dieser Faktor wirke sich sowohl auf die Nachrichtenauswahl, als auch auf die Nachrichtengestaltung aus. Mit dem Begriff *sensationalism* bezeichnet Östgaard Merkmale die ein Ereignis «*sufficiently exiting*" ma-

cation mehrere geographische und geopolitische Bedeutungsdimensionen. So argumentiert Östgaard, dass insbesondere die zeitliche, geographische und kulturelle Nähe eines Ereignisses dem Nachrichtenrezipienten die Möglichkeit zur Identifikation biete.

Ebenfalls im Jahr 1965 veröffentlichten Östgaards Kollegen Galtung und Ruge unter dem Titel *The Structure of Foreign News* eine nachrichtenwerttheoretische Studie. Sie vergleicht die Berichterstattung von vier norwegischen Tageszeitungen zur Kongo-, Kuba- und Zypernkrise. Dem empirischen Teil ihrer Arbeit stellen die beiden Forscher eine theoretische Diskussion voran, in der sie auf Basis kognitionspsychologischer Überlegungen eine Liste von acht bzw. zwölf Faktoren einführen, die ihrer Meinung nach individuelle und journalistische Wahrnehmungsprozesse leiten.[276] Dies sind die Faktoren: Frequenz, Schwellenfaktor, Eindeutigkeit, Bedeutung, Konsonanz, Überraschung, Kontinuität, Komposition, Bezug zu Elitenationen, Bezug zu Elitepersonen, Personalisierung und Negativität.[277] Aus ihren theoretischen Überlegungen leiten Galtung und Ruge fünf Hypothesen über das Wirken von Nachrichtenfaktoren ab:

---

chen und eine emotionale Reaktion beim Rezipienten provozieren, wie etwa Kontroversen und Konflikte.

276 Schulz weist darauf hin, dass nicht alle von Galtung und Ruge aufgeführten Faktoren aus der Wahrnehmungspsychologie abzuleiten sind, sondern auch aus politischen, historischen, technischen, ökonomischen, u. a. Einflussgrößen resultieren, vgl.: Schulz 1976: 31.

277 Vgl.: Galtung und Ruge 1965: 65ff. Bei F_1-F_8 handelt es sich um kulturunabhängige (culture-free) Faktoren, bei F_9-F_{12} hingegen um solche Faktoren, die insbesondere »in the northwestern corner of the world« zum Tragen kämen Galtung und Ruge 1965: 70: F_1: Frequenz (frequency): Je ähnlicher die Frequenz eines Ereignisses (Ereigniszeitspanne) und die Frequenz eines Mediums, desto höher die Wahrscheinlichkeit, dass über dieses Ereignis auch berichtet wird. F_2: Schwellenfaktor (threshold): Ereignisse müssen eine Intensitätsschwelle überwinden, bevor über sie berichtet wird. Sie müssen sich in ihrer absoluten Intensität oder in ihrem Intensitätanwachs von anderen Ereignissen abgrenzen. F_3: Eindeutigkeit (unambiguity): Nachrichten dienen der Orientierung. Nicht zuletzt weil sich mehrdeutige Nachrichten schlechter verkaufen lassen, werden eindeutige Themen im Nachrichtenprozess bevorzugt. F_4: Bedeutung (meaningfulness) ($F_{4.1}$: kulturelle Nähe; $F_{4.2}$: Relevanz): Ereignisse, die als kulturell-nah und als vertraut eingeschätzt werden, haben eine größere Publikationschance als Geschehen, das sich in kulturell entfernten Regionen abspielt. Auch steigt die Publikationswahrscheinlichkeit für solche Ereignisse, die bedeutsame Auswirkungen auf die Rezipienten vermuten lassen. F_5: Konsonanz (consonance): Ereignisse, die

- H_1: *Selektivitätshypothese*: Je mehr ein Ereignis die aufgeführten Kriterien erfüllt, desto größer ist die Wahrscheinlichkeit, dass es zur Nachricht wird.
- H_2: *Verzerrungshypothese*: Die Faktoren, die den Nachrichtenwert eines Ereignisses bestimmen, werden akzentuiert.
- H_3: *Replikationshypothese*: Selektivität und Verzerrung finden auf allen Ebenen des Nachrichtenprozesses, d.h. vom Ereignis bis zum Rezipienten, statt.
- H_4: *Additivitätshypothese*: Je mehr Nachrichtenfaktoren auf ein Ereignis zutreffen, desto eher wird es zur Nachricht.
- H_5: *Komplementaritätshypothese*: Erfüllt ein Ereignis einen oder mehrere Faktoren überhaupt nicht, müssen die anderen Faktoren umso deutlicher zutreffen, damit das Ereignis zur Nachricht wird.

Betrachtet man dieses Hypothesengeflecht, wird deutlich, dass die Nachrichtenwerttheorie in der Lesart von Galtung und Ruge nicht nur die Ebne der Nachrichtenselektion berührt. Es lassen sich aus ihr ebenso Aussagen über die Gestaltung von Nachrichten und über ihre Rezeption ableiten. Einen wichtigen methodischen Fortschritt dokumentiert die 1971 veröffentlichte Studie *The Perception of Foreign News* von Øystein Sande. Sande teilt mit Galtung und Ruge die Einschätzung, dass es sich bei Nachrichten-

---

allgemeinen Erwartungen und Wünschen entsprechen, haben eine höhere Chance zur Nachricht zu werden (»In the sense mentioned here ´news` are actually ´olds`«). F_6: Überraschung (unexpectedness): Im Rahmen des uns nahen sowie des zu erwartenden Geschehens haben diejenigen Ereignisse die größte Chance zu Nachrichten zu werden, die unerwartet und selten sind. F_7: Kontinuität (continuity): Hat ein Ereignis einmal die Nachrichtenschwelle überschritten, ist die Chance erneut eine Nachricht zu provozieren für einige Zeit auch dann hoch, wenn die konkrete Faktoren-Intensität (amplitude) drastisch gesunken ist. F_8: Komposition (composition): Für den Fall, dass ein Nachrichtenbild durch Inlandsnachrichten dominiert wird, sinken die Anforderungen an Auslandsgeschehen, zur Nachricht zu werden. F_9: Bezug zu Elitenationen (reference to elite nations): Mächtige Nationen werden eher zum Gegenstand der Berichterstattung. F10: Bezug zu Elitepersonen (reference to elite people): Die Chance, dass ein Ereignis zu einer Nachricht wird steigt je stärker es Elitepersonen betrifft. F_{11}: Personalisierung (reference to persons): Die Chance, dass ein Ereignis zur Nachricht wird, steigt, je stärker es als die Handlung spezifischer Individuen interpretiert werden kann. F_{12}: Negativismus (reference to something negative): Je negativer die Konsequenzen eines Ereignisses sind, desto größer ist die Wahrscheinlichkeit, dass es zur Nachricht wird.

faktoren um Ereignismerkmale handelt, die die Publikationswahrscheinlichkeit eines Ereignisses erhöhen.[278] Ziel seiner Studie – für die er u.a. die Nachrichtenfaktoren Kontinuität, Variation, Bezug zu Elitenationen, Bezug zu Elitepersonen, Personalisierung und Negativismus für drei norwegische Tageszeitungen und ein norwegisches Rundfunkprogramm erhoben hat[279] – war es, die von Galtung und Ruge eingeführte Selektions-, Replikations-, Additivitäts- und Komplementaritätshypothese zu testen. Sande hat sich somit der Herausforderung gestellt, das weitreichende Hypothesengeflecht zu operationalisieren. Er konnte deutlich machen, dass sich das soweit konturierte Nachrichtenwertmodell nicht mit einer klassischen Inhaltsanalyse, sondern nur durch ein Mehrmethodendesign überprüfen lässt, das den Ergebnissen einer Nachrichteninhaltsanalyse, die Ergebnisse einer Analyse der Ereignisseite (H_{1-5}) und der Rezipientenseite (H_3) gegenübergestellt. Sande reagiert auf diese Problematik, indem er seine Nachrichteninhaltsanalyse um eine Rezipientenbefragung ergänzte. Zudem integrierte er in seine Nachrichteninhaltsanalyse einen sogenannten prominence index.[280] Durch diesen Kunstgriff gelingt es Sande einen Indikator in die Inhaltsanalyse zu integrieren, durch den sich die Hypothesen verifizieren / falsifizieren lassen, ohne dass ein kritischer Wirklichkeitsvergleich nötig wäre.[281] Sande argumentiert, dass sich der Tests bspw. der Selektivitätshypothese, mittels des Prominenz-Indexes (spätere Studien sprechen von Beachtungs-Index) in die Inhaltsanalyse »internalisieren« lasse. Demnach sei zu erwarten, dass eine Nachricht, auf die spezifische Nachrichtenfaktoren zutreffen, höhere Werte auf dem Index erreicht, als eine Nachricht, auf die diese nicht zutreffen. Implizit liegt diesem Vorgehen die Annahme zugrunde, dass die Nichtveröffentlichung die geringste Beachtungsstufe ist, die ein Journalist einem Ereignis beimessen kann.[282]

Eine grundlegende methodische Kritik an der Nachrichtenwerttheorie formulierte Karl Rosengren in seinen Arbeiten *International News: Intra*

---

278 Sande 1971: 222.
279 Sandes Inhaltsanalyse liegen Daten von 15 Nachrichtentagen aus dem Jahr 1964 zugrunde.
280 Der Index setzt sich aus den Werten: Erwähnungshäufigkeit, Vorhandensein einer speziellen Präsentationsform (»special reports«), Platzierung, Länge und Erwähnung zusammen (vgl.: Sande 1971: 236).
281 Vgl. dazu: Schulz 1976: 25ff.
282 Vgl. dazu: Maier 2003b: 38. Vgl. grundsätzlich zur Schwierigkeit einer Operationalisierung der Selektionshypothese: Eilders 1997: 29f.

and Extra Media Data (1970) und *International News: Methods, Data and Theory* (1974).[283] Rosengren kritisiert, dass das Konzept der Nachrichtenwerttheorie zwar Aussagen darüber treffe, welche Ereignisse zur Nachricht werden. Vorliegende empirische Analysen zielten aber lediglich darauf ab, Inhaltsmerkmale bereits publizierter Ereignisse (Nachrichten) zu erheben. Rosengreen plädiert deshalb dafür, der Analyse der Medienberichterstattung (Intra-Mediadaten) so genannte Extra-Mediadaten gegenüberzustellen, die einen Blick darauf ermöglichen »what really happened«.[284] Zwar gehe es ihm nicht darum »the Ding an sich« ausfindig zu machen.[285] Gleichwohl sei ein Vergleich von Extra- und Intra-Mediadaten bspw. im Falle von Parlamentswahlen, Sport-Großereignissen, schweren Katastrophen, bedeutenden Vertragsabschlüssen, dem Start von Satelliten usw. anhand von offiziellen Dokumenten möglich und notwendig.[286]

3.2.2 Konstruktivistische Wende

Wie dargelegt, litt die Nachrichtenwerttheorie lange Zeit an einigen empirischen und erkenntnistheoretischen Ungenauigkeiten. Mit Studie *Die Konstruktion von Realität in den Nachrichtenmedien* (1976), gelang es Schulz, die Nachrichtenwerttheorie auf ein breites empirisches Fundament zu stellen und ihren eigentlichen theoretischen Gehalt zu stärken.[287] In Auseinandersetzung mit Rosengreens methodischer Kritik an Galtung, Ruge und Sande stellt Schulz die Forderung nach einer fundamentalen theoretischen Neuorientierung an den Beginn seiner Arbeit. Aus erkenntnistheoretischen Motiven kritisiert Schulz die implizite Falsifikationslogik vorangegangener Studien. Implizit hätten diese den Nachweis erbringen wollen, dass die medienvermittelte Realität nicht mit der faktischen Reali-

---

283 Vgl.: Rosengren 1970; Rosengren 1974; vgl. auch: Galtung 1974.
284 Rosengren 1974: 145.
285 Rosengren 1974: 146.
286 Rosengren 1970: 102.
287 Kerlinger definiert Theorien als »a set of interrelated constructs (variables), definitions, and propositions that presents a systematic view of phenomena by specifying relations among variables, with the purpose of explaining natural phenomena«, Kerlinger, so zitiert in: Creswell 2009a: 51.

tät übereinstimme.[288] Da aber niemals faktisches Geschehen mit der Medienrealität, sondern lediglich verschiedene Quellen, denen unterschiedliche »Selektionsregeln« zugrunde liegen, miteinander verglichen werden können,[289] lehnt Schulz einen solchen Ansatz ab und schlägt stattdessen eine konstruktivistische Perspektive auf die Nachrichtenselektion vor.

Ein Falsifikationsansatz beruht nach Schulz auf der Annahme, dass es Aufgabe der Medien sei, Realität möglichst originalgetreu *abzubilden*. Faktisch berühre die Frage danach, was »wirklich« geschah und ob Medien die Wirklichkeit »verzerren« den Bereich der Metaphysik und sei mit den Mitteln der (empirischen) Wissenschaft nicht zu beantworten. Auf Grundlage dieser erkenntniskritischen Argumentation gibt Schulz die »Abbildtheorie« journalistischer Massenmedien auf und interpretiert die Funktion von Nachrichten neu. Schulz zufolge handelt es sich bei Nachrichten nicht um bessere oder schlechtere »Abbilder« der Realität sondern um »Interpretationen unserer Umwelt«,[290] um »Definitionen von Realität« und damit letztlich auch um Elemente die Realität »eigentlich konstituieren«.[291] Faktisch überführt Schulz die Nachrichtenwerttheorie somit in einen konstruktivistischen Deutungsrahmen.[292]

---

288 Schulz 1976: 25. Auch Schulz greift damit Luhmann vorweg, vgl.: Luhmann 1996: 15.

289 Schulz 1976: 25.

290 Vgl. dazu auch: Emmerich Andreas 1985: 23.

291 Schulz 1976: 28. Mit dem Verweis darauf, dass Nachrichten, sofern sie als »wirklich akzeptiert« werden, Realität konstituieren und in ihren Folgen ggf. auch »Reales« bewirken, spricht Schulz eine besonders spannende Frage im Verhältnis von Nachrichten und Realität an. Denn in der Regel verweisen Nachrichten sowohl in ihren Voraussetzungen als auch in ihren Folgen auf gesellschaftlich Reales. Der Begriff der Medienrealität erhält vor diesem Hintergrund eine neue Konnotation. Als drastisches Beispiel, wie Medienrealität gesellschaftlich Reales schaffen kann (ohne dabei notwendigerweise in ihrer Voraussetzung auf gesellschaftlich Reales zu verweisen) wird das Sonntagsfahrverbot in Folge des Jom-Kippur-Kriegs diskutiert: »Nach dem Jom-Kippur-Krieg prognostizierten die Massenmedien im Oktober und November 1973 das baldige Auftreten eines Versorgungsengpasses bei Rohöl und Rohölprodukten. Obwohl die Öllager mit einem großen Vorrat gefüllt waren, verbreitete sich – als Folge der Medienrealität – in der Bevölkerung die Furcht vor einer Ölkrise. Die Berichterstattung wirkte sich aber nicht nur auf die Realitätsvorstellungen, sondern auch das Verhalten der Rezipienten aus: Es kam zu »Hamsterkäufen«, die – wegen der beschränkten Verarbeitungskapazitäten der Raffinerien, nicht wegen mangelnden Rohöls – dann tatsächlich zu Versorgungslücken bei Benzin und Heizöl führten. Die so

Der Abschied von einer Abbildtheorie journalistischer Massenmedien führt notwendigerweise auch zu einer Modifikation der Ausgangsfragestellung der Nachrichtenwerttheorie. Nicht die Frage nach einer »Verzerrung« oder »Unausgewogenheit« der Nachrichtenrealität erklärt Schulz zu deren Kernthematik, sondern die Frage, mit »welchen Merkmalen [...] die von den Nachrichtenmedien konstituierte Welt ausgezeichnet« ist und welches »die Kriterien der Selektion, Interpretation und Sinngebung von Realität« sind.[293] Die Zurückweisung eines Falsifikationsansatzes und damit einhergehend einer unkritischen Abbildtheorie führt zu einer Fokussierung des Forschungsinteresses auf das Resultat des Nachrichtenprozesses, auf die veröffentlichte Nachrichtenrealität. Nachrichtenfaktoren werden als die konstituierenden Elemente dieser Nachrichtenrealität interpretiert. Auch wenn Nachrichtenfaktoren dem Rezipienten in der Regel als medienvermittelte Ereignismerkmale erscheinen, interpretiert sie Schulz als »journalistische Hypothesen von Realität«[294] und unterstreicht damit ihre primär »medieninterne Bedeutung«.[295]

Den Nachrichtenwert interpretiert Schulz als wichtigsten Indikator dafür, »welche Nachrichtenfaktoren den journalistischen Hypothesen von Realität entsprechen«.[296] Dieser drückt sich nach Schulz zweifach aus, »einmal in einer positiven Selektionsentscheidung [...], zum anderen aber auch in zusätzlichen Abstufungen der Beachtung«.[297] Das Verhältnis von Nachrichtenfaktoren und Nachrichtenwert fasst Schulz in der Hypothese zusammen: »Je mehr eine Meldung dem entspricht, was Journalisten für

---

(unbeabsichtigt produzierte) »Ölkrise« wurde als Beleg für die Prognose der Massenmedien gewertet; diese berichteten ausgiebig über sie und forderten politische Maßnahmen. Bundesregierung und Bundestag reagierten, es kam zu einem Autofahrverbot an vier Sonntagen. Auch darüber wurde berichtet. Die aktuellen Publikationen waren also jeweils eine Folge der vorangegangenen Berichterstattung und der durch sie erzeugten Realität« (Brettschneider 2005: 706).

292 Vgl. dazu: Kepplinger 1998: 22.
293 Schulz 1976: 28.
294 Schulz 1976: 30.
295 Staab 1990a: 91.
296 Schulz 1976: 30.
297 Den Beachtungsgrad einer Meldung sieht Schulz durch den Umfang, die Platzierung und spezifische Präsentationsmerkmale indiziert. In einer späteren Studie ergänzt er den Index für den Grad journalistischer Beachtung um den Faktor »Frequenz der Berichterstattung zu einem Ereignis über einen längeren Zeitraum«, vgl.: Schulz 1982.

wichtige und mithin berichtenswerte Eigenschaften der Realität halten, desto größer ist ihr Nachrichtenwert«.[298] Formallogisch bedeutet diese Interpretation eine erhebliche Veränderung des Nachrichtenwertmodells, wie es von Östgaard, Galtung und Ruge konturiert wurde, denn die Nachrichtenwerttheorie

> »kann damit nicht mehr zur Erklärung des eigentlichen Selektionsprozesses herangezogen werden, ihr Geltungsbereich beschränkt sich vielmehr auf die Frage nach der Bedeutung von Nachrichtenfaktoren für die Gewichtung von Beiträgen durch Umfang, Plazierung oder Aufmachung«.[299]

Neben den skizzierten Fortschritten auf theoretischer und methodischer Ebene gelang es Schulz den Gegenstandsbereich der Nachrichtenwerttheorie um unpolitisches Geschehen zu erweitern. In einer breit angelegten Studie, für die Schulz mit einem neuen Faktorenkatalog arbeitet[300] und die TV- und Hörfunknachrichten sowie Zeitungs- und Agenturnachrichten umfasste, fand er Belege für die Wirkmächtigkeit von Nachrichtenfaktoren. Seine Untersuchungen führen ihn zu dem Fazit:

> »Tatsächlich kann man die Aussage [wonach der Nachrichtenwert eines Ereignisses zunimmt, je mehr der Nachrichtenfaktoren zutreffen] beschränken, auf ein halbes Dutzend Faktoren: Komplexität, Thematisierung, Persönlicher Einfluß, Ethnozentrismus, Negativismus und Erfolg. Je mehr dieser Faktoren auf ein Ereignis zutreffen, desto größer ist die Wahrscheinlichkeit, daß es von den Medien in auffälliger Weise herausgestellt wird«.[301]

Schulz schließt seine Auswertung mit der Feststellung, dass dabei »die Bedeutung der einzelnen Faktoren je nach Medium verschieden« ist.[302]

3.2.3 Kausal- versus Finalmodell

Eine alternative Sichtweise auf das Nachrichtenwertmodell etablierten Hans Mathias Kepplinger und Joachim Friedrich Staab.[303] In ihren theoretischen Modellen lenken sie den theoretischen Fokus wieder verstärkt auf

---

298 Schulz 1976: 30.
299 Staab 1990a: 205; vgl. auch: Kepplinger und Ehmig 2006: 26.
300 Vgl. Kap. 3.2.5.
301 Schulz 1976: 106.
302 Schulz 1976: 106.
303 Vgl.: Kepplinger 1989a; Kepplinger 1989b; Staab 1990a; Staab 1990b; Staab 1998.

die Rolle, die die subjektiven Interessen von Journalisten und Redaktionen im Nachrichtenselektionsprozess spielen.

Im Aufsatz *Instrumentelle Aktualisierung* plädiert Kepplinger dafür, Nachrichten als »instrumentalisierte« Ereignisauswahl zu interpretieren. Journalisten selegieren demnach politische Nachrichten in der (Konflikt-)Berichterstattung nicht als unmittelbare Reaktion auf spezifische Realitätsanreize. Vielmehr müsse der Selektionsprozess auch als intentionale Handlung interpretiert werden, mit der Journalisten u.U. spezifische (politische) Ziele und andere Zwecke verfolgen.[304] Darauf aufbauend stellt Staab in seiner Studie *Nachrichtenwerttheorie – Formale Struktur und empirischer Gehalt* (1990) dem bis dahin postulierten Kausalmodell der Nachrichtenselektion, das er als »apolitisch« kritisiert, ein Finalmodell entgegen.[305] Während im Kausalmodell, wie Staab es etwa bei Schulz auszumachen glaubt, Nachrichtenfaktoren als unabhängige und die Publikationsentscheidung als abhängige Variable festgelegt werden, plädiert er für eine finale Ergänzung. Sie soll der möglichen Intentionalität journalistischen Handelns Rechnung tragen:

> »Journalisten wählen danach Ereignisse oder Meldungen nicht nur deshalb aus, weil sie bestimmte Eigenschaften (Nachrichtenfaktoren) besitzen, sie sprechen auch Ereignissen oder Meldungen, die sie aufgrund ihres instrumentellen Charakters auswählen, diese Eigenschaften erst zu oder heben sie besonders hervor, um dem jeweiligen Beitrag ein besonderes Gewicht zu geben«.[306]

Die Publikationsentscheidungen sind in diesem Modell also umgekehrt als unabhängige, die Nachrichtenfaktoren der Nachrichten als abhängige Variable bestimmt. Staab etabliert somit eine alternative Perspektive, die die Wirkmächtigkeit von Nachrichtenfaktoren zwar nicht in Frage stellt, aber deren Charakter als »Conditio sine qua non« einer positiven Selektionsentscheidung in den Vordergrund rückt. In einer empirischen Studie versucht Staab zunächst die Verallgemeinerbarkeit des Kausalmodells der Nachrichtenauswahl (als notwendige Voraussetzung einer finalen Interpretation) und die Angemessenheit einer finalen Betrachtungsweise zu testen.[307] Er kommt zu dem Schluss, dass »Journalisten einem Ereignis um so *mehr* Nachrichtenfaktoren zuschreiben, je stärker sie es in der Bericht-

---

304 Kepplinger 1989b; Staab 1990a: 96; Kepplinger et al. 1991.
305 Staab 1990a: 94; 96. Kritisch dazu: Kepplinger 1998: 29.
306 Staab 1990a: 98.
307 Staab 1990a: 117.

erstattung hervorheben wollen«.[308] Fretwurst weist allerdings darauf hin, dass eine Entscheidung zwischen den beiden theoretischen Modellen aus formallogischen Gründen auf dem Weg einer Nachrichteninhaltsanalyse nicht möglich ist, denn:

>»Für das Kausalmodell gilt: Nachrichtenfaktoren bestimmen den Umfang und die Platzierung von Meldungen. Für das Finalmodell gilt: Der Umfang und die Platzierung führen zu Nachrichtenfaktoren. Die Beziehung ist absolut symmetrisch und läuft als Entscheidungsprozess in beiden Versionen vor der eigentlichen Berichterstattung ab. So lange nur die Berichterstattung und nicht die Einstellungen der Journalisten und die Verteilung des zur Verfügung stehenden Materials bekannt sind, fehlen die empirischen Instrumente, um die Richtung des Zusammenhangs aufzudecken«.[309]

Staab hat diese Problematik selbst erkannt. Anders als Fretwurst interpretiert er das Problem aber nicht als einen Einwand gegen eine finale Betrachtungsweise. Vielmehr fordert er dazu auf, grundsätzlich darüber nachzudenken,

>»ob die Nachrichtenwert-Theorie nicht lediglich einen begrenzten Geltungsbereich beanspruchen kann, der sich auf die Beschreibung von Kriterien der Nachrichtengewichtung durch Umfang, Plazierung und Aufmachung reduziert, nicht aber auf die Erklärung journalistischer Selektionsentscheidungen erstreckt«.[310]

Der wissenschaftliche Wert der finalen Betrachtung des Nachrichtenprozesses wird bisweilen übersehen. Denn Staabs theoretische Auseinandersetzung mit dem soweit konturierten Nachrichtenwertmodell identifizierte mehrere Schwachstellen. Erstens verdeutlicht Staab, wie verführerisch und gleichwohl unbegründet es ist, Nachrichtenfaktoren unhinterfragt als unabhängige und den Nachrichtenwert als abhängige Variable zu konzeptionalisieren. Zweitens zeigt Staab deutlicher als seine Vorgänger, dass der eigentliche Gegenstandsbereich, über den die Nachrichtenwerttheorie inhaltsanalytisch fundierte Aussagen treffen kann, lediglich die »Bedeutung von Nachrichtenfaktoren für die Gewichtung von Beiträgen durch Umfang, Plazierung oder Aufmachung« ist.[311] Faktisch tritt somit das ursprüngliche Anliegen der Nachrichtenwerttheorie, die journalistische Nachrichtenselektion zu erklären, in den Hintergrund.

---

308 Eilders 1997: 41.
309 Fretwurst 2008: 54.
310 Staab 1998: 53.
311 Staab 1990a: 205; vgl. auch: Kepplinger und Ehmig 2006: 26.

3.2.4 Das Zwei-Komponenten-Modell

Obwohl Schulz die Nachrichtenwerttheorie nicht als Kausalmodell inter-pretiert,[312] wurde sie in den nachfolgenden Jahren oft als Modell gelesen, in dem bestimmte Faktoren den Nachrichtenwert eines Ereignisses deter-minieren.[313] Zwar kann die entsprechende Kausalbeziehung durch eine In-haltsanalyse weder empirisch bestätigt noch zurückgewiesen werden, eine entsprechende Inferenz auf Basis der empirischen Daten ist aber freilich zulässig.[314] Obwohl die nachrichtenwerttheoretische Inferenz vom Medi-eninhalt auf die Selektionsentscheidung methodisch legitim ist, mangelt es dem einfachen Kausalmodell an einer empirischen Basis, auf der sich Nachrichtenfaktoren als unabhängige Nachrichtenwertdeterminanten in-terpretieren lassen. Denn offensichtlich sind Nachrichtenfaktoren nicht mit konstanten Gewichten ausgestattet. Vielmehr können Studien regelmäßig zeigen, dass sich der Nachrichtenwert der Nachrichtenfaktoren kontextuell verändern kann. So konnte Schulz zeigen, dass in unterschiedlichen Medi-enorganisationen und Medientypen offensichtlich »medienspezifische De-finitionen« von Realität Gültigkeit besitzen.[315] Auch Staab kann durch multiple Regressionen zeigen, dass der Umfang und die Platzierung von Nachrichten in Qualitätszeitungen, Abonnementzeitungen, Straßenzeitun-gen, im Hörfunk, im TV und in Agenturen auf unterschiedliche Nachrich-tenfaktoren zurückzuführen ist, und dass diese ein jeweils unterschiedlich großes Maß an Erklärungskraft besitzen.[316] Ein Ergebnis, das auch die die Studie *Der Wert von Nachrichten im deutschen Fernsehen* (2009) doku-mentieren kann,[317] und das so gewöhnlich zu sein scheint, dass dessen theoretische Implikationen in der Regel übersehen oder einfach nicht the-matisiert werden.[318] Scheinbar kann sich der »Nachrichtenwert der Nach-

---

312 Wie dargelegt, betrachtet Schulz Nachrichtenfaktoren als »journalistische Hypo-thesen« von Realität, also als journalistische »Ereignisinterpretation im Prozess der Konstruktion von Realität«, vgl.: Schulz 2008: 95.
313 Kepplinger und Bastian 2000: 473; Kepplinger 2008a: 3247.
314 Vgl. dazu: Merten 1995: 110ff.; Rössler 2005: 23; 236; Früh 2007: 48; 197; Schulz 2009: 62ff.
315 Schulz 1976: 105.
316 Staab 1990a: 153ff.
317 Vgl.: Maier 2003a; Ruhrmann et al. 2003: 319ff.; Maier et al. 2006: 90ff.; Maier et al. 2009: 91ff.
318 Vgl. auch: Staab 1998: 53; Kepplinger 2006: 15ff.

richtenfaktoren« aber nicht nur in Abhängigkeit zum medienorganisatorischen Kontext verändern. Nach wie vor unbeantwortet ist die Fragen, ob sich die Bedeutung von Nachrichtenfaktoren nicht auch in Abhängigkeit des historischen und kulturellen Kontextes verändert bzw. ob auch ressortspezifische Nachrichtenfaktoren-Gewichtungen vorliegen.[319]

Kepplinger legt mit dem Zwei-Komponenten-Modell eine Modifikation des Nachrichtenwertmodells vor, das auf diese theoretische Unschärfe reagiert. Im vorliegenden Kontext kommt dem Zwei-Komponenten-Modell besondere Bedeutung zu. Mit der Einführung so genannter journalistischer Selektionskriterien (Nachrichtenwerte der Nachrichtenfaktoren) bietet es die Möglichkeit senderspezifische Faktorengewichtungen – wie sie auch bei Internationalen Nachrichtensender zu erwarten sind[320] – besser plausibilisieren zu können. Indem Kepplinger neben den Nachrichtenfaktoren einen kontextgebundenen »Nachrichtenwert der Nachrichtenfaktoren« postuliert, eröffnet er die Möglichkeit einer konkreten interpretativen Inferenz von den Ergebnissen von Korrelations- und Regressionsanalysen auf die Strukturen der Selektionskriterien und damit auch auf den eigentlichen Selektionsprozess. Da die Qualität der interpretatorischen Inferenz vom gewählten Theorierahmen abhängt (der den »Interpretationsspielraum bestimmt«),[321] wird der Arbeit das Zwei-Komponenten-Modell und nicht, wie sonst üblich, das Nachrichtenwert-Theorem nach Galtung und Ruge zu Grunde gelegt. Auf diese Weise ist eine senderspezifische Dateninterpretation besser möglich.

Kepplinger argumentiert, dass jede nicht zufällige Auswahlentscheidung auf zwei Komponenten basieren muss: auf Kriterien der Selektion und auf den Merkmalen der auszuwählenden Objekte. Der Zusammenhang zwischen diesen Selektions-Kriterien und Objekt-Merkmalen kann an einem Beispiel verdeutlicht werden:

---

319 Vgl.: Staab 1998: 53; Kepplinger 2008b: 3284f. Empirische Hinweise für einen historischen Wandel journalistischer Selektionskriterien liefern u.a.: Wilke 1984a; Wilke 1984b; Westerståhl und Johansson 1986. Auf eine mögliche kulturelle Gebundenheit von Nachrichtenfaktoren wiesen bereits Galtung und Ruge hin (vgl.: Galtung und Ruge 1965). Empirische Hinweise für ressortspezifische Nachrichtenfaktoren-Gewichtungen (Internationale Politik, Unpolitische Berichterstattung, Innenpolitik) liefern u.a. Schulz 1976; Ruhrmann et al. 2003; Maier et al. 2006; Maier et al. 2009.

320 Vgl. dazu Kap. 4.

321 Loosen et al. 2002: 50.

»Beim Sortieren von Äpfeln sind das z.B. als Selektions-Kriterium die Größen-Klassen und als relevante Objekt-Merkmale die Umfänge. Ohne Selektions-Kriterien kann man ebenso wenig eine gezielte Auswahl treffen wie ohne Objekt-Merkmale. Wird ein anderes Selektions-Kriterium vorgegeben, z.B. der Reifegrad, spielen die alten Objekt-Merkmale, keine Rolle mehr. Ist der Umfang, aus welchen Gründen auch immer, nicht feststellbar, sind die entsprechenden Selektions-kriterien unbrauchbar. Theoretisch können auch mehrere Objekt-Merkmale mit unterschiedlichem Gewicht in die Selektionsentscheidung eingehen – die Größe, die Farbe, der Geruch usw. Verschiedene Käufer werden die Objektmerkmale anders gewichten. Wer die Obstschale schmücken will, hat andere Kriterien als der Liebhaber von Apfelkuchen. Gleiche Objektmerkmale gehen offensichtlich mit unterschiedlichem Gewicht in die Entscheidung ein«.[322]

Auf das Kausalmodell der Nachrichtenwerttheorie übertragen bedeutet das, dass Nachrichtenfaktoren an sich weder eine positive Selektionsent-scheidung noch den Umfang oder die Platzierung einer Nachricht präjudi-zieren können. An sich determinieren die Nachrichtenfaktoren keinen Nachrichtenwert, denn »Zu den Nachrichtenfaktoren gehören notwendi-gerweise die journalistischen Selektionskriterien. Sie erst verleihen den Nachrichtenfaktoren ihren Nachrichtenwert«.[323] Auf die Frage, was sich faktisch hinter den journalistischen Selektionskriterien verbirgt, gibt Kepplinger keine erschöpfende Antwort. Aus Perspektive der Zwei-Komponenten-Theorie handelt es sich bei den journalistischen Selektions-kriterien um »[the journalists] judgement about the relevance of news fac-tors«.[324] Kepplinger geht davon aus, dass diese Entscheidungsstrukturen unterschiedliche Ursprünge haben können, so ließen sich diese etwa auf Lernerfahrungen in Journalistenschulen, auf ökonomische Zwänge etc. zu-rückführen. In der Konsequenz führt dies dazu, dass unterschiedliche Nachrichtenanbieter jeweils unterschiedlichen Nachrichtenfaktoren einen größeren Nachrichtenwert zusprechen und die diesbezüglichen Nachrich-tenmeldungen mit einem entsprechenden Maß an journalistischer Beach-tung ausstatten,[325] d.h. dass:

»Ein Ereignis nicht schon allein deshalb berichterstattenswert [ist], weil es eine Eigenschaft aufweist – z.B. in der näheren Umgebung geschehen ist. Eine Mel-dung ist nicht schon allein deshalb publikationswürdig, weil sie den entsprechen-

---

322 Kepplinger und Bastian 2000: 463f.
323 Kepplinger 1998: 20.
324 Kepplinger und Ehmig 2006: 27.
325 Kepplinger und Ehmig 2006: 27.

den Nachrichtenfaktor besitzt – in diesem Fall den Faktor »räumliche Nähe«. Berichtenswert ist das Ereignis und publikationswürdig ist die Meldung darüber nur deshalb, weil Journalisten die Tatsache, daß ein Ereignis in der näheren Umgebung stattgefunden hat, für ein bedeutsames Selektionskriterium halten. Falls Journalisten nicht dieser Überzeugung wären, besäßen Ereignisse in der näheren Umgebung keinen großen Nachrichtenwert, obwohl die Meldungen darüber den Nachrichtenfaktor »räumliche Nähe« aufweisen«.[326]

Für eine interpretative Inferenz liegen die Konsequenzen auf der Hand. Plausiblerweise lassen sich unterschiedliche Gewichtungen von Nachrichtenfaktoren in unterschiedlichen Nachrichtenmedien auf unterschiedliche Selektionskriterien zurückführen. Zwar bleiben die jeweiligen Selektionskriterien unbekannt. Gleichwohl ist es legitim hierin organisationsspezifische Nachrichtenfaktoren-Gewichtungen auszumachen, die ihren Ursprung auch in politischen, kulturellen, ökonomischen etc. Überlegungen haben können. Welche forschungslogische Konsequenz zieht aber die Zugrundelegung eines Zwei-Komponenten-Modells im Prozess der Datenanalyse nach sich? Das Zwei-Komponenten-Modell der Nachrichtenselektion beschreibt ein Modell, in dem zwei unabhängige Variablen (Nachrichtenfaktoren und Journalistische Selektionskriterien) eine abhängige Variable determinieren (Nachrichtenwert). Nachrichtenfaktoren und Nachrichtenwert werden dabei theoretisch bestimmt, operationalisiert und in der Regel durch eine klassische Output-Inhaltsanalyse gemessen. Gesicherte empirische Aussagen über die zweite unabhängige Variable, die journalistischen Selektionskriterien, lassen sich auf dem Weg einer Output-Analyse nicht gewinnen. Gleichwohl lässt sich durch die spezifischen Kausalbeziehungen zwischen Nachrichtenfaktoren und Nachrichtenwert auf die dahinterliegenden Nachrichtenfaktoren schließen.[327]

---

326 Kepplinger 1998: 20.
327 Vgl.: Loosen et al. 2002: 50. Einen alternativen Analyseweg schlägt Kepplinger vor. So lässt sich der Nachrichtenwert der Nachrichtenfaktoren auch durch ein quasi-experimentelles Forschungsverfahren oder durch eine Analyse der Journalistenseite (Input-Output-Analyse, Befragung, Experiment etc.) ermitteln, vgl.: Kepplinger und Bastian 2000; Kepplinger 2006; Kepplinger 2008b. Wird dieses Vorgehen aus forschungsökonomischen oder anderen Gründen abgelehnt, bietet sich ein alternativer Analyseweg an. Demnach werden die Nachrichtenfaktoren als unabhängige und der Nachrichtenwert als abhängige Variable gesetzt. Faktisch handelt es sich dabei um eine »Umkehrung der theoretisch-analytischen Stellung des Nachrichtenwertes« (vgl.: Kepplinger 1998: 33). Denn letztlich gibt

3.3 Kontextmerkmale als Nachrichtenfaktoren

Die Nachrichtenwertstudien üblicherweise zugrunde gelegten Faktorenkataloge erlauben eine Binnendifferenzierung. Neben Faktoren, die als Ereignismerkmale bezeichnet werden (Prominenz, Kontroverse, Aggression etc.), stehen Faktoren, die sich nicht auf das eigentliche Ereignis, sondern auf dessen Kontext beziehen. Bei ihnen handelt es sich um die zentralen nachrichtengeographischen Merkmale einer Nachrichtenagenda, deren Analyse Inferenzen auf die spezifischen nachrichtengeographischen Selektionskriterien hinter einem Nachrichtenangebot zulässt. Als Kontextmerkmale bezeichnen wir die Faktoren geographische, kulturelle, politische und ökonomische Nähe sowie den Status der Ereignisnation.

3.3.1 Kontextmerkmale und ihre forschungsgeschichtliche Entwicklung

Die Idee, dass der geographische Kontext einen Einfluss darauf hat, ob ein Ereignis zur Nachricht wird oder nicht, ist nicht neu. Stieler weist bereits in seiner 1695 publizierten Schrift *Zeitungs Lust und Nutz* auf die besondere Bedeutung hin, die der Nähe eines Ereignisses als Selektionskriterium zukommt, wenn er »Zeitungs-Schreiber« zwar dazu anhält, ihren Lesern interessante Begebenheiten aus der ganzen Welt zu berichten, aber zu bedenken gibt:

---

der Nachrichtenwert einer Nachrichtenmeldung darüber Auskunft, welche Selektionskriterien im Nachrichtenselektionsprozess wirkmächtig sind, d.h. konkret, welche Nachrichtenwerte den jeweiligen Nachrichtenfaktoren beigemessen werden. Für die theoriegeleitete Dateninterpretation bedeutet dies, dass sich die Stellung der Variablen in der Dateninterpretation wieder umkehren muss. Der indizierte Nachrichtenwert darf insofern nicht als abhängige Variable interpretiert werden. Vielmehr gibt er einen Hinweis darauf, was sich hinter der zweiten abhängigen und empirisch unbestimmten Variable, den journalistischen Selektionskriterien, verbirgt. Anders ausgedrückt: Die in der Datenanalyse durchgeführten »Korrelationen und Regressionen sind [...] nichts anderes als Indikatoren für den Nachrichtenwert der Nachrichtenfaktoren«, d.h. für die spezifischen Selektionskriterien, die im journalistischen Nachrichtenselektionsprozess zum Tragen kommen (vgl.: Kepplinger 1998: 33). Auf Basis der Datenanalyse sind somit theoriegeleitete Inferenzen auf die dem Nachrichtenprozess zugrundeliegenden senderspezifischen Selektionskriterien möglich.

»Jedoch ist dieses dahin nicht gemeinet / das ein Zeitungs-Schreiber allerley Dinge / die sich an unbekannten Orten begeben / einrücken / und damit das unschul-
dige Papier anfüllen solle oder könne. Denn / was gehet mich an / was der grosse
Mogol oder Priester Johann im Morenlande mache?«[328]

Indirekt rechnet auch Lippmann die räumliche Nähe unter diejenigen Faktoren, die einem Ereignis Nachrichtenwert verleihen und journalistisches
Interesse auslösen.[329] Explizit nennt dann Carl Warren in seinem Journa-
listenführer *Modern News Reporting* die Nähe als einen Faktor, der den
Nachrichtenwert eines Ereignisses steigert.[330]

Im Zuge einer stärker theoretisierenden Auseinandersetzung mit dem
Nachrichtenwert durch Östgaard sowie Galtung und Ruge, gewinnen
erstmals auch die Kontextmerkmale an Kontur. Östgaard geht davon aus,
dass das öffentliche Interesse an Nachrichten die Konstruktion einer Nachrichtenrealität befördert, die den Rezipienten ein möglichst hohes Identifikationspotential bietet, denn: »the greater the possibilities of identification
with the news, the greater will be the news flow, and conversely the less
the possibilities of identification, the more the news flow will be ham-
pered«.[331] Östgaard weist darauf hin, dass hierbei die zeitliche, geographische und kulturelle Nähe eines Ereignisses ein besonders hohes Identifika-
tionspotenzial beherbergen würde[332] und unterstreicht insbesondere die
Bedeutung der kulturellen Nähe:

»Cultural proximity thus appears to be a major asset for a news story, and the
news media in any given country will tend to present the picture of the outside
world as seen through the ethnocentric eyes of the receiver of the news. Cultural
proximity can here be defined in the widest possible sense, so as to include, for
example, political views and attitudes.«[333]

---

328 Stieler 1969 (Original1695): 36.
329 Lippmann und Noelle-Neumann 1990: 230ff. So zumindest wurde Lippmanns
     Beschreibung einer Streikberichterstattung interpretiert, in der der Autor implizit
     auch auf den Nachrichtenwert der geographischen Nähe verweist, wenn er fest-
     stellt, dass »Ein Arbeitsstreik in einer anderen Stadt [...] schon sehr wichtig sein
     [muss], ehe der Nachrichtenteil eine bestimmte Information darüber enthält«,
     vgl.: Lippmann und Noelle-Neumann 1990: 238.
330 Warren 1934.
331 Östgaard 1965: 46.
332 Östgaard versteht unter der »zeitlichen Nähe« eines Ereignisses die Tatsache
     »that ʹnewsʹ has to be ʹnewʹ«, Östgaard 1965: 46.
333 Östgaard 1965: 46f.

Von der kulturellen Nähe grenzt Östgaard die soziale Nähe (»social proximity«) ab, die er unter dem Begriff der »Rang-Nähe« diskutiert. Diese
sei allerdings eher ein Hemmschuh für einen ungebremsten Nachrichtenfluss. Zwei Aspekte sind an diesem – wenn auch vagen – Konzept der
kontextbezogenen Berichterstattung besonders interessant. Östgaard ver-
mischt offenbar Aspekte, die sich auf den kulturellen Kontext eines Ereignisses beziehen, mit solchen, die dessen politischen Kontext betreffen. Ein
so verstandenes Konstrukt der kulturellen Nähe müsste notwendigerweise
sehr unterschiedliche Wirklichkeitsaspekte messen. Außerdem beschreibt
Östgaard die kulturelle Nähe offenbar nicht nur als eine Form der gemeinsamen (politischen) Zugehörigkeit, sondern auch der politischen Ähnlichkeit.

Östgaard argumentiert, dass auch der soziale und politische Rang einer
Nation (und / oder Person) den Nachrichtenfluss beeinträchtigen kann. Wo
die kulturelle Nähe zwischen berichterstattendem und berichterstattetem
Land den Nachrichtenfluss begünstige, wirke sich die soziale Nähe u.U.
hemmend aus, da eine Identifikation unter den Vorzeichen der Asymmet-
rie eher gewährleistet sei.[334] Die Folge sei eine verzerrte Berichterstattung,
denn Nachrichten über entfernte Kulturkreise und den »common man«
blieben unterrepräsentiert.

Galtung und Ruge legen deutlicher dar, welche forschungslogische
Stellung Kontextmerkmale einnehmen und wie eine Operationalisierung
aussehen könnte. Ihre Argumentation wird von dem Leitgedanken bestimmt, dass die Publikationswahrscheinlichkeit eines Ereignisses in dem
Maße steigt, in dem dieses bestimmten kulturabhängigen bzw. kulturunabhängigen Eigenschaften entspricht.[335] Den Faktor Nähe rechnen Galtung und Ruge unter die kulturunabhängigen Faktoren und fokussieren

---

334 Wobei Östgaard hier, konträr zur eigenen Argumentationslogik, lediglich eine
Flussrichtung annimmt. Entsprechend würde der Nachrichtenfluss eher von Nationen hohen Ranges in solche Nationen mit niedrigem Rang verlaufen, vgl.: Östgaard 1965: 47.
335 Neben acht kulturunabhängigen Faktoren diskutieren Galtung und Ruge auch
vier kulturabhängige Faktoren, von denen sie annehmen, »that they seem to be of
particular importance in the northwestern corner oft he world«, vgl.: Galtung und
Ruge 1965: 70. Trotz dieser Einschränkung, für die sie keine weitere Begründung
liefern, stellen die beiden Autoren fest, dass die letztgenannten Faktoren auch in
anderen Teilen der Welt von Bedeutung sein können.

insbesondere auf die kulturelle Nähe, die einem Ereignis Bedeutung (»meaningfulness«) verleihe.

> »Meaningful has some major interpretations. One of them is ˊinterpretable within the cultural framework of the listener or readerˋ and all the thesis says is that actually some measure of *ethnocentrism* will be operative: there has to be *cultural proximity*. That is, the event-scanner will pay particular attention to the familiar, to the cultural similar, and the culturally distant will be passed by more easily and not be noticed«.[336]

Kulturelle Nähe wird dabei offenbar vorderhand als eine Form der kulturellen Ähnlichkeit verstanden.[337] Im Gegensatz dazu rechnen Galtung und Ruge den Faktor Elitenation unter die Gruppe der kulturabhängigen Faktoren. Wie Östgaard gehen auch Galtung und Ruge davon aus, dass es das hohe Identifikationspotential ist, das dem Faktor Wirkung verleiht, denn »[t]he actions of the elite are, at least usually and in short-term perspective, more consequential than the activities of others« und »[e]lite people [as elite nations] are available to serve as objects of general identification«.[338]

Schulz legt einen Katalog von insgesamt 18 Nachrichtenfaktoren vor. In Abgrenzung zu Galtung und Ruge argumentiert er, dass die Wirkmächtigkeit von Nachrichtenfaktoren nicht allein wahrnehmungspsychologisch bedingt sei, sondern auch sozial, politisch, technisch, historisch, physikalisch, ökonomisch, etc. Der »Versuch, Nachrichtenfaktoren auf einer einheitlichen theoretischen Basis [...] erklären« zu wollen müsse als »inadäquat und ungerechtfertigt« zurückgewiesen werden.[339]

Schulz entwirft nicht nur eine genauere Differenzierung der Kontextmerkmale, sondern legt auch Vorschläge für eine belastbare Operationalisierung der Faktoren vor. Unter der Oberkategorie Nähe fasst Schulz nicht mehr nur die kulturelle und geographische Nähe, sondern unterscheidet zwischen räumlicher, kultureller und politischer Nähe (sowie dem Faktor

---

336 Galtung und Ruge 1965: 66f. Offensichtlich statten also bereits Galtung und Ruge den Faktor kulturelle Nähe auch mit einer ethnozentrischen Bedeutung aus. Vgl. statt anderer: Maier 2003b: 46. Der Faktor wird in der Literatur deshalb bisweilen als Ethnozentrismus / kulturelle Nähe diskutiert.

337 Zwar legen die Autoren keine weitere Spezifizierung des Faktors vor, gleichwohl deuten Formulierungen wie »familiar« oder »cultural similar« darauf hin.

338 Schulz 1976: 68.

339 Schulz 1976: 32.

Relevanz[340]).[341] Der von Galtung und Ruge eingeführte Faktor Bezug zu Elitenationen/Elitepersonen wird von Schulz in der Oberkategorie Status zusammengefasst und in die vier Faktoren regionale Zentralität, nationale Zentralität, persönlicher Einfluss und Prominenz differenziert. Die bereits in Vorgängerstudien implizite ethnozentrische Bedeutung verschiedener Nachrichtenfaktoren findet sich bei Schulz als eigenständiger Faktor (»Ethnozentrismus«) unter der Oberkategorie »Identifikation« wieder. Schulz versteht unter dem Faktor Ethnozentrismus ein Maß dafür, »inwieweit ein Ereignis auf die Eigengruppe bezogen« ist.[342]

Eine stärkere Differenzierung der Nähe-Faktoren zeigt sich aber nicht nur auf Ebene der Faktoren selbst, sondern auch hinsichtlich der konkreten inhaltlichen Zuschreibungen. Während Östgaard, Galtung und Ruge weitgehend unspezifiziert lassen, was sie unter den jeweiligen Faktoren konkret verstehen bzw. wie diese trennscharf zu operationalisieren sind, nennt Schulz für alle Faktoren Indikatoren und eröffnet die Möglichkeit zu deren kategorialer Messung. Schulz operationalisiert den Faktor räumliche Nähe für die Inlands- und für die Auslandsberichterstattung. Im Rahmen der Inlandsberichterstattung misst der Faktor die Entfernung zwischen dem Sitz der Redaktion und dem Ereignisort,[343] im Rahmen der Auslandsberichterstattung »die Entfernung des betreffenden Landes von der BRD«. Im Ggs. dazu weißt Schulz die politische und kulturelle Nähe lediglich für »außerdeutsche Ereignisse« aus. Die politische Nähe misst dabei »bündnis- und wirtschaftspolitische Beziehungen zum Ereignisland«, während die kulturelle Nähe »sprachliche, religiöse, literarische, wissenschaftliche Beziehungen zum Ereignisland« misst.[344] Der bereits bei Galtung und Ruge deutlicher konturierte Faktor Elitenationen wird von Schulz unter dem

---

340 Der Faktor Relevanz beschreibt, die »Betroffenheit und existentielle Bedeutung des Ereignisses«, vgl.: Schulz 1976: 33.

341 Die Oberkategorie »Nähe« fasst alle »geographisch, kulturell, politisch, sozial und psychologisch begründeten Faktoren für Nähe oder Affinität« zusammen, vgl.: Schulz 1976: 33.

342 In diesem Fall Einwohner der Bundesrepublik Deutschland, vgl.: Schulz 1976: 34.

343 Schulz weißt vier Intensitätsstufen aus: 4: Ereignis geschieht im Kreis (in der Stadt) des Redaktionssitzes; 3: Ereignis geschieht in einem angrenzenden Kreis; 2: Ereignis geschieht im gleichen Bundesland; 1: Ereignis geschieht sonstwo in der BRD, vgl.: Schulz 1976: 131.

344 Schulz 1976: 33.

Begriff Nationale Zentralität übernommen, allerdings mit einer breiteren Bedeutung ausgestattet. Die Nationale Zentralität eines Landes misst demnach die »wirtschaftliche, wissenschaftliche und militärische Macht des Ereignislandes«.[345]

Mit dem von Schulz eingeführten Faktorenkatalog ist der Grundstein der empirischen Nachrichtenwertforschung gelegt. Nachfolgende Studien verändern Korpus und Bedeutung der Kontextmerkmale nur noch graduell. Eine wichtige Neuerung stammt von Joachim Friedrich Staab. Hatte Schulz in einer nachfolgenden Nachrichtenwertstudie (1982) die Nähe-Faktoren räumliche, politische und kulturelle Nähe zu lediglich einer Nähe-Dimension zusammengefasst,[346] so macht Staab hierin eine Vermischung objektiver und quasi-objektiver Merkmale aus. Staab plädiert für eine analytische Trennung und für eine weitere Differenzierung der Nähe-Faktoren. Während Schulz die wirtschaftliche Verbundenheit zweier Nationen als Indikator politischer Nähe interpretiert, führt Staab einen eigenständigen Faktor wirtschaftliche Nähe ein.[347]

Staab weist den Kontextmerkmalen außerdem eine veränderte Bedeutung zu und interpretiert Nähe nicht so sehr unter dem Aspekt der Intensität bilateraler Beziehungen, sondern legt den Fokus auf die Ähnlichkeit zwischen berichtetem und berichtendem Land. So rückt Staab bei der Spezifizierung der politischen Nähe »die Ähnlichkeit der Herrschaftssysteme, der außenpolitischen Zielsetzung und der Verteidigungspolitik zwischen dem Ereignisland und der Bundesrepublik Deutschland« in den definitorischen Mittelpunkt. Die kulturelle Nähe wird verstanden als »Ähnlichkeit von Sprache, Religion und Kultur«. Deutlicher wird der doppelte Charakter der Nähe in der Definition der wirtschaftlichen Nähe, die hier verstanden wird als »die Ähnlichkeit der Wirtschaftssysteme und die Intensität der Wirtschaftsbeziehungen zwischen dem Ereignisland und der Bundesrepublik Deutschland«.[348]

Wie man grundsätzlich von einem mehr oder weniger stabilen Korpus von Nachrichtenfaktoren sprechen kann, so lässt sich auch das derart spe-

---

345 Schulz 1976: 33.
346 Vgl.: Schulz 1982.
347 Auch Westerståhl und Johanson beziehen sich in ihrer Studie Foreign News auf Schulz' Überlegungen und überprüfen auch eine Variable »commercial proximity«, vgl.: Westerståhl und Johansson 1986.
348 Staab 1990a: 120.

zifizierte Geflecht der relativen und absoluten Kontextmerkmale als weitgehend stabil bezeichnen.[349]

3.3.2 Kontextmerkmale in der Nachrichtenwerttheorie

Die weiter oben vorgestellten Faktorenkataloge beschreiben offenbar unterschiedliche Konstrukte, die sich in Fragen der inhaltlichen Deutung und der Operationalisierung stark voneinander unterscheiden. Eine Binnendifferenzierung kann sich an unterschiedlichen Vorschlägen orientieren. Kepplinger schlägt vor, Nachrichtenfaktoren in objektive Relationen (räumliche Nähe), quasi-objektive Relationen (u.a.: kulturelle, politische Nähe) und subjektive Zuschreibungen, »die keine allgemeine Gültigkeit beanspruchen können« (alle anderen Faktoren), zu unterscheiden.[350] Analog dazu differenziert Staab zwischen indizierbaren und konsensbedingten Nachrichtenfaktoren, wobei er die von Kepplinger beschriebenen »objektiven« und »quasi-objektiven« Faktoren unter die erste, die subjektiven Zuschreibungen unter die zweite Gruppe zählt. Bei den indizierbaren Faktoren (räumliche, politische, wirtschaftliche und kulturelle Nähe sowie Status der Ereignisnation/ Ereignisregion) handelt es sich für Staab insofern um (quasi-)objektive Faktoren, als sich »ihr Vorhandensein und ihre Intensität [...] anhand von präzisen Indikatoren intersubjektiv« feststellen lässt.[351] Der zweiten Gruppe rechnet Staab alle anderen Faktoren zu. Bei ihnen handelt es sich insofern um »mehr oder weniger subjektiv[e]« Faktoren als sich ihr Vorhandensein und ihre Intensität lediglich anhand von »historisch, politisch und kulturell vermittelten Einschätzungen« feststellen lässt.[352]

---

349 Vgl.: Kepplinger 2008a.
350 Kepplinger 2006: 26.
351 Staab 1990a: 122.
352 Staab 1990a: 121ff; 108ff.

Kontextmerkmale (indizier- bare Nachrichtenfaktoren)	Ereignismerkmale (konsensbedingte Nachrichtenfaktoren)
Räumliche Nähe	Institutioneller Einfluss
Politische Nähe	Persönlicher Einfluss
Kulturelle Nähe	Prominenz
Wirtschaftliche Nähe	Personalisierung
Status der Ereignisnation	Kontroverse
Status der Ereignisregion	Aggression
	Demonstration
	Überraschung
	Reichweite
	Tatsächlicher Nutzen/Erfolg
	Möglicher Nutzen/Erfolg
	Tatsächlicher Scden/Misserfolg
	Möglicher Schaden/ Misser- folg
	Zusammenhang mit Themen
	Etablierung der Themen
	Faktizität

Tabelle 13: Indizierbare und konsensbedingte Nachrichtenfaktoren nach Staab, Abb. nach Tiele, 2010: 59; vgl. auch: Staab, 1990: 121f.

Einen weiteren Systematisierungsvorschlag bringen Chang et al., Hagen et al. sowie Tiele ein.[353] Dieser orientiert sich nicht am Distinktionsmerkmal der Validität einer empirischen Messung, sondern an der Frage, was die Faktoren inhaltlich beschreiben. Chang et al. unterscheiden insofern zwischen Nachrichtenflussstudien, die stärker auf kontext- bzw. auf ereignisorientierte Faktoren (»context-oriented« vs. »event-oriented«) fokussie-

---

353 Vgl.: Chang et al. 1987; Hagen et al. 1998a; Tiele 2010.

ren.[354] Während im Falle kontextorientierter Nachrichtenflussstudien Merkmale wie ökonomische Beziehungen, kulturelle Ähnlichkeit, politische Zugehörigkeit, geographische Entfernung etc. im Erkenntnismittelpunkt stehen, richtet die ereignisorientierte Forschungsperspektive ihr Augenmerk auf inhaltliche Charakteristika von Nachrichten, wie etwa abweichendes Verhalten (»deviance«) oder Negativität (»negative nature oft he events«).[355]

Unter nachrichtenwerttheoretischen Vorzeichen unterscheidet Tiele Nachrichtenfaktoren anhand der Frage, was sie »jeweils beschreiben«, in Kontextmerkmale und Ereignismerkmale.[356] Kontextmerkmale beziehen sich demnach auf »die Herkunft der Nachricht, auf den Zusammenhang mit dem Umfeld des Ereignisses«, während Ereignismerkmale auf »die Eigenschaften des Ereignisses selbst, unabhängig von den äußeren Gegebenheiten« fokussieren.[357] Ereignismerkmale geben eine Antwort auf die Frage: »Was ist geschehen?«, während Kontextmerkmale eine Antwort auf die Frage geben: »Wo ist es geschehen? Welche Merkmale hat der Ereignisort?«.[358] Tiele übernimmt in ihrer Differenzierung Staabs Einschätzung, wonach sich Kontextmerkmale (weitgehend) objektiv bestimmen lassen und argumentiert, dass eine Differenzierung von Kontext- und Ereignismerkmalen gleichzeitig auch eine Unterscheidung der Wirkungsbereiche der Nachrichtenfaktoren beschreibt. Demnach handelt es sich bei Ereignismerkmalen um Eigenschaften, die sich sowohl auf die Inlands- als auch auf die Auslandsberichterstattung beziehen, während sich die auf »Nationenebene« angesiedelten Kontextmerkmale »ausschließlich auf die Auslandsberichterstattung« auswirken.[359] Anders als bei den Ereignismerkmalen handelt es sich bei diesen nicht um »kurzfristige, sich mit dem

---

354 Chang et al. 1987: 400.
355 Chang et al. 1987: 400.
356 Tiele 2010: 60.
357 Tiele 2010: 60.
358 Tiele 2010: 62.
359 Die von Tiele diskutierte Charakterisierung der Kontextmerkmale als spezifische Faktoren der Auslandsberichterstattung ist nicht trennscharf. Denn alle Faktoren lassen sich auch auf die Inlandsberichterstattung beziehen. So liegt der höchste Grad von Nähe dann vor, wenn ein Ereignis im berichterstattenden Land stattfindet; ebenso spricht nichts dagegen, den Status des berichterstattenden Landes in der Analyse zu berücksichtigen.

Weltgeschehen verändernde«, sondern um »eher dauerhafte, sich nur langsam verändernde Faktoren«.[360]

Absolute Kontextmerkmale	Relative Kontextmerkmale
Status der Ereignisnation	Räumliche Nähe
(Status der Ereignisregion)	Politische Nähe
	Kulturelle Nähe
	Wirtschaftliche Nähe

Tabelle 14: Absolute und relative Kontextmerkmale der Berichterstattung.

Hagen et al. schlagen vor, nicht von Kontextmerkmalen, sondern von »Ländermerkmalen als Nachrichtenfaktoren« zu sprechen. Auch in dieser Unterscheidung sind es die unmittelbar auf »Nationenebene« angesiedelten, kontextuellen Informationen, von denen angenommen wird, dass sie einen Einfluss auf den journalistischen Beachtungsgrad ausüben können. Gleichwohl heben Hagen et al. mit ihrer Bezeichnung »Ländermerkmale« den unmittelbar nachrichtengeographischen Bezug dieser Faktoren hervor und verdeutlicht so, dass sich »der Nachrichtenwert eines Ereignisses je nach dem Status und / oder der Nähe der Nation verändert, zu dem es einen Bezug aufweist«.[361] Die Autoren argumentieren:

> »Als Akteure, als Schauplätze oder durch die Nationalität von Akteuren werden Länder zu Aspekten von Ereignissen und deren Nachrichtenwert« und: »Da Länder [...] basale Entitäten der globalen Gesellschaft sind – in geographischer, politischer, kultureller und wirtschaftlicher Hinsicht –, prägen Länder als Schauplätze und Akteure die Auslandsnachrichten und unterscheiden diese von Inlandsnachrichten. Daher sind Merkmale von Ländern die spezifischen Selektionsdeterminanten der Auslandsberichterstattung«.[362]

Wie Hagen et al. und Tiele hervorheben, sind Länder- bzw. Kontextmerkmale auf »Nationenebene« angesiedelt und drücken insofern Eigen-

---

360 Vgl. auch: Scherer et al. 2006: 203; vgl. auch: Wilke 1998. Obgleich diese Einschätzung sicherlich zutrifft, darf nicht vergessen werden, dass auch die so genannten Kontextmerkmale einem Wandel unterliegen. So kann bspw. Wilke dokumentieren, dass die geographische Struktur der Berichterstattung über längere historische Zeiträume betrachtet, variabel ist, vgl.: Wilke 1984a: 152.
361 Weber 2008: 395.
362 Hagen et al. 1998a: 59f.

schaften und Relationen von Nationen aus, von denen angenommen wird, dass sie den Nachrichtenwert einer Nachrichtenmeldung ggf. beeinflussen können. Unabhängig vom Ereigniskontext erlaubt eine Analyse der Kontextmerkmale somit – unter Zugrundelegung von Galtung und Ruges Additivitätshypothese[363] sowie dem Zwei-Komponenten-Modell der Nachrichtenwerttheorie – interpretative Rückschlüsse auf die Frage, welchen Nachrichtenwert ein Journalist bzw. eine Nachrichtenredaktion einem bestimmten Land bzw. einer bestimmten Länderrelation zubilligt. Aus nachrichtengeographischer Perspektive handelt es sich insofern bei den Kontextmerkmalen um die zentralen nachrichtengeographischen Merkmale einer Nachrichtenagenda, deren Analyse Inferenzen auf die spezifischen nachrichtengeographischen Nachrichtenwertzuweisungen hinter einem Nachrichtenangebot zulässt.

Offenbar beschreiben auch die Kontextmerkmale, forschungslogisch betrachtet, Unterschiedliches und können in absolute und relative Nachrichtenmerkmale unterschieden werden.[364] Beim Status der Ereignisnation handelt es sich insofern um ein absolutes Nachrichtenmerkmal, als der Status einer Nation unabhängig vom Herkunftsland des Nachrichtenmediums und somit hinsichtlich des Berichterstattungskontexts invariabel ist. Bei relativen Nachrichtenmerkmalen handelt es sich hingegen um Merkmale, die erst in Abhängigkeit zum Herkunftsland des Nachrichtensenders Sinn, d.h. Nachrichtenwert, entfalten können. Wie dargelegt, erlaubt die Analyse der Kontextmerkmale aus Sicht der Zwei-Komponenten-Theorie interpretative Rückschlüsse auf die hinter einem Nachrichtenangebot wirksamen, geographischen Nachrichtenwertzuweisungen. Ausgehend von der Unterscheidung in relative und absolute Nachrichtenmerkmale lässt sich diese Perspektive weiter differenzieren: Es steht zu vermuten, dass in der journalistischen Nachrichtenwertausstattung der relativen Kontextmerkmale (geographische, kulturelle, politische und ökonomische Nä-

---

363 Galtung und Ruge 1965.
364 Vgl.: Westerståhl und Johansson 1994: 73. In ihrer Studie zur Nachrichtengeographie unterschiedlicher Nachrichtenmedien untersuchten Westerståhl und Johansson lediglich die Bedeutung der drei »basalen« Nachrichtenfaktoren Negativität (»drama«), Bedeutung (»importance«) und Nähe (»proximity«). In diesem Kontext bezeichnen die beiden Autoren den Faktor Bedeutung als absoluten Faktor (»absolute quality«), während es sich bei der Nähe zwischen berichterstattendem und berichterstattetem Land um einen relativen Faktor (»relative«) handelt; vgl. analog auch: Hagen 1998: 148; Hagen et al. 1998a: 67.

he zwischen berichterstattetem und berichterstattenden Land) ein geographisches Nachrichtenkonstruktionsmuster zum Ausdruck kommt, das die Wichtigkeit von Weltgeschehen nicht zuletzt daran bemisst, inwiefern dieses spezifische Relevanz für ein spezifisches Zielpublikum entfaltet. Hinter der journalistischen Nachrichtenwertausstattung des absoluten Kontextmerkmals »Status der Ereignisnation« steht ein geographisches Nachrichtenkonstruktionsmuster, das die Wichtigkeit von Weltgeschehen daran bemisst, inwiefern mächtige Länder an diesem Geschehen beteiligt sind. Der senderspezifische Nachrichtenwert der relativen Kontextmerkmale kann insofern als Indikator des Deterritorialisierungsgrads einer Nachrichtenagenda verstanden werden, der senderspezifische Nachrichtenwert des absoluten Kontextmerkmals »Status der Ereignisnation« als Indikator für den Grad der Elitezentrierung eines Nachrichtenangebots.

3.3.3 Zur Operationalisierung von Kontextmerkmalen

Kontextmerkmale werden in der Nachrichtenwertforschung in aller Regel über mehrere Indikatoren operationalisiert. Die Operationalisierung empirischer Indikatoren beschreibt einen zentralen Arbeitsschritt in der Übertragung einer hypothetischen in eine numerische Relation und erfordert ein genaues Verständnis davon, was die jeweiligen Faktoren eigentlich messen sollen. Offensichtlich liegen hierzu unterschiedliche Konzepte vor. So kann bspw. unter dem Status der Ereignisnation aus realistischer Perspektive die militärische Macht gemessen werden. Je nachdem, welche politische Schule ein Forscher bevorzugt, würden sich demnach die Größen »Höhe des Militärhaushalts«, »Bevölkerungsgröße« und »Atomwaffenbesitz« als Indikatoren anbieten. Folgt man einer Denktradition, die auch die Softpower-Ressourcen eines Landes als entscheidende Machtgrößen ansieht, kommen dazu weitere politische und sozio-ökonomische Rahmendaten, wie etwa die Mitgliedschaft im Weltsicherheitsrat, die Höhe des BIP und die Anzahl Wissenschaftlicher Publikationen. Entsprechend operationalisiert etwa Weber den Status einer Nation über die Höhe von BIP und Verteidigungsetat sowie den Anteil am Welthandel und die Anzahl wissenschaftlicher Publikationen.[365]

---

365 Weber 2008: 392ff.

Grundsätzlich stellt sich die Frage, ob die Nähe-Faktoren lediglich die Beziehungsintensität zwischen zwei Nationen messen. Entsprechend misst Schulz die politische Nähe zwischen berichterstattetem und berichterstattendem Land ausschließlich über die Zugehörigkeit zu (wirtschafts-)politischen Bündnissen.[366] Wird die politische Nähe zwischen zwei Nationen hingegen auch im Sinne einer politischen Ähnlichkeit gemessen, bieten sich andere Indikatoren an. So misst Staab die politische Nähe nicht nur anhand der Frage, welchem politischen Block ein Land angehört und ob es ein Militärbündnis zwischen berichterstattete und berichterstattendem Land gibt. Auch Daten die wiederspiegeln, ob sich die politischen Systeme ähneln (Freie Wahlen, Mehrparteiensystem, unabhängige Regierungsbildung), gehen in die Operationalisierung mit ein.[367]

Besonders starke Abweichungen zeigen Vorschläge zur Operationalisierung des Merkmals kulturelle Nähe. Schulz versteht unter kultureller Nähe die »sprachliche, religiöse, literarische, wissenschaftliche Beziehungen zum Ereignisland« und misst diese über die Sprache, die Hauptreligion sowie über die Anzahl von Übersetzungen.[368] Ruhrmann et al. nutzen auch »Wissenschaft und Kunst« als Indikatoren und schlagen vor, berichterstattete Länder anhand der Frage zu kategorisieren, ob diese in »originär west- und osteuropäische[r] Tradition« stehen oder ob es sich bei ihnen um »Ableger« bzw. um »nicht-europäische« Traditionen handelt.[369] Westerståhl und Johansson messen die kulturelle Nähe über das anteilige Botschaftspersonal zweier Länder.[370]

Die wirtschaftliche Nähe zweier Länder wird am häufigsten über Import- bzw. Exportanteile oder über eine Kombination aus beidem gemessen.[371] Staab betrachtet darüber hinaus auch die Ähnlichkeit der Wirtschaftssysteme und misst, ob es sich um freie Marktwirtschaften, eingeschränkt freie Marktwirtschaften oder um Planwirtschaften handelt.[372]

---

366 Schulz 1976: 33.
367 Staab 1990a: 216.
368 Schulz 1976: 33.
369 Ruhrmann et al. 2003: 270.
370 Westerståhl und Johansson 1994: 78f.
371 Ruhrmann et al. 2003: 269f; Hagen et al. 1998b: 65;
372 Staab 1990a: 227. Staab 1990a: 216. Allerdings stellt sich die Frage, inwiefern diese Kategorie in der Post-Sowjet-Ära überhaupt noch Sinn macht. Nicht zuletzt dürfte es erhebliche empirische Schwierigkeiten mit sich bringen, den Freiheitsgrad eines Wirtschaftssystems trennscharf zu messen.

Selbst der Faktor geographische Nähe wird nicht einheitlich gemessen. So versteht etwa Adams unter der geographischen Nähe die Entfernung der Hauptstädte zweier Länder.[373] Diese Art der Messung kann im Falle von großen Staaten wie etwa Russland zu Verzerrungen führen. Tiele schlägt deshalb vor, geographische Nähe anhand der Frage zu messen, ob es sich bei zwei Ländern um Anrainerstaaten oder um Staaten handelt, die auf dem gleichen / auf unterschiedlichen Kontinenten liegen.[374] Für die vorliegende Studie wurden die Kontextmerkale anhand einer Kombination aus bestehenden Vorschlägen operationalisiert.

3.4 Zusammenfassung

Kapitel 3 stellt verschiedene Theoreme vor, mit deren Hilfe sich die journalistische Konstruktion geographischer Nachrichtenrealität besser oder schlechter interpretieren lässt. Nachrichtenwerttheoretische Modelle bieten sich für nachrichtengeographische Analysen aus mehreren Gründen besonders gut an. Die Nachrichtenwerttheorie erlaubt eine deutliche Identifikation abhängiger und unabhängiger Variablen und kann erklären »*how* and *why* one would expect the independent variable to explain or predict the dependent variable".[375] Darüber hinaus benennen nachrichtenwerttheoretische Modelle mit den »Kontextmerkmalen« spezifische Selektionsdeterminanten der Nachrichtengeographie. Das Zwei-Komponenten-Modell erweist sich insofern als besonders leistungsstark, als es durch die Einführung der Kategorie »journalistische Selektionskriterien« theoretisch präzise erklären kann, weshalb sich Medien u.U. in der Frage unterscheiden, welchen Nachrichtenwert sie welchen Nachrichtenfaktoren (Kontextmerkmalen) beimessen. Demnach ergibt sich der Nachrichtenwert eines Kontextfaktors nicht per se. Vielmehr muss ein Journalist (eine journalistische Organisation) einen spezifischen Kontextfaktor (unabhängige Variable) für nachrichtenwert halten um ihn mit einem spezifischen Nachrichtenwert (abhängige Variable) auszustatten. Eine präzise Messung des Zwei-Komponenten-Modells wäre nur durch eine Input-Out-Analyse möglich. Für die statische Auswertung inhaltsanalytisch gewonnener Da-

---

373 Adams 1986.
374 Vgl.: Tiele 2010: 128ff.
375 Creswell 2009a: 52.

ten bietet das Modell aber insofern Vorzüge, als es interpretative Rückschlüsse von einer statistisch dokumentierten Kausalbeziehung zwischen abhängigen und unabhängigen Variablen auf die dahinterliegenden Selektionsmechanismen zulässt.

4. Internationale Nachrichtensender

Der Markt für (internationale) Nachrichtenprogramme hat sich in den vergangenen Jahren rasant entwickelt. In ihrer jüngsten Bestandsaufnahme zählen Rai und Cottle weltweit über einhundert Nachrichtenfernsehformate[376] und Vieles deutet darauf hin, dass der Boom anhält. Kapitel 4 stellt den Forschungsgegenstand Internationales Nachrichtenfernsehen schlaglichtartig vor. Kap. 4.1 diskutiert zunächst den Begriff »Internationales Nachrichtenfernsehen«. Kap. 4.2 knüpft an die Überlegungen aus Kap. 3.3 an und setzt sich mit der Frage auseinander, welche nachrichtengeographischen Selektionsmuster von internationalen Nachrichtensendern zu erwarten sind. Kap. 4.3 umreißt die Entwicklung des INC-Marktes und Kap. 4.4 stellt holzschnittartig die einzelnen Sender vor, die den Untersuchungsgegenstand der Arbeit bilden.

4.1 Zur Theorie Internationaler Nachrichtensender
4.1.1 Der Begriff INC

Bislang liegen keine geschlossenen Theoriekonzepte zur Interpretation Internationaler Nachrichtensender vor, was sich nicht zuletzt in einer uneinheitlichen Begrifflichkeit bemerkbar macht. »International ausgerichtete Programme«,[377] »transkulturelle Nachrichtensender«,[378] »Global TV«[379] oder »24-hour satelite news channels«[380] sind nur einige der Namen, unter denen das Phänomen diskutiert wird. In Anlehnung an Meckel spreche ich von Internationalen Nachrichtensendern (INC).[381] Im Folgenden davon

---

376 Rai und Cottle 2010.
377 Zimmer 1996.
378 Hepp 2006.
379 Mac Kinnon 2004.
380 Rai und Cottle 2010.
381 Der Begriff »Internationaler Nachrichtensender« (INC) bietet sich aus mehreren Gründen an. Zum einen ist der Begriff weniger stark normativ aufgeladen als Konzepte, die auf Globalität oder Transkulturalismus verweisen. Zum anderen zeigt nicht zuletzt die Entwicklung des INC-Marktes, dass der Staat als zentraler

ausgegangen, dass sich Internationale Nachrichtensender durch drei Eigenschaften von gewöhnlichen Nachrichtenangeboten abgrenzen. Zunächst wird unter einem Nachrichtensender ein Angebot verstanden, dessen Inhalte substanziell durch Informations- und Nachrichtenangeboten bestimmt ist. Unterhaltungsangebote sind in Nachrichten- und Informationskanälen zugunsten ausführlicher Nachrichtenberichterstattung, Talkshows, Polit-, Wirtschafts-, Sport- und Kulturmagazinen und Dokumentationen aufgegeben, häufig unterstreichen Live-Elemente den eigenen Anspruch auf eine aktuelle Rund-um-die-Uhr-Versorgung mit Informationen.[382]

Die Internationalität eines Programms wird durch technische und inhaltliche Faktoren bestimmt. Demnach bestimmt auch die technische Reichweite eines Programms, ob es sich bei einem Nachrichtensender um ein nationales oder um ein internationales Programm handelt. Rai und Cottle führen in diesem Zshg. die Empfangbarkeit in mindestens einer Weltregion als hinreichendes Kriterium an.[383] In seiner Diskussion über »internationale Medienrepräsentation« zeigt Hepp auf, dass nicht nur die faktische Empfangbarkeit darüber entscheidet, inwiefern es sich bei einem Medienangebot um eine »internationale Medienrepräsentation« handelt.[384] Auch Meckel argumentiert, dass sich die Internationalität eines Nachrichtenanbieters gerade auch in dessen »internationaler Orientierung« niederschlägt, nämlich »in einer internationalisierten Sicht der Geschehnisse und damit in einer Abgrenzung von den Informationsangeboten nationaler Nachrichtensendungen«.[385] Meckel lässt offen, was inhaltlich unter dieser internationalen Orientierung verstanden werden soll. Man kann sich aber mühelos vorstellen, dass mögliche Indikatoren auf unterschiedlichen Ebenen angesiedelt sind. So kann sich eine internationale Orientierung bspw. darin ausdrücken, dass ein Format in mehreren Sprachen angeboten wird oder darin, dass ein Programm seine Sendungsuhr an mehrere (alle) Welt-

---

Bezugspunkt der Globalisierungsprozesse nicht obsolet geworden ist, vgl.: Held 1999. Eine Nachrichtenanalyse, die auf Nationen-Ebene angesiedelt ist, trägt diesem Umstand Rechnung.
382 Lim 2008.
383 Vgl.: Rai und Cottle 2010: 64.
384 Hepp 2006: 182ff.
385 Meckel 1996: 191.

regionen anpasst. Selbst die Wetterbrichterstattung oder die Werbeeinspielungen können Hinweise liefern, inwieweit ein Angebot internationalisiert ausfällt. Der Begriff »international« ist insofern differenzierbar. Von besonderer Bedeutung ist in diesem Zshg. die Nachrichtengeographie, da sie zeigt, inwiefern eine Sendung Nachrichtenwert in Abhängigkeit zum geographischen Kontext des Senders bzw. zu einigen wenigen mächtigen Nationen bemisst.

Als Indikatoren dafür, wie stark die Nachrichtengeographie eines Programms international ausgerichtet ist, können die Kontextfaktoren und ihr Einfluss auf den Nachrichtenwert betrachtet werden. Demnach repräsentiert eine Nachrichtensendung, die durch Nähe- und Status-Faktoren weniger stark beeinflusst ist, einen stärker international ausgerichteten INC. Ein deutlicher Einfluss der Kontextfaktoren auf den Nachrichtenwert steht für ein Nachrichtenprogramm, das sich weniger stark international ausrichtet.

4.1.2 Theoretische Zugänge zum Phänomen INC

Obwohl kein geschlossener Theorierahmen zur Interpretation von INC vorliegt, werden verschiedene gesellschaftswissenschaftliche Deutungsansätze mit einiger Regelmäßigkeit zur Interpretation von INC herangezogen. Sie lassen sich durch Held und McGrews idealtypische Klassifizierung von Globalisierungstheoremen systematisieren.[386] Held und McGrew diskutieren den Globalisierungsprozess als ein vielschichtiges und widersprüchliches Phänomen, das verschiedenste gesellschaftliche Teilbereiche durchdringt und verändert. Seine zentrale Implikation wird im »widening, deepening and speeding up of global interconnectedness« ausgemacht.[387] Globalisierungsprozesse können auf allen gesellschaftlichen Ebenen und in allen gesellschaftlichen Aktivitäten (Handel, Politik, Recht, Migration, Ökologie, Gesundheitsfürsorge, Verteidigung, Kriminalität etc.) ihren Ausdruck finden und verlaufen potentiell allumfassend. Gleichwohl werden sie als widersprüchlich und asymmetrisch interpretiert.[388] Die »Globa-

---

386 Vgl.: Rai und Cottle 2010; Held et al. 1999.
387 Held et al. 1999: 14.
388 Held und McGrew 2006: 7f.

lisierung der [Medien-] Kommunikation«[389] gilt als eine Schlüsseldimension der Globalisierung, da Medien zugleich »Subjekt und Objekt« der Globalisierung sind.[390]

Was die theoretische Durchdringung der »Globalisierung« angeht, lassen sich in Held und McGrews Analyse zwei gegenpolige theoretisch-intellektuelle Lager unterscheiden: Globalisierungsskeptiker und Hyperglobalisten.[391] Idealtypische Globalisierungsskeptiker zeichnen sich dadurch aus, dass sie im Globalisierungsprozess nichts grundsätzlich Neues erblicken. Vielmehr betonen sie die historische Kontinuität ökonomischer und gesellschaftlicher Austauschprozesse und verweisen auf die Bruchlinien und enormen Widersprüche der »Globalisierung«.[392] Der Idealtypus des Hyperglobalisten interpretiert die Globalisierung hingegen als etwas grundsätzlich Neues und fokussiert auf die enorme wirtschaftliche, politische und gesellschaftliche Dynamik der Globalisierungsprozesse, welche dramatische Veränderungen mit sich bringen.[393]

Auch Theoreme zur Globalisierung von Kommunikation und zum Phänomen INC lassen sich in diesem binären Schema verorten. Aus Sicht der Hyperglobalisten hat sich die globale Kommunikation im Zeitalter von sattelitengestützter und digitaler Kommunikation so tiefgreifend verändert, dass staatliche Sinn- und Organisationseinheiten zunehmend erodieren. Der Staat als vormals wirkmächtigster Gesellschaftsakteur ist im Zeitalter der »transkulturellen Kommunikation«[394] in seiner machtpolitischen Funktion eingeschränkt und kann auf politische, bzw. kommunikative Entwicklungen nur noch geringen Einfluss nehmen. Als Beispiel für die entfesselte Macht globalisierter Kommunikation lassen sich grenzüberschreitende Protestbewegungen, medialisierte Terroranschläge wie der 11. September oder transnationale Protestbewegungen, wie der Arabische Frühling anführen. So werden die Regierungsumstürze in Libyen, Tunesien und Ägypten bisweilen als das Resultat einer »twitter revolution« interpretiert, der der Staat nicht mehr Herr wurde.[395] Wenige Dekaden zuvor

---

389 Vgl.: Thompson 2006; Hepp et al. 2005; Hepp 2006; Hafez 2005.
390 Hafez 2005: 111.
391 Vgl.: Held et al. 1999; Held und McGrew 2006.
392 Vgl. statt anderer: Borchardt 2001.
393 Vgl. statt anderer: Martin und Schumann 1998; Fukuyama 1992.
394 Hepp 2006; Hepp und Löffelholz 2002.
395 Beaumont 2011.

waren es nicht die Bürger-, sondern die journalistischen Massenmedien, denen das Potential zugetraut wurde, internationale politische Prozesse durch ihre Fähigkeit globaler Echtzeitkommunikation entscheidend zu beeinflussen.[396] Aus hyperglobalistischer Perspektive hat die Globalisierung aber nicht nur die Rolle des Staates, sondern die Symmetrie der internationalen Beziehungen an sich verändert. Auch in Fragen der Massenkommunikation sind dependenztheoretische Deutungsmuster, wie sie etwa auch die NWIKO-Debatte prägten, obsolet geworden. Die Globalisierung der Kommunikation wird demnach nicht mehr von westlichen Akteuren determiniert, die klassischen Zentren und Peripherien globaler Massenkommunikation, wie sie noch den europäischen Imperialismus kennzeichneten,[397] seien heute verwässert und eine vermeintliche »kulturelle Hegemonie«[398] des Westens nicht mehr existent. Belege für diese Hypothese werden etwa in der Unterhaltungsindustrie ausgemacht. So sind neben den klassischen Produktionsstandorten in den vergangenen Dekaden neue Filmindustrien, etwa in Indien, China oder Südamerika, entstanden, die sich rasch entwickeln. Längst exportieren die neuen Kulturindustrien südlicher Kulturformate in den Westen – z.B. in Form von Manga-Comics und Bollywood-Filmen – und adaptieren und transformieren westliche Kulturformate für den heimischen Markt.[399]

Internationale Nachrichtensender lassen sich aus dieser Perspektive als Sinnbilder der Globalisierung interpretieren.[400] Durch einen permanenten Informationsfluss, den die neuen TV-Akteure unabhängig von staatlichen Grenzen aufrechterhalten, wirken sie potentiell deterritorialisierend.[401] Ein Blick auf die enorme Proliferation des INC-Marktes zeigt, dass INCs längst kein rein westliches Format mehr sind. Sender wie Al-Jazeera oder Al-Aarabia bereichern und verändern nicht nur das westlich geprägte Weltnachrichtensystem. Bisweilen drehen sie sogar die im Rahmen der NWIKO-Debatte angeprangerte »Kommunikationseinbahnstraße« um.[402]

---

396 Robinson 1999.
397 Vgl. statt anderer: Siebold 1984.
398 Gramsci 1986.
399 Straubhaar 2005.
400 Chalaby und K. 2003: 470.
401 Tomlinson 1999; vgl. auch: Chalaby und K. 2003.
402 So etwa zu Beginn des Afghanistankriegs, als Al-Jazeera tagelang aus einem Nachrichtenvakuum heraus berichterstattete, vgl. dazu: Strunz und Villinger 2007.

Unter systemtheoretischen Vorzeichen lässt sich weiter die Frage danach stellen, inwiefern INC eine neue Form von Öffentlichkeit schaffen, die unabhängig von territorialen Grenzen entsteht und unter dem Stichwort der »Weltöffentlichkeit« diskutiert wird,[403] inwiefern INC die Lokalsender für McLuhans Globales Dorf sind.[404] So lassen sich mit Alexander Görke INC als Funktionssysteme der »Weltgesellschaft« interpretieren, die als kommunikative Metronome das System »Weltöffentlichkeit« synchronisieren.[405]

Dem Lager der Globalisierungsskeptiker lassen sich insbesondere Autoren zuordnen, die die Medienglobalisierung unter dependenztheoretischen Vorzeichen interpretieren. Unterschiedliche Autoren weisen darauf hin, dass die Liberalisierung der internationalen Medienmärkte in den 1970er und 1980er Jahren insbesondere die Interessen westlicher Akteure befriedigte.[406] Einen eindrucksvollen Hinweis darauf, dass es sich bei der aktuellen Entwicklung nicht so sehr um eine Globalisierung von Kommunikation als vielmehr um eine »Verwestlichung« der globalen Kommunikationsstrukturen handeln könnte, liefert die Analyse der Besitzstrukturen der Internationalen Medienmärkte.[407] Vor diesem Hintergrund warnen Wissenschaftler aus dem Bereich der Cultural Studies vor den Gefahren einer »Mc-Donaldisierung« der (Fernseh-) Kulturen[408] und vor einem us-amerikanischen Kulturprimat als Resultat der Globalisierung von Kommunikation.[409]

Auch die »Globalität« von INC muss demnach in Zweifel gezogen werden. Thussu argumentiert, dass die Entwicklung des INC-Marktes nicht zu einer Demokratisierung des Programms, sondern zu einer »CNNization« der globalen Teil-Öffentlichkeiten geführt hat.[410] Mit

---

403 Vgl. zur Diskussion um »Weltgesellschaft« und »Weltöffentlichkeit« auch: Rühl 2008; Stichweh 2001; Reimann 1992.
404 Wood 1998.
405 Görke 1999; Görke 2002a; Görke 2003; Görke und Kollbeck 2003; Görke 2005; Görke 2008b. Interessant ist dieser Ansatz nicht zuletzt, weil sich die Programmierung (nachrichtengeographischer) Selektionsroutinen in diesem Fall von territorial-verhafteten Nachrichtenakteuren grundsätzlich unterscheiden müsste.
406 Mowlana 2001; Leidinger 2003: 302ff.
407 Leidinger 2003, vgl. auch: George 2006.
408 Vgl. zum Begriff der »McDonaldisierung«: Ritzer und Vogel 1995.
409 Chalaby 2006.
410 Thussu 2003; Thussu 2005.

Skepsis betrachtet auch der Erfurter Medienwissenschaftler Kai Hafez den »Mythos Globalisierung« und sieht viele Hinweise darauf, dass die »Medien nicht grenzenlos sind«.[411] Auch wenn manche Formate eine beeindruckende technische Reichweite aufweisen, sei ihre faktische Reichweite äußerst begrenzt, argumentiert Hafez:

> »Insbesondere westliche Wissenschaftler und Experten zeigen sich begeistert über die Möglichkeit, in jedem Mittelklassehotel dieser Welt eine kleine Anzahl transnationaler Programme und eine Handvoll amerikanischer und europäischer Sender vorzufinden - und sie verwechseln ihre Neugier mit einer breiten gesellschaftlichen Nutzung«.[412]

Die Hypothese einer sich neu konstituierenden Weltöffentlichkeit wird nicht zuletzt von dem Fakt in Frage gestellt, dass lediglich ein Bruchteil der Nachrichten-TV-Sender eine tatsächlich globale technische Reichweite besitzt. Trotz aller Liberalisierungsbemühungen der Medienmärkte bildet der Zugang zu nationalen und regionalen Nachrichtenmärkten noch immer eine große Hürde. Und längst suchen INC ihre Marktnische im Angebot eines regionalen, nationalen oder lokalen Programms.[413] Aus Sicht der Globalisierungsskeptiker erscheinen INC also nicht so sehr als Metronome der Weltöffentlichkeit,[414] sondern als Indizien einer fortschreitenden Fragmentarisierung grenzüberschreitender Öffentlichkeiten.

4.1.3 INC und die Konstruktion geographischer Nachrichtenrealität

Aus unserer Perspektive handelt es sich bei der Nachrichtengeographie eines Programms um einen Indikator, der geeignet ist, die Internationalität eines Nachrichtenangebots zu bestimmen. Wie dargelegt, erlaubt die Nachrichtengeographie eines Programms Rückschlüsse darauf, inwiefern eine Sendung Nachrichtenwert in Relation zum Herkunftsland des Senders bzw. zu einigen wenigen mächtigen Nationen bemisst. Sie gibt insofern Aufschluss darüber, inwiefern sich INC tatsächlich an eine – national-kulturell und machtpolitisch unabhängige – Weltöffentlichkeit richten. Die Konstruktion einer solchen, idealtypisch globalen Nachrichtenagenda steht

---

411 Hafez 2005
412 Hafez 2005: 88f.
413 Rai und Cottle 2010: 54.
414 Vgl.: Görke 1999.

im Widerspruch zu den Grundannahmen der Nachrichtenwerttheorie, die davon ausgeht, dass geographische Ereignismerkmale eine entscheidende Rolle im Nachrichtenprozess spielen. Dass Nachrichtenmedien nämlich insbesondere solchen Ereignissen Nachrichtenwert beimessen, die in »Nähe« zu ihrer Heimatredaktion stattfinden bzw. in solchen Ländern, die sich durch ihre politische, wirtschaftliche und kulturelle Macht von der Masse abheben.

In der öffentlichen Wahrnehmung rufen INC ein geteiltes Echo hervor. So werden INC immer wieder als Nachrichtenmedien gehandelt, die die Strukturmerkmale der internationalen Berichterstattung durchbrechen und ihren Zuschauern tatsächlich eine globalisierte Nachrichtenperspektive liefern.[415] In diesem Zshg. werden insbesondere AJ-English, BBC World News und CNN-International genannt, die als Prototypen Internationaler Nachrichtensender nicht nur aufgrund ihrer technischen Reichweite, sondern auch aufgrund ihrer unabhängigen Nachrichtenagenda als »global« betrachtet werden müssten.[416] Jüngere Formate wie etwa FR24, RT oder Press-TV hingegen werden aufgrund einer deutlicheren Staatsnähe in dieser Hinsicht zwar skeptischer beurteilt,[417] gleichwohl gelten auch diese TV-Netzwerke als Ikonen der Globalisierung.[418] Gleichwohl haben INC auch immer wieder Kritik auf den Plan gerufen. Insbesondere dem Vorzeigesender CNNI wurde in seiner 25-jährigen Geschichte immer wieder vorgeworfen, er sei in seiner Themenwahl zu »us-lastig« und sehe die Welt »durch die amerikanische Brille«.[419]

In den Selbstdarstellungen von INC fällt das Versprechen einer internationalisierten Nachrichtenagenda unterschiedlich stark aus. Insbesondere BBC-WN und CNNI suggerieren eine Agenda, die Nachrichten unabhängig von einem nationalen Zentrum konstruiert. Eine internationalisierte Perspektive versprechen aber auch AJE, FR24 und RT. Diese Selbstzuschreibungen verwundern nicht. Ein globales Informationsnetzwerk bzw. die Suggestion eines solchen gehört bezeichnenderweise zur Grundausstattung jedes Nachrichtendienstleisters. Auch wenn sich dies mitunter nur

---

415 Vgl.: Meckel 1998: 263; Wood 1998: 22.
416 Chalaby 2009: 187.
417 Chalaby 2009: 187.
418 Chalaby 2003: 470.
419 Vgl. Einfeldt und Stannies Jan A. 2000: 108; Varchaver 1999: 56; Rain und Brooker-Gross 2004: 327.

sehr eingeschränkt auf Ebene der Nachrichten niederschlägt, ist der vermeintlich grenzenlose Zugang zu Informationen das Aushängeschild umfassender Informationskompetenz. Für INC gilt dies in besonderem Maß: Sie finden ihre ökonomische Daseinsberechtigung ja gerade »*in einer internationalisierten Sicht der Geschehnisse und damit in einer Abgrenzung von den Informationsangeboten nationaler Nachrichtensendungen*«.[420]

4.2 Der Markt für INC

Der Markt für INC ist mittlerweile stark differenziert und unübersichtlich. Rai und Cottle zählen heute mehr als 100 Nachrichtenvollprogramme, die um die Gunst eines äußerst begrenzten Zielpublikums konkurrieren. Rund zwei Dutzend von ihnen sind, zumindest was ihre technische Reichweite angeht, als INC zu klassifizieren.[421] INC reagieren auf die veränderten Wettbewerbsbedingungen der (inter-)nationalen Medienmärkte.[422] Seit-

---

420 Meckel 1996: 191.
421 Viele Angebote senden auf subregionaler, nationaler oder subnationaler Ebene, vgl.: Rai und Cottle 2010.
422 Die Voraussetzungen für die rasante Entwicklung des INC-Marktes liegen auf technischer (Thompson 2006: 254ff.) und politischer Ebene. Allen voran ist in diesem Zusammenhang eine tiefgreifende Veränderung des internationalen Regulationsregimes seit den 1970er Jahren zu nennen. In ihrem Zuge wurden nationalstaatliche und internationale Medien-Regulationsregime sukzessive transformiert. In diesem Zshg. sind die Privatisierungswellen der 1970er und 1980er Jahre in Europa, Asien und Osteuropa zu nennen, in deren Folge sich vormals stark reglementierte Mediensysteme in liberale bzw. duale Rundfunksysteme verwandelten. Eng mit diesem Umschwung verbunden, war die Vergrößerung der Medienmärkte und der faktischen Reichweite grenzüberschreitender Programmangebote (vgl. dazu: Jarren und Donges 2006: 29ff.; Thussu 2005; Rain und Brooker-Gross 2004: 319ff.; Sinclair et al. 2002; Leidinger 2003: 302ff.; Wilke 1999). Ergänzt wird die Liberalisierungswelle nationalstaatlich konstituierter Mediensysteme durch erweiterte Freihandelsbestimmungen im internationalen Bereich. So sorgen heute nicht zuletzt GATT und GATS auch im Bereich massenkommunikativer Dienstleistungen für die Meistbegünstigungs- und Inländergleichbehandlungsverpflichtung und sind damit ein Eckpfeiler für einen ungehinderten Informationsfluss (Vgl. dazu: GATT: Art. I: 1; Art: III; Art XI: 1). Und nicht zuletzt waren es IBRD und IWF, die mithilfe ihrer Strukturanpassungsprogramme viele Länder der Dritten Welt zu einer Liberalisierung ihrer Medienmärkte zwangen und damit den internationalen Kommunikationsmarkt erheblich erweiterten (Vgl.: Thussu 2000; Mohammadi 2002.). Diese Entwicklungen bilden die Grundlage für das

dem verschiedene Liberalisierungswellen die Mediensysteme unterschiedlicher Länder und Regionen in den 1980er Jahren erfassten und die Kom-
munikationstechnik soweit fortgeschritten war, dass sich potentiell in
Echtzeit aus allen Teilen der Welt berichterstatten ließ,[423] verstärkte sich
für die TV-Industrie der Anreiz durch die Bereitstellung zunehmend spezi-
fizierter Medienangebote grenzüberschreitende Marktnischen abzuste-
cken. INCs reflektieren den Trend zur Segmentierung von Programmangeboten, indem sie ein grenzüberschreitendes Publikum mit einem hoch-
spezifischen Programminhalt (Nachrichten und Information) ansprechen.[424] Der »snowstorm of new channels«, der im neuen Jahrhundert
über die Medienwelt kam,[425] ist das vorläufige Resultat einer rund 25-
jährigen Entwicklungsgeschichte des Formats Nachrichtensender, die sich
in drei Phasen gliedern lässt: Eine Reifephase (1985-1991), eine erste
Wachstumsphase (1991-2001) und eine zweite Wachstumsphase (seit
2001).[426]

Ted Turners CNNI (1985) trat als erster Akteur auf den Markt und
markiert den Beginn der Reifephase des INC-Marktes (1985-1991). Das
CNNI der frühen Tage stellt zunächst den Versuch dar, die Verwertungskette für ein kostenintensives territorial-orientiertes Nachrichtenprogramm
(CNN) zu verlängern. Die internationale Orientierung von CNNI schlug
sich zu diesem Zeitpunkt insbesondere im sukzessiven Ausbau der Sen-
derreichweite und im Ausbau eines ungewöhnlich großen Nachrichten-
netzwerks nieder.[427] Das neue Nachrichtenfernsehen aus den USA konnte
zu diesem frühen Zeitpunkt zwar auch bei internationalen Zuschauern
durch seine Innovationskraft und vor allem durch seine konsequente Live-
Berichterstattung punkten. Gleichwohl blieb CNNI zu diesem Zeitpunkt
für seine internationalen Zuschauer ein klar identifizierbares amerikanisches Programm, das insbesondere für den heimischen Markt produzierte
Nachrichten ausstrahlte.[428] Spätestens mit seiner Exklusivbericht-
erstattung zum ersten Irakkrieg (1991) gelang CNNI und damit auch dem

---

Entstehen eines »interdependent global media system« (Thussu 2006.), wie es
seit der Jahrtausendwende beobachtet werden kann.
423 Thompson 2006: 248ff.
424 Vgl.: Zimmer 1996: 162.
425 Anonymus 2007.
426 Vgl. zur Periodisierung der Entwicklung des INC-Marktes: Cushion 2010.
427 Volkmer 1999: 133.
428 Flournoy und Stewart 1997: 69.

Format Internationales Nachrichtenfernsehen der internationale Durchbruch.[429] Umfangreiche Programmübernahmen machten CNNI über Nacht weltberühmt und zeigten der Welt den ersten »Krieg der Echtzeit«.[430] CNNIs spektakuläre Berichterstattung zur »Operation Desert Storm« ging auch an der Konkurrenz nicht spurlos vorbei. Zimmer geht davon aus, dass ihr »die Wirkung eines Brennglases« zukam, das die technischen und politischen Veränderungen, die die internationalen Medienmärkte in den vorangegangenen Jahren verwandelt hatten, fokussiert und das ökonomische Interesse am Format INC stärkte.[431]

Konnte CNNI zunächst konkurrenzlos wirtschaften, so änderte sich diese Situation ab 1991. Der INC-Markt erlebte eine erste Wachstumsphase (1991-2001), die insbesondere nicht-staatliche Akteure auf den Markt brachte. Als erster Konkurrent von CNNI trat BBC-World Service Television (heute BBC-World News) auf den Plan (1991). Offenbar schlug sich dessen Orientierung an einer »internationalen« Zielgruppe auch auf Ebene der Nachrichtenselektion stärker nieder, was CNNI unter Zugzwang setzte.[432] Mit dem 1993 gelaunchten paneuropäischen Sender Euronews erwuchs dem Marktführer CNNI ein weiterer Konkurrent.[433] Keine drei Jahre später launchte der panarabische Sender Al-Jazeera, der erste INC mit Heimat im Politischen Süden. In den Folgejahren launchten zahlreiche weitere Sender mit Reichweite auf regionalem, subregionalem, nationalem und subnationalem Niveau.[434] INC wurden zum festen Bestandteil des »global media system«[435] und traten stärker in Konkurrenz zueinander. Meckel interpretierte diese erste Wachstumsphase als das Resultat eines intensivierten Informationsbedürfnisses, das in den dramatischen Entwicklungen der Zeitgeschichte seinen Ursprung hatte. Gleichzeitig gab sie zu

---

429 Ausführlich beschreibt CNN-Legende Peter Arnett CNNs Irakberichterstattung in seinen umstrittenen Memoiren (»ein beklemmendes Dokument journalistischer Borniertheit«), Weischenberg 1995a: 164), vgl.: Arnett 1994.

430 Virilio 1997: 35.

431 Zimmer 1996: 161.

432 Vgl.: Volkmer 1999: 133. Im Unterschied zu CNN sendete BBC nicht das »recycelte« Material seiner territorialen Angebote, sondern produzierte von Anfang an etwa 60 % seiner Beiträge explizit für den internationalen Markt.

433 Nach eigenen Angaben erreicht Euronews 350 Millionen Haushalte in 155 Ländern und ist in 11 Sprachen zu empfangen.

434 Rai und Cottle 2010.

435 Thussu 2006

bedenken, dass »die Welt nicht immer die Ereignisse zu bieten hat, die ein Nachrichtenkanal für seine alltägliche Nutzung und Akzeptanz braucht«.[436] Wie sich zeigen sollte, bewahrheitete sich diese Einschätzung nicht. In den Jahren vor den Flugzeugangriffen auf das World-Trade-Center und den anschließenden Kriegen gegen Afghanistan und den Irak entstanden dutzende Nachrichtensender unterschiedlichster Prägung.[437]

Die veränderte Konkurrenzsituation schlug sich für viele INC zwangsläufig auch in einer Optimierung der Zielgruppenansprache nieder. Eng damit verbunden ist der Versuch einer Regionalisierung von INC. Die Umsetzung von Regionalisierungs-Strategien lassen sich seither bei vielen INC beobachten und am Beispiel von CNNI besonders gut nachvollziehen. Das Ende seiner Monopolstellung und die wachsende Kritik an einer »zu amerikanischen« Berichterstattung führten bei CNNI zu einem strategischen Umschwung. Zum einen erkannte das Management die Internationalität des Senders als eigentlichen Kern der Marke CNNI und versuchte diese zu stärken. Konkrete Ergebnisse dieser Strategie waren die Vermeidung des Wortes »ausländisch« oder »Ausland«. Und auch die Rekrutierung eines bewusst internationalen Mitarbeiterstabes sowie der gezielte Ausbau der Auslandskapazitäten gehen auf den Strategiewechsel zurück.[438] Ergänzend setzte CNNI ab 1997 unter Chris Cramer auf eine Regionalisierung des Programms. Als Folge wurde das CNNI-Signal in fünf unterschiedliche Programm-Feeds gespalten (CNNI Europe/Middle East/Africa (London), CNNI Asia Pacific (Hongkong), CNNI South Asia (Hongkong) CNNI Latin America (Atlanta), CNNI North America (Atlanta)). Die Feeds sind in den Sendeabläufen an die jeweiligen Zeitzonen angepasst und bieten nicht zuletzt die Möglichkeit regionalisierte Werbe-Fenster zu verkaufen. Selbstverständlich schlug sich die Regionalisierung aber auch auf inhaltlicher Ebene nieder. So unterschied sich bspw. der europäische Programmfeed nicht nur durch sein Logo. Auch wurden eigenständige Programminhalte wie etwa das Nachrichtenprogramm »This Morning« produziert, kurz:

---

436 Meckel 1996: 189. Gemeint ist der Zusammenbruch der Sowjetunion und die damit verbundenen Verwerfungen in den internationalen Beziehungen.
437 Rai und Cottle 2010: 55ff.
438 Flournoy und Stewart 1997: 71ff.

»[The feeds enabled] the channel to produce and broadcast programming targeted to specific regions in the world. This has meant more regionalised feature programming, offering audiences a tailored and relevant service«.[439]

Mehr oder weniger ähnlich gestrickte Regionalisierungs-Strategien wurden seither u.a. von BBC World News, FR24, RT und Euronews nachvollzogen.[440] So bietet auch BBC-WN verschiedene regionale Programmfeeds an, die sich zumindest streckenweise unterscheiden. Dieser Trend verdeutlicht den Widerspruch in dem sich INC bewegen und stärkt eine globalisierungsskeptische Perspektive auf das Phänomen. Denn die Zersplitterung des INC-Programms spricht eher für eine Fragmentarisierung als für eine Synchronisation von Weltöffentlichkeit.[441]

Im Zuge der Flugzeugangriffe auf Pentagon und World Trade Center erfuhr der INC-Markt erneut einschneidende Veränderungen, die sich zu einer weiteren Periode verdichten, der zweiten Wachstumsphase (seit 2001). Spätestens mit ihr ist der INC-Markt zu einem »increasingly crowded marketplace« geworden und vieles spricht dafür, dass der Trend zur Gründung weiterer Sender noch nicht abgebrochen ist.[442] Die erste Wachstumsphase ist durch die rasche Abfolge von Launches neuer Akteure gekennzeichnet. Viele der neuen Sender sind staatlich protegiert. Bezeichnenderweise finden zahlreiche der neugegründeten INC ihren Unique Selling Point (USP) in einer nachrichtengeographischen Schwerpunktsetzung. So trat der 2006 gelaunchte AJE mit dem Versprechen an, den Politischen Süden stärker abzubilden. Und der französische FR24 wirbt damit, seinen Zuschauern eine französische Perspektive auf das Weltgeschehen zu vermitteln. Auch der iranische Sender Press-TV, der russische Russia Today sowie der 2010 gelaunchte chinesische Sender CNC-World finden ihren USP in einer – wie auch immer gearteten – national-kulturellen Sicht auf

---

439 Strunz 2010a.
440 Cushion 2010.
441 Der Vollständigkeit halber sei darauf hingewiesen, dass sich die Regionalisierung eines Programms realiter u. U. kaum auf Programmebene bemerkbar macht. So unterscheiden sich die Feeds von CNNI heute insbesondere hinsichtlich der Wetter- und Werbeeinspielungen. Immerhin FR24 bietet den unterschiedlichen regionalen Zielgruppen ein u.U. minimal verändertes Nachrichtenangebot, vgl.: Kuhn 2010.
442 Cushion 2010: 25.

Weltgeschehen.[443] Oliver Boyd-Barett sieht die aktuelle Entwicklung durch einen »Return of the State« gekennzeichnet,[444] schließlich handelt es sich bei vielen der neuen Akteure nicht um private, sondern um staatliche Unternehmungen. Und es ist insofern davon auszugehen, dass diese einem mehr oder weniger expliziten Programmauftrag folgen. So begründet China den Launch von CNC-World mit der »tendenziösen und negativen Berichterstattung der internationalen Medien«,[445] und Russland sieht RT »as an attempt to provide an alternative to the anglo-american point of view«.[446]

Sender	Launch	Zentrale	Besitz	Reichweite
CNNI	1985	Atlanta/USA	Privat	Global
BBC- WN	1992	London/UK	Privat	Global
Euronews	1993	Lyon/Frankreich	Staatl.gef.	Überregional
Al-Jazeera	1996	Doha/Katar	Staatl. gef.	Überregional
Russia Today	2005	Moskau/Russland	Staatl.	Überregional
TeleSur	2005	Caracas/Venezuela	Staatl.	Regional
Al-Jazeera English	2006	Doha/Katar	Staatl. gef.	Überregional
FR-24	2006	Paris/Frankreich	Staatl. gef.	Überregional
PRESS-TV	2007	Teheran/Iran	Staatl.	Überregional
CNC-World	2010	Beijing/China	Staatl.	Überregional

Tabelle 15: Übersicht Internationale Nachrichtensender (Auswahl).

---

443 Vgl. zu jüngsten Entwicklung des INC-Marktes vgl.: Bromley 2010.
444 Boyd-Barret und Xie 2008b.
445 Anonymus 2010.
446 Russia Today 2010.

Nicht zuletzt die internationale Berichterstattung zum 2.Irakkrieg und der große Erfolg von Al-Jazeera dürften dazu geführt haben, dass Regierungen weltweit in die massenmediale Außenkommunikation investiert haben. Bei vielen der neu entstandenen Sender könnte es sich insofern um Werkzeuge der Public Diplomacy handeln, um »counter hegemonic soft-power tools«,[447] die im Kampf um die Konstruktion grenzüberschreitender Realität den politisch präferierten Interpretationsrahmen (Frame) und die präferierte Nachrichtenagenda einer Regierung verbreiten sollen.[448]

4.3 Übersicht Forschungsgegenstand
4.3.1 Al-Jazeera English

AJE wurde 2006 gelauncht und ergänzt die mittlerweile stark ausdifferenzierte Produktpalette der Al-Jazeera-Gruppe.[449] Spätestens seit der spektakulären Al-Jazeera-Berichterstattung zum 2.Irakkrieg wurde die Marke Al-Jazeera international bekannt[450] und von vielen Journalisten wurde der Sendestart der englischsprachigen Al-Jazeera-Ausgabe bereits mit Spannung erwartet. Denn Al-Jazeera stand für eine Nachrichtenalternative aus dem Politischen Süden, die mehrfach unter Beweis gestellt hatte, dass sie die globale Nachrichten-Einbahnstraße umzukehren und westliche Deutungsmuster herauszufordern vermochte.[451] Hatte sich AJ als panarabisches Medium verstanden, so zielt AJE auf eine weltweite Zielgruppe ab.[452] Entsprechend stärkte AJE sein internationales Image, wobei ihm nicht zuletzt der Zugriff auf das umfangreiche AJ-Netzwerk zugutekam. Gesendet wird heute aus vier internationalen Sendestudios (Doha, Kuala Lumpur, Washington DC und London) wobei Doha der mit Abstand größte Sendenteil zufällt. Nicht zuletzt aufgrund seines Netzwerkes wird AJE heute unter die bedeutendsten INC gerechnet.[453]

---

447 Boyd-Barret und Boyd-Barret 2010.
448 Vgl. dazu: Sheafer und Gabay 2009b.
449 Al-Jazeera 2007.
450 Bessaiso 2005.
451 Vgl.: El-Nawawy und Iskandar 2002; Zayani 2005; Al-Mikhlafy 2006.
452 Al-Jazeera 2006.
453 Chalaby 2009: 187.

Hatte Al-Jazeera ein »dissidentes Marken-Image« zu seinem Alleinstellungsmerkmal gewählt,[454] orientierte sich das englischsprachige Angebot in eine ähnliche Richtung. Zwar sucht AJE nicht mehr so stark wie der arabische Muttersender die politische und gesellschaftliche Kontroverse. Gleichwohl stilisiert sich AJE zur »globalen Nachrichtenalternative«. Dass AJE seinen Rezipienten eine »new vision in world news« präsentieren will, vermittelt der Sender nicht zuletzt in seinen aufwendigen Werbetrailern.[455] Sie versprechen, dass AJE Nachrichten zeigt, »that is outside of what the traditionally norms of internationally broadcasting are«.[456] In einem anderen Werbefilm weist ein AJE-Sprecher darauf hin, dass auf AJE »ordinary people« zu Wort kämen.[457] Interessanterweise bemüht AJE in seiner Selbstbeschreibung auch Interpretationsmuster der NWIKO-Debatte. Erklärtes Ziel des Senders ist es demnach, »to balance the information flow between the political South and the North.«[458] Was die internationale Ausrichtung der AJE-Nachrichtenagenda angeht, verfolgt der Sender eine klare Linie. Wie wohl kein anderes Nachrichtennetzwerk setzt AJE in der Außendarstellung auf eine Nachrichtenagenda, die weder das Heimatland des Senders noch Elitenationen in den Berichterstattungsmittelpunkt rückt. So findet das Heimatland des Senders, Katar, in der Selbstdarstellung keine Erwähnung. Zwar wird die »unique position within the Arab World« beworben, eine national-kulturelle Perspektive findet in den Selbstdarstellungen von AJE aber schlichtweg nicht statt. Darüber hinaus verspricht AJE eine alternative Nachrichtenagenda, die auf den Politischen Süden und »the underreported regions in the world« und nicht so sehr auf die westlichen Zentren fokussiert.[459]

---

454 Strunz und Villinger 2007.
455 Al-Jazeera 2006.
456 Al-Jazeera 2006.
457 Al-Jazeera 2006.
458 Al-Jazeera 2007.
459 Al-Jazeera 2007.

4.3.2 BBC World News

Die BBC launchte ihren internationalen Nachrichten-TV Sender 1991 zunächst unter dem Namen BBC World Service Television.[460] Die Gründungsidee lehnte sich an das Konzept des BBC World Service Radio an, das seit 1925 existiert. Anders als der internationale BBC-Radiosender finanzieren sich die World News nicht aus Gebührengeldern, sondern aus Werbeerlösen und Pay-TV-Gebühren. Mit dem Launch der BBC World News trat ein unmittelbarer Konkurrent für CNNI auf den INC-Markt, denn die logistische Voraussetzung für ein global erfolgreiches Angebot brachten beide Sender mit:

> »Above all, they can use their worldwide resources (and network of affiliates in CNN's case) to adopt a global perspective on key events and rise above the national angle that characterizes the treatment of international news by terrestrial broadcasters«.[461]

Anders als CNNI brachte BBC allerdings bereits zu Sendebeginn nicht nur überwiegend das »recycelte« Material der national-gebundenen BBC-Angebote, sondern produzierte rund 60 % seiner Beiträge explizit für den internationalen Markt.[462] Parallel dazu setzte der Sender auf den Ausbau seiner technischen Reichweite. Bereits 1995 waren die World-News auf allen Kontinenten empfangbar. Nach eigenen Angaben hat der Sender heute eine technische Reichweite von etwa 300 Millionen Haushalten und gehört damit zu den weitreichenstärksten INC.[463] Gemeinsam mit AJE und CNNI rechnet Kuhn die BBC World News, nicht zuletzt, was die faktische Zuschauerzahl angeht, zu den »dominant three majors«.[464] Faktisch läuft die BBC ihrem Hauptkonkurrenten CNNI derzeit, zumindest in Europa, den Rang ab.[465] Auch aufgrund der wachsenden Konkurrenz auf

---

460 Der Sender wurde 1995 in BBC World und 2008 in BBC World-News umbenannt.
461 Chalaby und K. 2003: 467.
462 Volkmer 1999: 133.
463 BBC 2011. Solche Selbsteinschätzungen sind gleichwohl mit Vorsicht zu genießen. Der britische Journalist Matthew Engel kommentiert diese Studien zu Recht mit den Worten: »Es gibt Lügen, schlimme Lügen und globale Fernsehstatistiken«, so zitiert in: Hafez 2005: 85.
464 Kuhn 2010: 278.
465 Laut EMS-Studie (European Media and Marketing Survey, 2009) ist die durchschnittliche Zuschauerzahl von BBC World News in den Morgenstunden von

dem INC-Markt hat sich BBC World News Anfang 2010 einem optischen und inhaltlichen Relaunch unterzogen.

Hinsichtlich der Frage, wie internationalisiert die World News-Perspektive ausfällt, hält sich der Sender stärker zurück als CNNI. BBC-WN wirbt insbesondere mit der hohen Vertrauenswürdigkeit, die der Marke BBC entgegengebracht wird. Die Frage, inwiefern Großbritannien oder andere Elitenationen eine besondere Rolle in den World News spielen, taucht in den Selbstdarstellungen des Senders nicht auf.[466] Gleichwohl legt BBC World News Wert darauf, seinen »Fokus auf global relevante Themen« zu legen.[467] Viele Beobachter teilen diese Einschätzung. So stellt etwa Chalaby zur Nachrichtengeographie von BBC-WN und CNNI fest, dass »Their coverage always includes news reports and viewpoints from different parts of the globe, allowing journalists and analysts to explore the worldwide ramifications of those events.«[468] Unterschiedliche Beobachter sehen deshalb in CNNI und BBC-WN die Prototypen einer internationalisierten Berichterstattung.[469]

4.3.3 CNNI

Seinem Ursprung nach muss CNNI als der Versuch interpretiert werden, die Verwertungskette vergleichsweise teurer Nachrichtenproduktionen zu verlängern.[470] Nicht zuletzt, weil es CNNI dank satellitengestützter Live-Berichterstattung gelang, das Nachrichtengenre zu revolutionieren und Nachrichten zu verwandeln »*from something that has happened to something that is happening*«,[471] konnte CNNI international Zuschauervertrauen gewinnen. Seinen weltweiten Durchbruch hatte der Sender von Ted Turner spätestens mit seiner Berichterstattung zum 1.Irakkrieg (1990-1991).[472] Mit einiger Regelmäßigkeit wurde CNNI vorgeworfen, die Be-

---

51.000 auf 63.000 im Vergleich zum Vorjahr gestiegen und liegt damit höher als die von CNNI (60 000), vgl.: Anonymus 2009.
466 BBC 2011.
467 Neisses 2010.
468 Chalaby und K. 2003: 467.
469 Chalaby und K. 2003.
470 Flournoy und Stewart 1997: 3.
471 Küng-Shankleman 1997: 135.
472 Cushion 2010: 18.

richterstattung des Senders sei zu »us-lastig« und die Nachrichten fokussierten zu stark auf die USA.[473] Insbesondere in der Krisenberichterstattung wird der Sender bisweilen auch heute noch als politisch einseitig wahrgenommen, als Ausdruck und Werkzeug us-amerikanischer Kulturhegemonie.[474] CNNI weist solche Vorwürfe zurück. Erfolgreich verkauft sich der Sender als kosmopolitisches Produkt, das die gesamte Weltöffentlichkeit ansprechen möchte. In der Vergangenheit hat CNNI viel Zeit und Ressourcen auf eine Internationalisierung der Marke verwandt.[475] Heute betreibt CNNI 47 Nachrichtenbüros auf der ganzen Welt. Die größten Studios sind in London, Hong Kong und Abu Dhabi angesiedelt. Sie produzieren nach eigenen Angaben rund 80 Stunden Programm in der Woche. Der größte Teil des CNNI-Programms stammt nach wie aus dem größten Studio von CNNI in Atlanta / USA.[476]

Aller Kritik zum Trotz wirbt CNNI sehr offensiv mit einem internationalisierten Image. So erklärt CNNI etwa, seine avisierte Zielgruppe sei: »geographically agnostic […] they are global citizens united by attitude and experience, not nationality«.[477] Dies sei auch der Grund dafür, »[that] CNN International doesn't consider one country as the «homeland" of the channel".[478] In der nachrichtengeographischen Umsetzung des Programms habe dies eine deterritoriale Nachrichtenagenda zur Folge, in der die Nähe zu den USA keine Rolle spiele: «When the news gathering team is deciding which news to put on air, they don't decide on geography but on the relevance of the story for a global audience".[479]

Der langjährige CNNI-Slogan »Live from anywhere« suggeriert den Zuschauern ein lückenloses Nachrichtennetzwerk, das die Welt flächendeckend umfasst. Bemerkenswert ist CNNIs Antwort auf die Frage, ob der Sender bestimmten Weltregionen oder Ländern ein besonderes Nachrichteninteresse entgegenbringe. CNNI verneint diese Frage zwar, führt aber den Begriff der »global audience« ein.[480] Die Zielgruppe der Global Audience wird dabei als Informationselite beschrieben, als: «highly educated,

---

473 Einfeldt und Stannies Jan A. 2000: 108; vgl. auch: Varchaver 1999: 56.
474 Carlsson 2003: 56.
475 Varchaver 1999; Einfeldt und Stannies Jan A. 2000: 108.
476 Strunz 2010a.
477 Strunz 2010a.
478 Strunz 2010a.
479 Strunz 2010a.
480 Strunz 2010a.

c-suite or business executives. They are also often opinion leaders who are culturally aware, information hungry", kurz als politische und wirtschaftliche Entscheidungsträger.

4.3.4 France 24

Der Sender France 24 wurde 2006 gelauncht. Trotz gegenteiliger Beteuerungen liegt dem Sender ein politisches Kalkül zugrunde.[481] Nicht zuletzt aufgrund der negativen Erfahrung mit der internationalen Berichterstattung zum 2.Irakkrieg, in der Frankreich die eigene Position zu wenig vertreten sah, initiierte Jaques Chirac das kostspielige Medienprojekt.[482] Entsprechend unterscheidet sich FR24 bereits in seinem Programmauftrag von BBC-WN und CNNI, denn das Ziel des Senders ist es, den Zuschauern eine »genuine alternative« zu bieten.[483] Diese besteht in einer nationalkulturell gefärbten Sichtweise, die darauf abzielt »[to] Cover international news from a French perspective« und »sharing French values across the globe«.[484] Nach eigenen Angaben möchte der Sender nicht nur die Zielgruppe der »Opinion Leader« erreichen, sondern zielt auch auf die so genannten »New Opinion Leader« ab. Diese werden definiert als:

> »people who are utilizing all the new technology to communicate, who are really used to «consume" and compare information. They do not necessarily occupy a senior position or are not necessarily as highly educated or as rich as the «traditional" opinion leaders but they like to be informed any time [sic!], anywhere, and they need to be exposed to different points of view.«[485]

Wie BBC-WN und CNNI setzt auch FR24 auf einen konsequenten Ausbau seines Online- und Multimedia-Angebots. Nach eigenen Angaben war FR24 der erste INC, der ein Gratis-Angebot für I-Phone und I-Pad bereitstellte.[486] FR24 ist heute auf mehreren Kontinenten über Satellit empfangbar, darunter Europa, der Nahe Osten, Afrika und die amerikanische Ost-

---

481 Wiegel 2006. Eine Dominanz des Politischen zeigt sich nicht zuletzt in der Besetzung von Führungspositionen mit politisch »verlässlichen« Redakteuren, und den damit verbundenen Auseinandersetzungen, vgl.: Altwegg 2010.
482 Kuhn 2010: 267.
483 France 24 2011.
484 France 24 2011.
485 Strunz 2010b.
486 France 24 2011.

küste. Trotz einiger Erfolge in der Zielgruppenansprache, insbesondere im französischsprachigen Afrika, gelten die globalen Erfolgschancen des Projekts als begrenzt.[487] Sicherlich auch, weil FR24 mit einem vergleichsweise geringen Budget auskommen muss, bestreitet der Sender sein Nachrichtennetzwerk durch 1.000 freie und nur 50 festangestellte Korrespondenten.[488] Offensichtlich erfolgt der Ausbau des Netzwerks nach klaren Nachrichtenwert-Zuweisungen. So ist für Südamerika, einer der traditionellen »weißen Flecken« der Berichterstattung,[489] kein einziger festangestellter Korrespondent zuständig.[490] Dieser Eindruck passt in gewisser Weise zum Selbstanspruch des Senders. Denn anders als BBC-WN und CNNI wirbt FR24 weniger offensiv mit einer »globalen Nachrichtenagenda«. Seinen Unique Selling Point scheint FR24 vielmehr in seiner national-kulturellen Herkunft zu sehen. So erklärt der Sender auf die Frage, inwiefern er sich von anderen INC unterscheide:

> »FRANCE 24's mission is to cover international news from a French perspective [...] whilst sharing French values across the globe. FRANCE 24 also communicates French culture and lifestyle. Finally, multilingualism is one of the channel's key strategies as it helps to effectively convey this French perspective on global news.«[491]

Von dieser Perspektive erinnert FR24 mehr an den klassischen Auslandsrundfunk des 20. Jahrhunderts als an einen modernen INC. Gleichwohl wird ein bewusst territoriales Branding von den Programmverantwortlichen abgeschwächt. So sendet FR24 heute nicht nur in französischer Sprache, sondern auch auf Englisch und Arabisch. Weiter seien Ereignisse, die sich in Frankreich abspielen, zwar für die Berichterstattung wichtig, gleichwohl werde eine ausgewogene Nachrichtenagenda gezeichnet, denn FR24 zeige »news as it happens around the world and not just the events in France«.[492] Entsprechend wird notwendigerweise auch auf die Internationalität des Programms verwiesen, die allen Ländern gleichgroße Aufmerksamkeit entgegenbringe. Eine geographische Schwerpunktsetzung

---

487 Chalaby 2009: 187; Kuhn 2010.
488 Kuhn 2010.
489 Kamps 1998.
490 Kuhn 2010: 272.
491 Strunz 2010b.
492 Strunz 2010b.

finde nicht statt.[493] Diese Aussage wurde in der Vergangenheit immer wieder bestritten. So wurde FR24 nicht nur ein deutliches Übergewicht an französischem Nachrichteninhalt vorgeworfen. Auch wurde unterstellt, aufgrund der kolonialen Vergangenheit Frankreichs und spezifischer geostrategischer Interessen, fokussiere FR24 stärker auf Teile Afrikas.[494] Empirische Studien, die diese Vermutungen bestätigen oder zurückweisen könnten, liegen bislang nicht vor.

4.3.5 Russia Today

Russia Today wurde 2005 gegründet und hat sich seither relativ erfolgreich entwickelt. Die Forschungslage zu RT ist sehr dürftig, was nicht zuletzt daran liegt, dass dem RT-Management wenig an Öffentlichkeit gelegen ist.[495] Ebenso wie FR24 ist RT eine staatsnahe Unternehmung mit klarem Auftrag, denn Sendeziel ist es »to accustom the international audience with the Russian perspective«.[496] Zu diesem Zweck hat RT ein internationales Nachrichtennetzwerk aufgebaut, zu dem heute auch Nachrichtenstudios in 16 Staaten, darunter Washington, London, Kairo und Delhi, zählen.

Neben RT gehören darüber hinaus RT America und der Dokumentationskanal RTDoc zum Senderverbund. Alle Programme werden in englischer, spanischer und arabischer Sprache übertragen. Ein Teil des Programms wird darüber hinaus im eigenen Youtube-Channel gesendet. Bis auf die Internet-Präsenz gibt es interessanterweise kein RT-Angebot in russischer Sprache. Dies verstärkt den Eindruck, dass es sich bei dem Angebot um eine Art »mediale Visitenkarte« handelt, die insbesondere für das Ausland bestimmt ist. In der Vergangenheit wurde RT immer wieder

---

493 Strunz 2010b.
494 Kuhn 2010: 273; Chalaby 2009: 187.
495 Ich habe mit der zuständigen Pressereferentin von Russia Today mehr als 30 (!) Telefonate geführt, in denen sie mir jeweils sehr freundlich erklärte den ihr zugesandten Fragebogen »verlegt« oder »nie mals erhalten« zu haben, derzeit keine Zeit oder »ausgerechnet heute Geburtstag« zu haben, sich über eine »neuerliche Zusendung« des Fragebogens zu freuen, diesen gleichwohl »in jedem Falle beantworten« zu wollen. Nach sechsmonatigem Werben habe ich mein Vorhaben aufgegeben.
496 Russia Today 2011.

zu große Nähe zum Kreml vorgeworfen und kritisiert, dass sich diese auch in der Berichterstattung niederschlage. Allerdings handelt es sich bei RT nicht um einen bloßen Propagandasender, der wie etwa der iranische Sender Press-TV Regierungspositionen stur wiederholt.[497] So finden regelmäßig auch solche Positionen Erwähnung, die konträr zum Kreml-Kurs liegen. Gleichwohl hinterlässt die RT-Berichterstattung den subjektiven Eindruck, dass sie der staatlichen Position deutlich mehr Aufmerksamkeit schenkt als anderen politischen Interpretationsrahmen. Darüber hinaus wird die us-amerikanische Politik oftmals frontal kritisiert[498] und eine Kritik an Machthaber Vladimir Putin ist auf RT ebenfalls nicht zu vernehmen. Dennoch ist RT offenbar in den USA ein gern gesehener INC, der, glaubt man der Presseabteilung von Russia Today, insbesondere im Diplomaten-Viertel in Washington hohe Quoten erzielt.[499]

---

497 Fariborz 2007.
498 So etwa in der Berichterstattung zum Bürgerkrieg in Syrien und möglichen Sanktionen der Internationalen Gemeinschaft (2011/2012).
499 Russia Today 2011.

	AJE	*BBC-WN*	*CNNI*	*FR 24*	*RT*
Gründung	2006	1991	1985	2006	2005
Besitzform	Staatlich	Privat	Privat	öffentlich-rechtlich	Staatlich
Eigentümer	QMC	BBC-WN Ltd.	TBS	AEF	-
Hauptsitz	Doha	London	Atlanta	Paris	Moskau
Internat. Büros	65	41	37	k.A.	21
Feste Korrespondenten	k.A.	k.A.	30	50	k.A.
Technische Reichweite (Haushalte)*	220	300	200	180	k.A.
Zielgruppe	k.A.	k.A.	»Global Citizen«	»(New) Opinion Leader«	k.A.

Tabelle 16: Stammdaten Internationaler Nachrichtensender (Auswahl), (*Angabe in Millionen).

Was die Frage nach der Globalität von RT angeht, hält sich der Sender bedeckt. Genau wie FR24 wirbt RT nicht mit einer deterritorialen Nachrichtenagenda, sondern macht Russland zum zentralen Bezugspunkt seiner Berichterstattung. Ähnlich wie FR24 bezeichnet auch das RT-Management seinen Sender als »Russian«, Ziel sei es, den Zuschauern eine »Russian perspective« zu vermitteln.[500] Der Eindruck, dass es sich bei RT um das Werkzeug einer »Mediated Public Diplomacy« handelt,[501] verdichtet sich, wenn man RTs Werbung zum restlichen Programm liest, in der es heißt: »Apart from regular news updates, RT offers a unique insight into

---

500 Russia Today 2011.
501 Sheafer und Gabay 2009a.

many aspects of Russian history, culture and opinions«.[502] Trotz dieses bewusst russischen Brandings unterstreicht RT seinen globalen Sendeanspruch, handelt es sich bei dem Sender doch nicht um einen »Russian«, sondern um einen »global news channel«.[503] Dies schlage sich nicht nur in der technischen und faktischen Reichweite nieder. Gerade auch das Nachrichtennetzwerk mit 21 Büros in 16 Staaten und seinen 2.000 festen und freien Mitarbeitern »around the globe« wird als Aushängeschild für die Internationalität des Programms angeführt.

---

502 Russia Today 2011.
503 Russia Today 2011.

5. Forschungsdesign

Kapitel 5 stellt das Forschungsdesign der Studie vor. Zunächst werden die der Untersuchung zugrunde liegenden Forschungsfragen spezifiziert (Kap. 5.1) die Operationalisierung der forschungsleitenden Hypothesen vorgestellt (Kap. 5.2), das inhaltsanalytische Vorgehen diskutiert (Kap. 5.3), ferner werden Untersuchungsgegenstand, Untersuchungseinheiten, Untersuchungszeitraum und Analyseeinheiten (Kap. 5.4) sowie stellt das Kategoriensystem vorgestellt (Kap. 5.5), anschließend werden die Analysemethoden (Kap.5.6) und die Operationalisierung der Kontextmerkmale dokumentiert (Kap. 5.7).[504]

5.1 Fragestellung

Die vorliegende Studie analysiert das geographische Nachrichtenkonstruktionsverhalten der Internationalen Nachrichtensender AJ-English, BBC-World News, CNN-International, France 24 und Russia Today. Die Arbeit fragt, inwiefern die Sender eine »globale« Nachrichtenagenda konstruieren, die sich von zentralen Mustern der Nachrichtenberichterstattung unterscheidet.

- FF$_1$) Konstruieren INC geographische Nachrichtenrealität in Abhängigkeit zu ihrem Herkunftsland?
- FF$_{1.1}$) Zentrismus: Rücken INC ihr ursprüngliches Herkunftsland in den absoluten Berichterstattungsmittelpunkt?
- FF$_{1.2}$) Nähe: Weisen INC Ländern eine umso größere journalistische Beachtung zu, je größer die ökonomische, politische, kulturelle und geographische Nähe zwischen diesen und dem Herkunftsland des INC ausfällt?
- FF$_2$) Fokussieren INC in ihrer Berichterstattung auf mächtige Länder?

---

504 Die vollständige Dokumentation des Codebuchs findet sich im Internet unter: www.nomos-shop.de/21964.

- $FF_{2.1}$) Elitezentrierung: Rücken INC Elitenationen in den Mittelpunkt ihrer Berichterstattung?
- $FF_{2.2}$) Macht: Weisen INC Ländern eine umso größere journalistische Beachtung zu, je größer deren Machtstatus ausfällt?

5.2 Operationalisierung der forschungsleitenden Hypothesen

Die aus der Fragestellung abgeleiteten Hypothesen legen in inhaltsanalytischen Verfahren die Such- und Analysestrategie fest. Aus der Nachrichtenwerttheorie, den dargestellten Strukturmerkmalen der Berichterstattung sowie den Selbstzuschreibungen der jeweiligen Sender, werden folgende Hypothesen abgeleitet:

FF_1) Konstruieren INC geographische Nachrichtenrealität in Abhängigkeit zu ihrem Herkunftsland?

Wie in Kap. 4 dargelegt, formulieren INC einen Anspruch auf eine internationalisierte Nachrichtenperspektive. Dieser Anspruch fällt je nach Sender unterschiedlich stark aus. Grundsätzlich ist davon auszugehen, dass INC geographische Nachrichtenrealität insofern nicht in Abhängigkeit zu ihrem Herkunftsland konstruieren, was sich sowohl im Beachtungsgrad des ursprünglichen INC-Herkunftslands als auch in der Konstruktion von Nähe zum berichterstattenden Land ausdrücken müsste. Die nachrichtengeographische Konstruktion von Realität durch INC würde insofern weder den in Kap. 2.2 dargestellten Ergebnissen noch den durch die Nachrichtenwerttheorie postulierten Gesetzmäßigkeiten entsprechen. Aus Forschungsfrage 1 werden folgende Hypothesen abgeleitet:

- $H_{1.1}$) INC rücken ihr ursprüngliches Herkunftsland nicht in den absoluten Berichterstattungsmittelpunkt.
- $H_{1.2}$) Das journalistische Interesse, das INC einem Land zuweisen hängt nicht von dessen ökonomischer, politischer, kultureller und geographischer Nähe zum berichterstattenden Land ab.

FF_2) Fokussieren INC in ihrer Berichterstattung auf mächtige Länder?

Nachrichtenmedien scheinen einem mehr oder weniger starren Aufmerksamkeitsmuster zu folgen, das insbesondere auf mächtige Länder fokussiert. Grundsätzlich spricht nichts dafür, weshalb nicht auch INC diesem

Muster nicht folgen sollten (vgl.: Kap. 4.2), zumal dies – mit Ausnahme von AJE – von den Sendern auch nicht behauptet wird. Es wird insofern angenommen, dass die nachrichtengeographische Konstruktion von Realität durch INC in diesem Punkt den in Kap. 2.2 dargestellten Ergebnissen und den durch die Nachrichtenwerttheorie postulierten Gesetzmäßigkeiten entspricht. Aus Forschungsfrage 2 werden folgende Hypothesen abgeleitet:

$H_{2.1}$) INC rücken Elitenationen in ihren Berichterstattungsmittelpunkt.
$H_{2.2}$) INC schenken Ländern eine umso größere journalistische Beachtung, je größer deren Machtstatus ausfällt.

Explikation und Operationalisierung der Hypothesen:

$H_{1.1}$) INC rücken ihr ursprüngliches Herkunftsland nicht in den absoluten Berichterstattungsmittelpunkt:

Wie Kap. 4 darlegt, sind INC in der Regel grenzüberschreitende Unternehmen mit stark differenzierter Studio-Struktur. Insbesondere AJE, BBC und CNN weisen ein dichtes Geflecht internationaler Standorte auf, das verschiedene Sendestudios beinhaltet. Vor diesem Hintergrund scheint es zunächst sinnlos das nationale Zentrum eines INC definieren zu wollen. Faktisch zeichnet sich in allen Fällen gleichwohl ein deutlicher Zentralisierungsgrad ab, der sich u.a. an der Mittel- und Mitarbeiter-Zuteilung an die jeweiligen Studios ablesen lässt. Entsprechend lässt sich das CNNI-Studio im ursprünglichen Herkunftsland des Senders (USA / Atlanta) durchaus als Zentrum des Senders begreifen. Analog lauten die ursprünglichen Herkunftsländer der Sender.

Sender	*Ursprüngliches Herkunftsland*
AJE	Katar
BBC	GB
CNN	USA
FR 24	Frankreich
RT	Russland

Tabelle 17: Ursprüngliche Herkunftsländer von INC.

Der Begriff absoluter Berichterstattungs-Mittelpunkt leitet sich aus den Ergebnissen vorangegangener nachrichtengeographischer Studien ab (vgl.: Kap. 2.2). $H_{1.1}$ wird angenommen, wenn das ursprüngliche Herkunftsland in nicht mehr als 53% der Fälle der thematisierte Handlungsort ist und wenn die erwähnten aktiven Handlungsträger in nicht mehr als 53% der Fälle aus dem ursprünglichen Herkunftsland des Senders stammen.[505]

$H_{1.2}$) Die journalistische Beachtung, die INC einem Land zuweisen, hängt nicht von dessen ökonomischer, politischer, kultureller und geographischer Nähe zum ursprünglichen Herkunftsland des INC ab.

Die ökonomische, politische, kulturelle und geographische Nähe zwischen ursprünglichem Herkunftsland des INC (im Folgenden: berichterstattendem Land) und berichterstattetem Land beschreibt aus nachrichtenwerttheoretischer Sicht ein relatives Kontextmerkmal der Berichterstattung. Das journalistische Interesse beschreibt den Grad journalistischer Aufmerksamkeit. Die ökonomische, politische, kulturelle und geographische Nähe zwischen jeder Länderpaarung (berichterstattendes vs. berichterstattetes Land) wird über Index-Werte abgebildet, die journalistische Aufmerksamkeit über Erwähnungshäufigkeiten. Die Operationalisierung der Kontextmerkmale und der journalistischen Aufmerksamkeit ist in Kap. 5.7 dokumentiert. Zur Analyse der Beziehung von Kontextmerkmalen und journalistischer Beachtung werden Regressionsanalysen gerechnet. In das Regressionsmodell gehen die Nähe-Indikatoren als unabhängige, die Indikatoren für journalistisches Interesse als abhängige Variable ein. $H_{1.2}$ wird angenommen, wenn die Mehrheit der unabhängigen Variablen keine systematisch positiven Effekte auf die abhängigen Variablen ausübt. FF_1 wird mit »ja« beantwortet, wenn $H_{1.1}$ und $H_{1.2}$ zurückgewiesen werden.

---

505 Wie in Kap. 2 dargestellt, fallen die Beachtungswerte für Inlands- und Auslandsgeschehen u.U. je nach Mediensystem sehr unterschiedlich aus. Der Wert 53% bildet das gerundete arithmetische Mittel der Nachrichtenzeit, die in neun unterschiedlichen Mediensystemen auf die Inlandsberichterstattung aufgewandt wurde, vgl.: Rössler 2003. [X = 1/9 (73 + 67 + 64 + 53 + 52 + 50 + 45 + 40 + 36) = 480/9 ≈ 53,3].

$H_{2.1}$) INC rücken Elitenationen in ihren Berichterstattung-Mittelpunkt.

Der Begriff Berichterstattungsmittelpunkt leitet sich aus den Ergebnissen vorangegangener nachrichtengeographischer Studien ab (vgl.: Kap. 2.2). Der Begriff »Elitenationen« leitet sich aus der NWIKO-Debatte ab. Elitenationen werden über den Machtstatus eines Landes festgelegt und werden im vorliegenden Kontext als die zehn mächtigsten Nationen der Welt definiert. Die Operationalisierung des Machtstatus einer Nation ist in Kap. 5.7 dokumentiert. $H_{2.1}$ wird angenommen, wenn Elitenationen mehr als 50% der in den Nachrichten thematisierten Handlungsorte ausmachen und wenn mehr als 50% der erwähnten aktiven Handlungsträger aus Elitenationen stammen. Unter Elitenationen werden die USA, China, Großbritannien, Frankreich, Russland, Japan, Deutschland, Südkorea, Italien, Indien verstanden.[506]

$H_{2.2}$) INC schenken Ländern eine umso größere journalistische Beachtung, je größer deren Machtstatus ausfällt.

Der Machtstatus eines Landes beschreibt unter nachrichtenwerttheoretischen Grundannahmen ein absolutes Kontextmerkmal der Berichterstattung. Das journalistische Interesse beschreibt den Grad journalistischer Aufmerksamkeit. Der Machtstatus eines Landes wird über einen Index abgebildet der für jedes Land einen spezifischen Index-Wert ausweist (vgl. Kap. 5.4). Zur Analyse der Beziehung des Machtstatus eines Landes und dem ihm entgegengebrachten Grad journalistischer Beachtung werden Regressionsanalysen gerechnet. In das Regressionsmodell gehen die Macht-Werte der jeweiligen Länder als unabhängige, die Indikatoren für journalistisches Interesse als abhängige Variable ein. $H_{2.2}$ wird angenommen, wenn in den Analysen ein systematisch positiver Effekt der unabhängigen auf die abhängigen Variablen dokumentiert werden kann. FF_2 wird mit »nein« beantwortet, wenn $H_{2.1}$ und $H_{2.2}$ zurückgewiesen werden.

---

506 Vgl. dazu Kap. 5.7.

5.3 Inhaltsanalytisches Vorgehen

Um die hypothetisch formulierten Annahmen bzw. Relationen in numerische Daten zu übertragen und somit empirisch messbar zu machen, wurde ein inhaltsanalytisches vergleichendes Vorgehen gewählt.[507] Die Methode des Vergleichs wird verstanden als »systematischer Vergleich von Fällen einer Grundgesamtheit zwecks Entwicklung und Überprüfung von Hypothesen über Sachverhalte, Vorgänge oder Wechselbeziehungen zweier oder mehrerer Variablen«.[508] Als Instrument systematischer Erkenntnis stellen vergleichende Methoden »die doppelte Frage nach Ähnlichkeiten und Unterschieden«, erstellen Typologien und Ordnungen und überprüfen Hypothesen und Vermutungen.[509] Die Wahl der konkreten vergleichenden Methode hängt vom jeweiligen Forschungsinteresse und -objekt ab.[510] Ausgehend vom Kommunikationsmodell von Shannon und Weaver können nachrichtengeographische Fragestellungen grundsätzlich alle Ebenen von Kommunikation berühren und bieten viele verschiedene methodische Zugänge.[511] Wie Kapitel 2 zeigt, hat sich in der Beantwortung nachrich-

---

507 Vgl. grundlegend: Gurevitch und Blumler 1990; Merten 1998: 87; Gurevitch und Blumler 2003; Hallenberger 2005; Lauth 2006: 17ff; vgl. auch: Esser 2003; Kleinsteuber 2003 ; Hague und Harrop 2005: 106ff.

508 Schmidt, so zitiert in: Lauth et al. 2009: 16; vgl. alternativ auch: Lauth 2006: 37.

509 Kleinsteuber 2003: 79; vgl. auch: Lauth und Winkler 2006: 38; siehe auch: Jahn 2006: 159ff.; Kropp und Minkenberg 2005.

510 Lijphart: 682ff; vgl. auch: Vgl.: Diekmann 2009: 434ff; Behnke et al. 2006; Atteslander und Cromm 2008; Schnell et al. 2008; Creswell 2009b.

511 Shannon und Weaver 1963: 5. Kommunikation wird von Shannon und Weaver als ein Prozess der Verständigung zwischen einem Sender (C) und einem Rezipienten (R) verstanden werden, in dem C eine bestimmte Mitteilung (M) an R übermittelt. In der Regel sind diese Mitteilungen mit bestimmten (Wirkungs-) Absichten (A) verknüpft. Da die zu übermittelnden Bewusstseinhalte nicht ohne weiteres übertragbar sind, encodiert C »seine Mitteilungs- und Wirkungsabsichten in konventionalisierte Zeichensysteme«. Bei diesen Zeichensystemen handelt es sich zumeist um Sprache bzw. Schrift, es kann sich bei ihnen aber gleichwohl auch um Lieder, mathematische Gleichungen, Bilder etc. handeln. Dem Empfänger R kommt in seiner Rezipienten-Funktion die Aufgabe zu »seinerseits eine Bedeutung zu rekonstruieren, von der er annimmt, dass sie der Kommunikator in der Mitteilung ausdrücken wollte«, kurz: der Rezipient muss die Mitteilung entschlüsseln und mit Sinn ausstatten. Harold Lasswell brachte dieses kommunikative Zusammenspiel auf die bündige Formel: Who says what in which channel to whom with what effect? (vgl.: Lasswell 1960: 117). Allgem. vgl.: Früh 2007: 41; Lisch und Kriz 1978: 23ff; Merten 1995: 74ff.; Rössler

tengeographischer Fragestellungen die (vergleichende) Inhaltsanalyse als Leitmethode durchgesetzt, was nicht zuletzt an ihren methodischen Vorzügen liegt.

Als standardisierte sozialwissenschaftliche Datenerhebungs- und Interpretationsmethode folgt die Inhaltsanalyse einer rigiden Systematik, die sich an den Kriterien der Replizierbarkeit, der Objektivität, der Reliabilität und der Validität messen lässt.[512] Ein oftmals hervorgehobener Vorzug inhaltsanalytischer Verfahren liegt in der großen Unabhängigkeit von Forscher und Untersuchungsgegenstand. Diese drückt sich nicht nur in einer vergleichsweise autonomen Gestaltungsmöglichkeit des Forschungsablaufs, sondern insbesondere in der weitreichenden Nicht-Reaktivität des Verfahrens aus.[513] Auch, weil inhaltsanalytische Verfahren ihren Untersuchungsgegenstand weniger stark manipulieren, sind sie ein *basales* Erhebungsverfahren (Merten).[514] Den offensichtlichen Vorteilen der Inhaltsanalyse steht ein zentraler Nachteil gegenüber. Wenn das spezifische Forschungsinteresse eine computergestützte Inhaltsanalyse nicht zulässt, son-

---

2005: 24f. Für komplexere Kommunikationsmodelle vgl.: Rosengren 1974. Vgl. auch: Wirth 2001; Graber und Smith 2005:491.

512 Vgl. grundlegend: Diekmann 2009: 247ff; Schnell et al. 2008: 149ff.; Neuendorf 2002: 10ff. Grundsätzlich muss jedes empirische Messverfahren in Design und Dokumentation so angelegt sein, dass eine Wiederholung der Messung möglich ist (Replizierbarkeit). Weiter muss ein A Priori- Design, eine nomothetische Arbeitsweise und die umfassende Transparenz des Datengewinnungs- und Verarbeitungsprozesses sichergestellt sein (Objektivität). Die Reliabilität einer Untersuchung misst, inwieweit ein Analyseinstrument bei wiederholter Anwendung zum selben Ergebnis führt. Objektivität und Reliabilität bilden notwendige, aber keine hinreichenden Kriterien für die Validität einer Untersuchung. Das Kriterium der Validität als zentrales Gütemerkmal empirischer Sozialforschung stellt sicher, dass ein Forschungsdesign tatsächlich das misst, »what we want to measure« (Neuendorf 2002: 102).

513 Vgl. Früh 2007: 41f; Behnke et al. 2006: 270. Loosen et al. weisen allerdings zurecht darauf hin, dass auch die Inhaltsanalyse ein reaktives Verfahren ist, da sich die »Interpretation [d.h. die Kodierung] des Textes durch den Forscher« notwendigerweise interaktiv vollzieht (Loosen et al. 2002: 48), es handelt sich insofern auch bei inhaltsanalytisch-gewonnenen Ergebnissen »um nicht mehr weiter auflösbare Relationen des wissenschaftlichen Beobachters zu seinem Gegenstand und nicht um isolierbare Eigenschaften (Entitäten) des Beobachtungsgegenstandes« (ebd.: 41). Wagschal weist in diesem Zshg. auf die Gefahr hin, die Kodierer im Rahmen konventioneller Inhaltsanalysen für die Datenreliabilität mit sich bringen, vgl.: Wagschal 1999: 66.

514 Merten 1998: 97.

dern eine manuelle Codierung erforderlich macht, handelt es sich bei der Inhaltsanalyse um eine »very time-consuming, tedious, and costly [procedure]«.[515] Dies dürfte auch ein Grund dafür sein, dass der überwiegende Teil von Inhaltsanalysen im Feld der vergleichenden politischen Kommunikationsforschung Presse- und Texterzeugnisse zum Gegenstand hat. Aufgrund des gesteigerten Forschungsaufwands bildet die Analyse des »gesellschaftlichen Leitmedium[s]« Fernsehen[516] nach wie vor die Ausnahme.[517]

In der klassischen Definition von Berelson wird die Inhaltsanalyse verstanden als »a research technique for the objective, systematic, and quantitative description of the manifest content of communication«.[518] Im Gegensatz zu dieser stark instrumentellen Definition stehen Definitionsvorschläge von Früh und Merten, die im vorliegenden Kontext als komplementär betrachtet werden. Früh definiert die Inhaltsanalyse als »empirische Methode zur systematischen, intersubjektiv nachvollziehbaren Beschreibung inhaltlicher und formaler Merkmale von Mitteilungen, meist mit dem Ziel einer darauf gestützten interpretativen Inferenz auf mitteilungsexterne Sachverhalte«.[519] Noch umfassender definiert Merten die Inhaltsanalyse als »eine Methode zur Erhebung sozialer Wirklichkeit, bei der von Merkmalen eines manifesten Textes auf einen nicht-manifesten Kontext geschlossen wird«.[520] Während Früh die systematische und intersubjektiv-nachvollziehbare Deskription von Merkmalen kommunizierter Botschaften als eigentlichen Kern der Inhaltsanalyse, den auf der Deskription aufbauenden Inferenzschluss auf die soziale Wirklichkeit hingegen lediglich als eine ihrer analytischen Möglichkeiten betrachtet, nähert sich Merten dem Definiendum aus entgegengesetzter Richtung. Für ihn besteht das eigentliche Ziel der Inhaltsanalyse in der Inferenz der Botschaft auf deren sozialen, historischen oder politischen Entstehungskontext, auf ihre Wirkung auf den Rezipienten sowie auf die Motivation des Senders. Obgleich Mertens stärkere Betonung inhaltsanalytischer Inferenzen legitim ist – schließlich handelt es sich bei diesen (gerade auch aus po-

---

515 Graber 2004: 53.
516 Wilke 2008: 238.
517 Rössler 2005: 53.
518 Berelson 1971: 18; vgl. analog auch: Mochmann, in: Wagschal 1999: 64.
519 Früh 2007: 27.
520 Merten 1998: 95.

litikwissenschaftlicher Perspektive) um das »Salz in der Suppe« der Inhaltsanalyse[521] – kommt ihnen lediglich der Stellenwert theoretisch fundierter Hypothesen über die soziale Wirklichkeit zu. Für den Schluss von
der analysierten Botschaft auf forschungsexterne Daten bieten sie »besten-
falls eine Hilfskonstruktion«.[522] Die Inhaltsanalyse liefert dem Forscher
insofern Ergebnisse, auf deren Basis eine Interpretation der sozialen Wirklichkeit sowohl in die Richtung des Senders, als auch in die Richtung des
Empfängers legitim aber nicht zwingend ist.

Analog zur Vielzahl konkurrierender Definitionen der Inhaltsanalyse
liegen unterschiedlichste Klassifikationssystematiken inhaltsanalytischer
Vorgehensweisen vor.[523] Ein weit verbreitetes Modell orientiert sich an
den im Forschungsprozess beabsichtigten Inferenzschlüssen und unterscheidet zwischen einem formal-deskriptiven, einem prognostischen und
einem diagnostischen Ansatz.[524]

Eine weitere Klassifikation orientiert sich an der Frage, welche Mittei-
lungsaspekte analysiert werden sollen. Pürer unterscheidet demnach zwischen Frequenz-, Kontingenz-, Valenz- und Intensitätsanalyse.[525] Darüber

---

521 Rössler 2005: 23.
522 Rössler 2005: 236; vgl. auch: Früh 2007: 48; 197, Schulz 2009: 62ff.
523 Die umfassendste Typologie stammt von Merten 1995: 119ff.; vgl. auch: Pürer
1990:
171; Lisch und Kriz 1978: 124ff.
524 Vgl. Früh 2007: 44f; Diekmann 2009: 581. Der *formal-deskriptive Ansatz* rückt
die Analyse rein äußerlicher Merkmale der zu untersuchenden Botschaft in seinen
Interessensmittelpunkt. Der *diagnostische Ansatz* versucht gezielt Aussagen über
die Entstehungsbedingungen der Mitteilung, d.h. über das Verhältnis zwischen
Kommunikator und Botschaft zu treffen und somit Inferenzen von der Botschaft
auf die Soziale Umwelt, in der sie entstanden ist bzw. auf die Motive des Kommu-
nikators zu schließen. Der *prognostische Ansatz* letztlich versucht von Mittei-
lungsmerkmalen auf deren Wirkung beim Rezipienten zu schließen. Pürer ergänzt
diese drei Ansätze um den so genannten *reflektorischen Ansatz*, worunter er Inhaltsanalysen versteht, die von Medieninhalten auf Bedürfnisse der Rezipienten
schließen, vgl.: Pürer 1990: 171.
525 Pürer 1990: 171; vgl. auch: Diekmann 2009: 597ff. Der Begriff der *Frequenzanalyse* beschreibt ein Verfahren, in dem die reine Auszählung und Interpretation bestimmter Inhaltsmerkmale des Forschungsgegenstandes angestrebt
wird. Die *Kontingenzanalyse* versucht aufbauend auf einer Frequenzanalyse As-
soziationsstrukturen im Text aufzudecken, d.h. festzustellen, ob und ggf. auf welche Weise bestimmte Textmerkmale miteinander assoziiert sind (vgl.: Osgood
und Anderson 1957). *Valenzanalysen* untersuchen Medieninhalte anhand polarer
Kategorienausbildungen, also etwa Pro- und Contra- Argumentationen. Die *In-*

hinaus lassen sich Inhaltsanalysen ganz grundsätzlich in qualitative und quantitative Verfahren unterscheiden. Die teilweise vehementen Abgrenzungsversuche zwischen qualitativen und quantitativen inhaltsanalytischen Verfahren haben ihren Ursprung in den 1950er Jahren und führten mancherorts zu äußerst unfruchtbaren Auseinandersetzungen.[526]

Anders als im Falle quantitativer Inhaltsanalysen steht für qualitative Verfahren das *Verstehen* und nicht so sehr die Analyse des Erkenntnisgegenstandes im Vordergrund, denn: »Qualitative Wissenschaft als verstehende will also am Einmaligen, am Individuellen ansetzen, quantitative Wissenschaft als erklärende will an allgemeinen Prinzipien, an Gesetzen oder gesetzähnlichen Aussagen ansetzen«.[527] Während quantitative Verfahren notwendigerweise auf eine harsche Variablenselektion achten müssen, ist es das Ziel qualitativer Inhaltsanalysen die *Komplexität* des Untersuchungsgegenstandes aufrechtzuerhalten.[528] Ein drittes Distinktionsmerkmal betrifft die konkrete Fallauswahl. Qualitative Inhaltsanalysen müssen in ihre Fallauswahl strikt beschränken (in der Regel auf Einzelfallanalysen). Quantifizierende Verfahren streben den statistischen Repräsentationsschluss an. Nicht zwangsläufig aber in der Regel sind qualitative Inhaltsanalysen als induktive Studien angelegt, der Aufbau vieler quantitativer Inhaltsanalysen folgt einem deduktiven, Theorie- und Hypothesentestendem Aufbau.

---

tensitätsanalyse analysiert Mitteilungsmerkmale anhand von Einstellungsskalen, also etwa die Hervorhebung von Argumenten etc.

526 Eine Hauptkritik an qualitativen Forschungsmethoden allgemein und an qualifizierenden Inhaltsanalysen im Besonderen entzündet sich an dem Vorwurf einer mangelnden Transparenz des Forschungsablaufs sowie an einer hieraus resultierenden, mangelnden Objektivierbarkeit des Forschungsprozesses. Dieser Vorwurf zielt bspw. darauf ab, dass hermeneutische Textinterpretation dem Interpreten einen zu großen Spielraum lasse, stark subjektiv sei und die Reproduzierbarkeit der Forschungsergebnisse insofern nicht gewährleistet sei. In dieser pauschalisierten Form ist dieser Vorwurf haltlos. Die wissenschaftliche Güte einer Inhaltsanalyse entscheidet sich nicht so sehr an dem Kriterium qualitativ / quantitativ, als vielmehr an der Frage danach, ob ein standardisiertes Verfahren angewandt wurde oder nicht. Selbstverständlich existieren auch im methodischen Arsenal qualitativer Inhaltsanalysen standardisierte Verfahren, die einem rigiden Aufbau folgen und eine Reproduzierbarkeit der Ergebnisse gewährleisten, vgl. auch: Diekmann 2009: 607; vgl. auch: Herkner 1974.

527 Goffman 1974b: 17.

528 Goffman 1974b: 17f.

Trotz aller Unterschiede ist die dargestellte Unterscheidung streckenweise idealtypisch. Früh weist darauf hin, dass auch die quantitativ deduk-
tiv-angelegte Inhaltsanalyse in der Regel »zwei qualitative Analyseschritte
[Anlage des Kategoriensystems und Dateninterpretation] durch einen
quantifizierenden [Abbildung und Analyse numerischer Variablenbezie-
hungen] verbindet".[529] Darüber hinaus erfordert der Kodierprozess qualitative Interpretationsleistung.[530] Im Rahmen der vorgestellten Klassifikati-
onsmodelle ist die vorliegende Studie als Mischform aus formal-
deskriptiver und diagnostischer Frequenz- und Kontingenzanalyse verortet. Im Kern handelt es sich bei ihr um eine quantitativ deduktive Inhaltsanalyse.

5.4   *Untersuchungsgegenstand, Untersuchungszeitraum und Analyseeinheiten*

Den Untersuchungsgegenstand bilden die Nachrichtensendungen Internationaler Nachrichtensender. Bei der Auswahl wurden solche Sender berücksichtigt, die aufgrund ihrer faktischen Reichweite zu den Schwerge-
wichten unter den INC zählen.[531] Berücksichtigt wurden AJE, BBC-WN,
CNN-I, FR24 und RT. Die Auswahl der Untersuchungseinheiten orientiert
sich an drei Kriterien. Es wurde festgelegt, dass in die Untersuchung die
Hauptnachrichtensendungen der jeweiligen Sender einfließen, also solche
Sendungen, die als Nachrichten-Flaggschiffe der Sender beworben werden
und erfahrungsgemäß eine besonders große Anzahl von Rezipienten ansprechen. In der Festlegung des Untersuchungszeitraums wurde aus Gründen der Vergleichbarkeit darauf geachtet, dass die jeweiligen Sendezeiten
(CET) möglichst dicht beieinander liegen. Drittens wurde für die Internationalen Nachrichtensender festgelegt, dass keine »regionalisierten« Nachrichtenangebote in die Untersuchung einfließen. Vor diesem Hintergrund
wurden die Untersuchungseinheiten, wie in Tab.20 dokumentiert, bestimmt.

---

529 Früh 2007: 67; vgl. auch: Mayring 2000: 19.
530 Rössler 2005: 161.; vgl. auch: Behnke et al. 2006: 33-37.
531 Cushion 2010.

Nachrichtenkanal	Nachrichtensendung	CET	Länge
AJ-English	»NEWS HOUR«	19:00h	60min
BBC-World News	»World News«	21:00h	30min
CNN-International	»World Report«	23:00h	60min
France24	»News«	17:30h	10min
Russia Today	»News«	17:00h	30min

Tabelle 18: Übersicht Nachrichtensendungen der verschiedenen INC.

Die Auswahleinheit wurde als Klumpenauswahl (Cluster Sample) getroffen.[532] Sie umfasst zwei Nachrichtenwochen aus dem Jahr 2010.[533] Um die Vergleichbarkeit der Analysedaten zu gewährleisten, wurden keine künstlichen, sondern reale Nachrichtenwochen erhoben.[534] Die Auswahl wurde so getroffen, dass Zeiträume mit ungewöhnlich stark nachrichtenwerten Ereignissen bewusst ausgeschlossen wurden.[535] Erhoben wurden die beiden Nachrichtenwochen 26.07.-30.07. (KW 2010/30) und 03.10.-08.10.2010 (KW 2010/45).[536]

Als Analyseeinheit (Recording Unit) wurde die Meldungsebene definiert. Erhoben wurden formale, thematische, referentielle und wertende

---

532 Vgl.: Früh 2007: 104f.

533 Die zugrunde gelegte Stichprobe liegt über dem internationalen Richtwert von einer Nachrichtenwoche, vgl.: Wilke 2008: 239.

534 Um thematische Verzerrungseffekte aufgrund längerfristig nachrichtenwerter Ereignisse zu vermeiden, bietet es sich an Nachrichteninhaltsanalysen künstliche Nachrichtenwochen zugrunde zu legen (vgl.: Rössler 2005: 56f.; Früh 2007: 109f). Im Falle der vorliegenden Studie würden künst che Nachrichtenwochen allerdings aufgrund der teilweise erheblichen Zeitdifferenzen der Hauptnachrichtensendungen, die Vergleichbarkeit der Analysedaten gefährden. Zu den forschungslogischen Herausforderungen international-vergleichender Inhaltsanalysen vgl. grundsätzlich: Rössler 2008.

535 Das Jahr 2010 war durch eine ungewöhnlich große Menge hochnachrichtenwerter Ereignisse gekennzeichnet, die für ungewöhnlich lange Zeiträume internationale Beachtung auf sich zogen (etwa ein Erdbeben in Haiti, in dessen Folge mehr als 200.000 Menschen starben; eine Ölkatastrophe in Folge des Sinkens der BP-Ölbohrplattform »Deepwater Horizon« im Golf von Mexiko.

536 Ein Abriss des Ereignishintergrunds findet sich in Kap. 6.1

Merkmale.[537] Analysiert wurde das gesprochene Wort, graphische und filmische Informationen wurden nur als formale Merkmale einer Nachrichtenmeldung erfasst. Als Nachrichtenmeldung wurde ein thematisch abgeschlossener Sendebeitrag definiert, der sich durch präsentative Merkmale erkennbar von vorangehenden und nachfolgenden Meldungen abgrenzt. Eine Nachrichtenmeldung kann aus gesprochenen, geschriebenen oder durch Standbilder, Filme oder Animationen visualisierten Informationen bestehen. Meldungen, die über den Nachrichtenticker (meist im unteren Bildbereich) laufen, wurden in der Inhaltsanalyse nicht berücksichtigt. Insgesamt wurden rund 32 Nachrichtenstunden und 873 Nachrichtenmeldungen ausgewertet (N:873).

5.5 Kategoriensystem

Das Kategoriensystem fungiert im inhaltsanalytischen Forschungsprozess als »Transmissionsriemen« zwischen Theorie und Realität. Es legt die Suchstrategie der Inhaltsanalyse fest und definiert, welche Inhaltsmerkmale in statistische Daten überführt werden und welche nicht. Spiegelt das Kategoriensystem nicht die Forschungsfrage bzw. die daraus abgeleiteten Hypothesen wieder, ist eine valide Beantwortung der Forschungsfrage nicht möglich, es gilt: »Content Analysis stands or falls by its categories«.[538] Die Hauptkategorien des Systems wurden deduktiv erarbeitet, die Bildung der Subkategorien erfolgte induktiv.[539] Es wurde darauf geachtet, dass die Haupt- und Subkategorien vollständig, disjunkt und unabhängig voneinander sind.[540] Da die konkrete Anwendung des Kategoriensystems bzw. die Arbeit der Kodierer eine zentrale »Gefahr für die Reliabilität«

---

537 Vgl.: Rössler 2005: 70ff.
538 Berelson 1971: 147.
539 Vgl.: Früh 2007: 156ff; für ein alternatives Vorgehen vgl.: Früh 2001;
540 Das Kriterium der *Vollständigkeit* legt fest, dass jede Untersuchungseinheit in der jeweiligen Untersuchungsdimension mindestens einer Kategorie zuzuordnen ist. Eine Kategorie ist dann *disjunkt*, wenn sie so trennscharf ist, dass sie einen spezifischen Inhaltsaspekt misst, der von keiner anderen Kategorie gemessen wird. Die Unabhängigkeit der Kategorien legt fest, dass die Zuordnung eines Inhaltsaspekts zu einer Kategorie nicht die Zuordnung eines anderen Inhaltsaspekts zu einer anderen Kategorie in einem anderen Bedeutungszusammenhang präjudizieren darf. Vgl.: Behnke et al. 2006: 284.

der Untersuchung darstellen,[541] wurde darauf Wert gelegt, dass die Zugriffskriterien nicht unnötig komplex ausfallen.

		MELDUNG	
V	Merkmal	Anmerkung	Ebenen
1	Sender		01-09
2	Datum		JJ/MM/TT
3	Platzierung		Fortlaufend
4	Ankündigung		00-02
5	Meldungstypus		01-09
6	Länge		000 sec
7	Thema		001-900
8	Negativismus		00-03
9	Ereignisland	Bis zu drei Ereigni-länder	000-258
10	Bezugsland	Bis zu drei Ereignis-länder	000-258
11	Herkunftsland Handlungsträger aktiv	Bis zu drei aktive Handlungsträger	000-258
12	Stellung Handlungsträger aktiv	Bis zu drei aktive Handlungsträger	00-30
13	Herkunftsland Handlungsträger passiv	Bis zu drei passive Handlungsträger	000-258
14	Stellung Handlungsträger passiv	Bis zu drei passive Handlungsträger	00-30

Tabelle 19: Kategoriensystem »Eine Globale Agenda?«.

Der Studie liegt das in Tab.19 vorgestellte Kategoriensystem zugrunde. Insgesamt arbeitet das Kategoriensystem mit 14 Variablen. In der Erarbeitung des Kategoriensystems stellte sich heraus, dass eine Kodierung, die lediglich international anerkannte Länder registriert, zu viele geographische Informationen unberücksichtigt lässt. Die Länderliste nennt deshalb

---

541 Wagschal 1999: 66.

auch einige geographische Einheiten (bspw. Virgin Islands, Réunion etc.) die formal keinen Staatscharakter besitzen. Diese »Länder« wurden entsprechend ihrer staatlichen Zugehörigkeit kodiert (bspw. Virgin Islands = USA, Réunion = Frankreich, etc.). Gesondert ausgewiesen wurden nichtstaatliche Gebilde, die dennoch einen Handlungsort bzw. –träger von Nachrichten bilden können (»Internet«, »Weltraum«, »IBRD« etc.). Insbesondere in der Definition der jeweiligen Zugriffskriterien profitiert das Kategoriensystem von Vorschlägen zurückliegender Nachrichtenstudien.[542]

Der Datenerhebungsprozess der vorliegenden Studie erfolgte aufgrund forschungsökonomischer Restriktionen ohne Fremdkodierer. Um dennoch eine hohe Qualität des Kategoriensystems gewährleisten zu können, wurden die Pre- und Reliabilitätstests in Zusammenarbeit mit Studierenden des Lehrstuhls für Vergleichende Regierungslehre (Prof. Dr. Uwe Wagschal) am Seminar für Wissenschaftliche Politik der Albert-Ludwigs-Universität Freiburg durchgeführt.[543] Nach einer mehrtägigen methodischen Schulung und einer Einarbeitung in das Kategoriensystem kodierten die Kodierer eine ausreichend große Menge an Nachrichtenbeiträgen unterschiedlicher Nachrichtensender.[544] Die Messung der Intercoder-Reliabilität erfolgte mit Hilfe des Holsti-Reliabilitätskoeffizienten.

$$CR = 2Ü / C_1 + C_2 \dots + C_n$$

Wobei CR = Codierer-Reliabilität; Ü = Anzahl der übereinstimmenden Kodierungen; C_1= Anzahl der Kodierungen von Codierer 1 usw. Die Ergebnisse des Reliabilitätstests fielen zufriedenstellend aus,[545] gleichwohl

---

542 Besonders hilfreich erwiesen sich in diesem Zshg. die Arbeiten von Schulz 1976; Meckel 1998; Kamps 1999; Ruhrmann et al. 2003; Scherer et al. 2006; Schenk 2009.

543 Die KodiererInnen sind Teilnehmer des Seminars »Politische Kommunikation in der BRD«, das im SoSe 2010 am Lehrstuhl für Vergleichende Regierungslehre (Prof. U. Wagschal) an der Albert-Ludwigs-Universität Freiburg abgehalten wurde.

544 Kodiert wurden einhundert Nachrichtenbeiträge (N = 100). Zu diesem Vorgehen insgesamt, vgl.: Schulz 2009: 52f vgl. auch: Lauf 2001: 63f.

545 Wir orientieren uns an dem vergleichsweise konservativen Vorschlag zur Festlegung der Reliabilitäts-Untergrenzen von Rössler, der »tendenziell (…) für inhaltliche Kategorien Werte ab .80, für formale Kategorien Werte nahe an 1.0« fordert, vgl.: Rössler 2005: 192).

schnitten einige Kategorien schlechter als erwartet ab. Allen voran bereitete offensichtlich die Zuweisung der Variable Negativismus (V_8) Schwierigkeiten. Obgleich eine qualitative Variable notwendigerweise geringere Reliabilitätswerte erwarten lässt, fielen die Werte für V_8 mit CR = .75 zu niedrig aus. Die spezifischen Anwendungsprobleme der Kategorie wurden mit dem Kodierteam besprochen, die Ergebnisse der Diskussion sind in einer Präzisierung der Zugriffskriterien in das Codebuch eingeflossen. Überraschenderweise bereitete offensichtlich auch die Identifikation der Variablen V_{10} und V_{14} Schwierigkeiten (Bezugsland, Stellung des passiven Handlungsträgers). In der Analyse zeigten sich folgende Probleme: Bezugsländer, die im Beitrag genannt wurden, wurden im Kodierprozess überhört. Dies ist aufgrund des relativ niedrigen Zugriffkriteriums für V_{10} nicht weiter verwunderlich. Da die Erfassung der Bezugsländer dennoch möglichst engmaschig erfolgen sollte, wurde auf eine neuerliche Anpassung der Zugriffskriterien verzichtet. V_{10} erfordert insofern vom Kodierer schlichtweg eine besondere Konzentrationsleistung. Hinsichtlich V_{14} zeigte sich eine einfache Schwierigkeit, die nach entsprechendem Hinweis zu keinen nennenswerten Schwierigkeiten im Kodierprozess führen sollte.[546]

V	1	2	3	4	5	6	7	8	9	10	11	12	13	14
	1.0	1.0	1.0	.99	.91	.95	.88	.75	.91	.90	.90	.91	.82	.78

Tabelle 20: Ergebnisse Reliabilitätstest »Eine Globale Agenda?«.

5.6 Datenanalyse

Die forschungsleitenden Hypothesen erfordern unterschiedliche Analysewege. Die Operationalisierung von $H_{1.1}$ und $H_{2.1}$ legt fest, dass die Hypothesen angenommen werden, wenn bestimmte Länder mit einer bestimmten Häufigkeit Gegenstand der Berichterstattung sind. Eine Annahme oder Zurückweisung von $H_{1.1}$ und $H_{2.1}$ kann auf Basis einer deskriptiven Datenanalyse durch eine Auswertung von Verteilungshäufigkeiten erfolgen. Die deskriptive Datenauswertung gehört zu den Standardverfahren der sozial-

---

546 Offensichtlich wurden die Subkategorien 00 und 034 (Stellung wird nicht genannt / andere Stellung) nicht konsistent zugewiesen.

wissenschaftlichen Statistik und soll an dieser Stelle nicht weiter erläutert werden.[547]

Die Operationalisierung der Hypothesen $H_{1.2}$ und $H_{2.2}$ formuliert ein kausales Verhältnis zwischen mehreren Variablen, es bietet sich insofern an Regressionsanalysen zu rechnen.[548] In der Politischen Kommunikation und in den Kommunikationswissenschaften haben sich Regressionsanalysen und Korrelationsanalysen als Standardverfahren zur Analyse nachrichtenwerttheoretisch fundierter Hypothesen durchgesetzt.[549] Im Gegensatz zur Korrelationsanalyse fragt die Regressionsanalyse: »Wie ändert sich eine abhängige Variable, wenn die unabhängige Variable systematisch variiert wird?«[550]

Bei Multiplen Regression werden die Werte der abhängigen Variable Y (dem Regressand / Kriterium) durch die Kombination mehrerer unabhängiger Variablen X_1, X_2 ... X_k vorhergesagt.[551] Die Formulierung der Mehrfachregression lautet:

$$\hat{y} = a + b_1x_1 + b_2x_2 + ... + b_kx_k + e$$

Wobei $\hat{y}$ den Schätzwert der abhängigen Variable beschreibt; a ist der Intercept der y-Achse. $x_1...x_k$ bezeichnet die jeweilige unabhängige Variable im Modell, wobei $b_{1...k}$ ihr jeweiliges Einflussgewicht, den Regressionskoeffizienten beschreibt. Die Regressionsparameter werden dabei nach der Methode der Kleinsten Quadrate bestimmt (»method of least squares«).[552] Nach Schendera liegt das Ziel multipler Regressionsanalysen darin »Modellgleichungen zu finden, in der ein Regressionskoeffizient als ein Maß für die Änderung der abhängigen Variable interpretiert werden kann, wenn der entsprechende Prädiktor um eine Einheit ansteigt und alle anderen Prädiktoren konstant gehalten werden können«.[553] Sind die Prä-

---

547 Vgl. statt anderer : Diekmann 2009: 658ff.; Hartung et al. 1991: 15ff.
548 Hartung et al. 1991: 570.
549 Vgl.: Schulz 1976; Staab 1990a; Westerståhl und Johansson 1994; Hagen et al. 1998b; Wu 2000 ; Ruhrmann et al. 2003; Ruhrmann et al. 2003; Scherer et al. 2006; Fretwurst 2008; Golan 2008 ; Weber 2008; Diehlmann 2003; Tiele 2010.
550 Schendera 2008: 37.
551 Schendera 2008: 37.
552 Vgl. ausführlich dazu: Hartung et al. 1991: 574ff.
553 Schendera 2008: 102.

diktoren voneinander unabhängig, so gilt: $R^2 = r_{x1,y} + r_{x2,y} \ldots + r_{xk,y}$. Komplett unabhängige Prädiktoren bilden den Ausnahmefall, für gewöhnlich liegt ein gewisses Maß an Multikollinearität vor, es gilt: $R^2 \neq \sum r^2$.[554] Bei der Methode der schrittweisen Regression werden deshalb die einzelnen Prädiktoren hierarchisch, also schrittweise, in die Regression einbezogen. Zunächst wird der Prädiktor mit der größten bivariaten Korrelation einbezogen (x_1). Es folgt der Prädiktor, der die größte anteilige Varianzaufklärung liefert (x_2), bereinigt um die Erklärungskraft von x_1, usw. Auf diese Weise lässt sich ein Modell identifizieren, das mit möglichst wenigen Variablen eine möglichst große Varianzaufklärung leistet.[555]

Die Durchführung einer multiplen linearen Regression stellt einige Anforderungen an das Regressionsmodell. Ein Schätzer wird dann als BLUE (Best Linear Unbiased Estimator) interpretiert, wenn die folgenden Modellannahmen erfüllt sind:[556]

- Das Modell ist richtig spezifiziert: Es ist linear, enthält die relevanten erklärenden Variablen, und die Zahl der zu schätzenden Parameter liegt unter der Zahl der vorliegenden Beobachtungen.
- Die Störgrößen haben einen Erwartungswert von Null ($E(\varepsilon_1)=0$).
- Prädiktoren und Residuen sind unkorreliert.
- Die Residuen haben eine konstante Varianz ($E(\varepsilon^2)=\sigma^2$).
- Die Residuen sind unkorreliert (Keine Autokorrelation).
- Die Prädiktoren sind nicht miteinander korreliert (Multikollinearität).
- Die Residuen sind normalverteilt.

Wagschal weist darauf hin, dass man »oft nichts gegen Verletzungen der Annahmen machen kann«. Da verletzte Modellannahmen aber unter Umständen »gravierende Konsequenzen« für die Interpretation des Ergebnisses haben, sind sie im Forschungsbericht aufzuführen.[557]

---

554 Vgl.: Mutz 2005.
555 Vgl.: Mutz 2005; Field 2009: 272.
556 Wagschal 1999: 222; Backhaus et al. 2011: 84ff.
557 Wagschal 1999: 222.

5.6 Operationalisierung der Kontextmerkmale

Die gewählte Operationalisierung der Kontextmerkale und des Nachrichtenwert-Indikators Journalistische Aufmerksamkeit orientiert sich an den Vorschlägen vorangegangener Studien.[558] Aufgrund der Vielzahl von Operationalisierungsmöglichkeiten orientiert sich die Auswahl an drei Kriterien: Die gewählte Operationalisierung soll erstens (nur) das messen, was auch theoretisch impliziert ist. Zweitens ist nicht jede theoretisch wünschenswerte Operationalisierung auch forschungsökonomisch zu leisten. So mag es sinnvoll erscheinen, die politische Nähe auch über das anteilige Botschaftspersonal zu messen. Bei einer international ausgerichteten Studie sind diese Zahlen mit vertretbarem Aufwand allerdings unmöglich für alle Länderpaarungen zu erhalten. Mess-Ungenauigkeiten infolge fehlender Werte wären die Folge. Es wurden deshalb nur solche Indikatoren in die jeweiligen Indizes einbezogen, die über valide Statistiken trennscharf eingesetzt werden können. Drittens wurde darauf geachtet, dass Mehrfachmessungen vermieden werden. Indikatoren wurden stets so gewählt, dass sie unterschiedliche Dimensionen eines Kontextmerkmals messen. Für jedes absolute und relative Kontextmerkmal wurden mehrere Indikatoren abgebildet. Jedem Land bzw. jeder Länderkombination wurde anhand der Indikatoren ein Wert zugeordnet, der in einer Indexsumme zusammengeführt ist. Die Indexwerte ergeben sich nach folgender Systematik. Um die Indikatoren in ihrer jeweiligen theoretischen Bedeutung für den Indexwert (die Bedeutungsdimension des jeweiligen Kontextmerkmals) besser erfassen zu können, wurden gewichtete additive Indizes erstellt.[559]

Machtstatus: Macht wird als ökonomische, militärische und wissenschaftliche Macht gemessen. Als Einzelindikatoren fließen für die jeweiligen Länderwerte Punkte in den Kategorien Militärhaushalt (absolut), BIP, Anzahl wiss. Veröffentlichungen und eine ständige Mitgliedschaft im UN-Sicherheitsrat in den Macht-Index ein.[560] Die Daten stammen vom Stockholm International Peace Research Institute (SIPRI), der IBRD und dem Scientific Journal Ranking (SJR). Zugrundegelegt wurden die Datensätze

---

558 Vgl.: Westerståhl und Johansson 1994; Hagen et al. 1998a; Fretwurst 2008.
559 Vgl.: Diekmann 2009: 230ff. Eine Dokumentation findet sich im Internet unter: www.nomos-shop.de/21964.
560 Ähnliche Indexwerte nutzt etwa: Hagen et al. 1998a: 63.

für das Jahr der Datenerhebung 2010. Die Punktezuweisung erfolgt nach der in Tab.24 aufgeführten Systematik. Die zehn mächtigsten Länder der Erde sind demnach: USA, China, UK, Frankreich, Russland, Japan, Deutschland, Italien, Brasilien und Südkorea.

Nähe-Indikatoren: Fretwurst schlägt vor, die in vielen Studien übliche Unterscheidung in eine Inlands- und Auslandsberichterstattung aufzugeben, denn bei ihr handelte es sich »für den Faktor »Nähe« [um] eine verzichtbare Randbedingung. Zu Gunsten einer gehaltvollen Theorie sollte diese Unterscheidung aufgegeben oder als intervenierende Größe moduliert werden. Ereignisse in Deutschland [im berichterstattenden Land] weisen in geografischer, kultureller, wirtschaftlicher und politischer Hinsicht die höchste Nähe auf. Vollkommen konform zur Theorie steigert die Intensität dieses Faktors für innerdeutsche Ereignisse die Wahrscheinlichkeit der Berichterstattung".[561]

Wir schließen uns Fretwursts Vorschlag an und weisen dem jeweils berichterstattenden Land demnach den jeweils rechnerisch größtmöglichen Nähe-Wert zu.

Geographische Nähe	Pkt.
Unterschiedlicher Kontinent	0
Gleicher Kontinent	1
Anrainerstaat	2

Tabelle 21: Punkte-Verteilung Nähe-Index (geographische Nähe zwischen zwei Ländern).

Geographische Nähe: Die geographische Nähe zwischen berichterstattendem und berichterstattetem Land wird nicht über die Distanz zwischen den Hauptstädten gemessen, in diesem Fall hätte Russland bspw. eine große Distanz zu allen Anrainerstaaten.[562] Stattdessen werden für die jeweilige Länderkombination Punkte anhand der Frage zugeordnet, ob es sich bei den Ländern um Anrainerstaaten handelt, um Staaten die auf demselben Kontinent liegen, oder um Staaten, die auf einem anderen Kon-

---

561 Fretwurst 2008: 120.
562 Vgl.: Tiele 2010: 128ff.

tinent liegen. So erhält bspw. im Falle von AJE die Länderkombination Katar – Saudi-Arabien einen Wert von 2, Katar-Jordanien einen Wert von 1 und Katar-Deutschland einen Wert von 0 (siehe Tab.21).

Kulturelle Nähe: Die kulturelle Nähe zwischen berichterstattendem und berichterstattetem Land ergibt sich aus den Kategorien: größte Religionsgruppe, gemeinsame Amtssprache und größte Einwanderungsgruppe. Der Indexwert zur kulturellen Nähe zweier Länder gibt Auskunft über die kulturelle Nähe und Ähnlichkeit zwischen zwei Ländern. Jeder Ländergruppe wird ein entsprechender Indexwert zwischen 0 und 5 zugewiesen. Die Daten stammen aus dem CIA-World Fact Book.

Politische Nähe: Die politische Nähe zwischen berichterstattendem und berichterstattetem Land wird über die gemeinsame Zugehörigkeit zu politischen und militärischen Bündnissen (0-6) sowie über die Ähnlichkeit in der politischen und gesellschaftlichen Freiheit (0-4) berechnet. Der Indexwert zur politischen Nähe zweier Länder gibt Auskunft über die politische Nähe und Ähnlichkeit zwischen zwei Ländern. Jeder Ländergruppe wird ein entsprechender Indexwert zwischen 0 und 10 zugewiesen. Die Daten stammen aus dem CIA-World Fact Book und dem Freedom House Index. Die politische Ähnlichkeit zwischen zwei Ländern wird über die Differenzwerte zwischen den jeweiligen Freedom-House-Index-Rangplätzen errechnet (Political Rights and Civil Liberties).

Differenz	Pkt.
0-1	4
2-4	3
5-7	2
8-10	1
11-12	0

Tabelle 22: Punkte-Verteilung Nähe-Index (politische Ähnlichkeit zwischen zwei Ländern).

Wirtschaftliche Nähe: Die wirtschaftliche Nähe zwischen berichterstattendem und berichterstattetem Land wird über den anteiligen Import und Export ermittelt. Dem prozentualen Anteil am Import / Export wird jeweils ein Indexwert zwischen 0-5 zugewiesen. Die zugrunde gelegten Daten stammen von den UN (International Trade Statistical Yearbook).

% Handelsanteil	Pkt.
> 20	5
15-19	4
10-14	3
5 – 9	2
1 - 4	1
< 1	0

Tabelle 23: Punkte-Verteilung Nähe-Index (wirtschaftliche Nähe zwischen zwei Ländern).

Journalistische Beachtung: Die journalistische Beachtung eines Landes wird über die beiden Indikatoren Erwähnungshäufigkeit des Handlungsort und Erwähnungshäufigkeit des aktiven Handlungsträger gemessen.

5.7 Ereignishintergrund

Die beiden Untersuchungswochen sind durch unterschiedliche Ereignisse gekennzeichnet, denen international hohe Aufmerksamkeit zukam und die insofern besonders großen Einfluss auf die journalistische Konstruktion geographischer Realität hatten. In KW 2010/30 fanden verschiedene Ereignisse über mehrere Tage hinweg größere internationale Beachtung, allen voran die Veröffentlichung der so genannten Afghan-War-Diaries durch die Internetplattform WikiLeaks. Die Veröffentlichung von rund 76.000 – zum Teil als geheim eingestuften – Militärdokumenten am 25. Juli 2010 wurde international breit diskutiert. Im Fokus der Diskussion standen die möglichen negativen sicherheitspolitischen Folgen für amerikanische, britische und afghanische Soldaten, die Sicherheitslage in Afghanistan insgesamt sowie die umstrittene Rolle Pakistans im Afghanistan-Krieg. Pakistan erregte internationales Interesse als Ereignisort einer Flugzeugkatastrophe: Am 28. Juli 2010 stürzte ein Airbus 321 nahe der Hauptstadt Islamabad ab, alle 149 Insassen wurden getötet. Auch eine beginnende Flutkatastrophe in Pakistan fand größere Beachtung. Eine weitere, international stark wahrgenommene Katastrophe ereignete sich in KW 2010/30 in Russland. Über 700 Wald- und Torfbrände zerstörten Dörfer und bedrohten u.a. die kerntechnische Anlage Majak. Zeitweilig war das öffentliche Leben in der Hauptstadt Moskau aufgrund der erheblichen Rauchentwicklung stark eingeschränkt. Großes internationales Echo fand eine Asienreise des britischen Premier-Ministers David Cameron, während der Cameron u.a. durch die Forderung eines raschen EU-Beitritts der Türkei, einer Verbesserung der Lebenssituation der Menschen im Gazastreifen sowie durch seine harsche Kritik an Pakistans zweideutiger Rolle im Krieg gegen Taliban und Al-Kaida Aufsehen erregte.

International interessierte auch die Abberufung des BP-Chefs Tony Hayward am 27. Juli 2010 (dieser war durch sein ungeschicktes Öffentlichkeitsmanagement in Folge der verheerenden Ölkatastrophe im Golf von Mexiko in die Kritik geraten) sowie eine höchstrichterliche Entscheidung gegen ein Einwanderungsgesetz des Staates Arizona/ USA.

Im Mittelpunkt der internationalen Aufmerksamkeit stand in KW 2010/45 eine Chemiekatastrophe in Ungarn. Nach heftigen Regenfällen war der Rückhaltedamm für toxischen Rotschlamm einer Aluminiumhütte in Ungarn gebrochen. Über eine Million Kubikmeter Schlamm traten aus, verseuchten verschiedene Ortschaften und töteten mehrere Menschen. Experten äußerten die Befürchtung, der Giftschlamm könne in die Donau gelangen und somit die Katstrophe zu einem europäischen Problem machen. Die bevorstehende Rettung von 33 Minenarbeitern in Nordchile bildete einen weiteren internationalen Nachrichtenschwerpunkt. Die Minenarbeiter waren mehrere Wochen in knapp 700 Metern Tiefe eingeschlossen, die Bohrung eines Bergungsstollens führte letztlich zu ihrer Rettung. Auch die Vergabe des Friedensnobelpreises an den chinesischen Schriftsteller und Dissidenten Liu Xiaobo am 8. Oktober 2010 sowie die harsche chinesische Reaktionen fanden international Resonanz. Ständige internationale Berichterstattungsschwerpunkte in beiden Nachrichtenwochen bildeten die Konfliktgebiete in Afghanistan und Pakistan und hier insbesondere Anschläge, Militäroperationen, politische Reaktionen auf militärisches Geschehen etc.

6. Die Nachrichtengeographie von INC

6.1 Formale Berichterstattungsmerkmale

Bereits zu Beginn der INC-Ära stellten Forscher die Frage, inwiefern neue Sender dem Zuschauer auch tatsächlich neue Sendeinhalte bieten können.[563] In Zeiten, in denen Dutzende INC miteinander konkurrieren, stellt sich diese Frage mehr denn je. Eine Analyse der formalen Berichterstattungsstruktur bestätigt den bisweilen geäußerten Eindruck,[564] dass es sich bei INC – allen Abgrenzungsbemühungen zum Trotz – um weitgehend standardisierte und homogene Nachrichtenprodukte handelt. Dies zeigt sich sowohl in der Komposition der jeweiligen Sendungen, als auch auf Ebene der formalen und thematischen Beitragsgestaltung.

Nachrichtenkanal	Nachrichtensendung	CET	Regellänge
AJ-English	»NEWS HOUR«	19:00h	60min
BBC-WN	»World News«	21:00h	30min
CNNI	»World Report«	23:00h	60min
France24	»News«	17:30h	10min
Russia Today	»News«	17:00h	30min

Tabelle 24: Übersicht Untersuchungsgegenstand.

Gleichwohl handelt es sich bei den untersuchten Sendungen schon in formaler Hinsicht nicht um identische Produkte. Vielmehr markieren alle Sender spezifische Eigenheiten. Ein gravierender Unterschied betrifft die zeitliche Struktur der jeweiligen Sendungen. Wie Tab.24 zeigt, hat sich das klassische einstündige Nachrichtenformat unter INC nicht durchgesetzt. Nur CNNI und AJE bieten ihren Zuschauern ein 60-minütiges Nachrichtenformat, BBC-WN und RT senden halbstündige Formate, FR24 sendet sogar lediglich eine nur zehnminütige Nachrichtenausgabe. Hinter

---

563 Meckel 1998: 190.
564 Staun 2006.

den unterschiedlichen Sendungslängen steht eine unterschiedliche Nachrichtenphilosophie. Während AJE und CNNI ihren Zuschauern eher ein Nachrichtenevent anbieten, hat insbesondere FR24 die Idee des »gemeinsamen Lagerfeuers« aufgegeben. Der junge Sender orientiert sich mit seinen in der Regel halbstündig gesendeten Formaten eher an der Sendestruktur von Hörfunk Informations-Programmen. Kürzere Nachrichtenformate bieten dabei nur scheinbar den Vorteil, besser auf einen zunehmenden Aktualitätsdruck reagieren zu können. Denn auch AJE und CNNI, aber auch BBC und RT räumen in ihren Nachrichten Live-Elementen in Form von Breaking-News und Korrespondenten-Schalten bereitwillig Platz ein. Ein zehnminütiges Nachrichtenformat dürfte in erster Linie ein Zugeständnis an die antizipierten Seh-Gewohnheiten der Zielgruppe sein. FR24 und in gewisser Weise auch RT senden Nachrichten nicht als ein zentrales Ereignis, nach dem Zuschauer ihre Sehgewohnheiten ausrichten. Nachrichten sind hier quasi jederzeit verfüg- und konsumierbar. Insbesondere FR24 dürfte sich mit diesem »modernen« Nachrichtenkonzept für seine Zielgruppe der »new opinion leader« positionieren, who «like to be informed any time, anywhere«.[565]

Nachrichtenkanal	Anzahl Beiträge Gesamt	Ø Beitragslänge (in Sek)
AJ-English	336	86,5
BBC-WN	129	101,5
CNNI	236	94,4
France24	75	72,2
Russia Today	97	122,1

Tabelle 25: Verteilung der erhobenen Beiträge auf die jeweiligen Sender.

Kürzere Formate bieten unter Umständen aber noch einen anderen Vorzug. Je nachdem, mit welchen Beitragselementen eine Sendung bestückt wird, können sie dabei helfen Kosten zu sparen.

---

565 Strunz 2010b.

Mit unterschiedlichen Sendelängen geht notwendigerweise eine unterschiedlich große Anzahl erhobener Beiträge einher.[566] Tab.25 zeigt, wie stark die diesbezüglichen Unterschiede ausfallen. Von den insgesamt erhobenen 873 Beiträgen entfallen mehr als ein Drittel (38 %) auf AJE, am unteren Ende rangiert FR24 mit lediglich 97 Beiträgen bzw. 9% Anteil an der Gesamterhebung.[567]

	AJE	BBC	CNNI	FR24	RT	Ø
N	336	129	236	75	97	
NiF	50,3	30,2	50,8	38,7	34,0	44,7
MAZ	27,4	63,6	26,3	32,0	40,2	34,2
Sprechernachricht mit Bild/ Graphik	7,7	4,7	12,7	9,3	5,2	8,5
Experten/Betroffenen-Interview	5,1	-	4,2	1,3	17,5	5,2
Journalisten-Interview mit Einspielung	5,7	-	3,4	13,3	2,1	4,5
Sonstige Präsentationsform	1,5	-	2,5	4,0	-	1,6
Journalisten-Interview	2,4	1,6	-	1,3	1,0	1,4

Tabelle 26: Genutzte Beitragsformen je Sender (Angaben in Prozent).

---

566 Was wiederum eine unterschiedlich große Wahrscheinlichkeit bedingt, mit der Länder und Akteure in den jeweiligen Nachrichtensendungen abgebildet werden können.

567 Dieses Ungleichgewicht ist immer dann zu berücksichtigen, wenn es um die Interpretation der Gesamtdaten geht.

Auch in der zeitlichen Gestaltung der Beiträge gehen die Akteure eigene Wege. So setzen sowohl AJE als auch FR24 und CNNI (auch) auf Kurznachrichten; BBC-WN und RT setzen auf eher längere Beitragsformen. Auffällig ist, dass CNNI trotz eher kürzerer Beitragslängen vergleichsweise wenige Beiträge in seine Sendung hebt. Grundsätzlich beeinflussen unterschiedliche Faktoren, aus wie vielen Beitragspositionen eine Sendung besteht. Nicht zuletzt drücken sich in einer zurückhaltenden Beitragsstruktur – je nach Beitragsform – auch Sparbemühungen aus. Betrachtet man die Gesamtberichterstattung der Sender, zeigt sich, dass die Nachricht im Film, also ein Nachrichtenfilm der vom Moderator betextet wird (NiF), mit rund 45% die mit Abstand am stärksten verbreitete Beitragsform ist.[568] Es folgt der klassische Autorenfilm (MAZ) mit 34%.[569] Außer der Sprechernachricht ohne Film (Meldung mit Bild_Graphik) (9%) spielen die übrigen Präsentationsformen in der Nachrichtenstruktur von INC eine nachgeordnete Rolle (vgl. Tab.26). Die deutlichste Abweichung von der durchschnittlichen Sendungsgestaltung weist BBC-WN auf. Mit einem weit überdurchschnittlichen Anteil an gesendeten Autorenfilmen und einem Programm, das sich ansonsten ausschließlich aus Sprechernachrichten und Journalisten-Interviews zusammensetzt, präsentiert der Traditionssender die konservativste Nachrichtenstruktur des Samples. Erstaunlich ist daran nicht so sehr der Verzicht auf Interviews oder experimentellere Beitragsformen, sondern vor allem der hohe Anteil an aufwendigen Autorenfilmen. Ein Umstand der sicherlich auch das vergleichsweise enge Korrespondentennetz der BBC erklärbar ist.

RT verzichtet auf einen guten Teil seiner NiF und setzt stattdessen auf Experten- und Betroffenen-Interviews. Der Sender wird somit nicht nur seinem Image als besonders volksnahem Programm gerecht, sondern kann vermutlich auch eine ganze Menge Geld sparen, handelt es sich doch bei Interviews um eine äußerst kostengünstige und vergleichsweise rasch zu produzierende Beitragsform. Scheinbar besonders innovativ präsentiert sich FR24, der nicht nur viele neue Beitragsformen, etwa im Bereich animierter Graphiken, in die Sendung integriert, sondern drüber hinaus eine

---

568 Als NiF wurde eine Nachrichtenmeldung kodiert, die vom Moderator verlesen und durch einen Film visualisiert ist.

569 Eine MAZ (ursprünglich Magnetaufzeichnung) ist eine dramaturgisch eigenständige Nachrichtenmeldung, die als Nachrichtenfilm in die Sendung eingespielt und vom Reporter (Autor) betextet wird.

alte Beitragsform in neuen Gewändern präsentiert. Denn der hohe Anteil von Journalisten-Interviews erklärt sich durch Studio-Gespräche. Zu einem bestimmten Thema wird ein Kollege in das Sendestudio eingeladen und nach dem Schema 3 Fragen/ 3 Antworten befragt. Auch in diesem Punkt scheint FR24 von Hörfunkprogrammen inspiriert zu sein.[570]

6.2 Thematische Berichterstattungsmerkmale von INC

Wie dargelegt, erfolgte die Kodierung auf Themenebene vergleichsweise feingliederig. Das Codebuch weist insgesamt 39 thematische Kategorien aus, die in sieben eindimensionalen Oberkategorien zusammengefasst sind.[571]

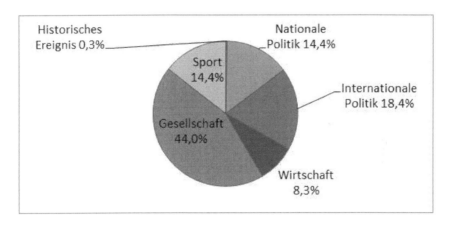

Abbildung 1: Verteilung der Beitragsthemen gesamt (Angaben in Prozent, N:873).

---

570 Vgl.: La Roche von und Buchholz 2009. Auch bei dieser Beitragsform handelt es sich um eine besonders kostengünstige Sendevariante, entfallen hier doch sogar die Aufzeichnungskosten.
571 Vgl. zu diesem Vorgehen: Kuhlmann 2007.

Die Auswertung auf Ebene der Oberkategorien zeigt deutlich, dass INC eine weitaus weniger politische Nachrichtenrealität zeichnen, als dies bisweilen im Medienjournalismus wahrgenommen wird.[572] Die durchschnittliche INC-Berichterstattung ist zuerst eine Berichterstattung über gesellschaftliche Themen, also über »Geschehen aus den Bereichen Wissenschaft, Kultur, Medien, Religion, aber auch Kriminalität, Katastrophen«. Erst an zweiter Stelle steht die Politik-Berichterstattung mit einem Anteil von rund einem Drittel an der Gesamtberichterstattung. Rund 15% der untersuchten Berichterstattung behandeln Sportereignisse,[573] knapp jeder zehnte Beitrag beschäftigt sich mit Themen aus dem Bereich der privaten Wirtschaft.

Themenverteilung: In der Themenauswahl einer Nachrichtensendung offenbart sich der Charakter eines Nachrichtenformats.

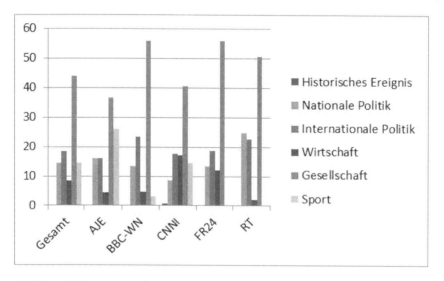

Abbildung 2: Themenverteilung nach Sendern (Angaben in Prozent, N:873).

---

572 Vgl. statt anderer: Wood 1998; Staun 2006; Wiegel 2006.
573 Die Sportberichterstattung bildet einen Sonderfall. Nicht alle Sender bieten in ihren Nachrichten überhaupt Sportberichte, die Aussagekraft dieser Kategorie bleibt eingeschränkt.

Wie weiter oben dargelegt, ist die Themen- bzw. Nachrichtenselektion das Resultat eines vielschichtigen Prozesses an dessen Ende eine redaktionelle Entscheidung steht. Der direkte Vergleich der thematischen Nachrichtenselektion unter den Sendern zeigt einmal mehr, dass es sich bei internationalen Nachrichten um ein streckenweise standardisiertes Produkt handelt. Die Themenauswahl ähnelt sich in ihren Grundzügen stark. So liegt der Berichterstattungsschwerpunkt bei allen Sendern auf Gesellschaftsthemen, ebenso wie der Politberichterstattung ein relativ großer Berichterstattungsumfang eingeräumt wird. Gleichwohl setzen die jeweiligen INC in der thematischen Nachrichtengestaltung auch eigene Akzente.

AJE, das mehr oder weniger als politisches Projekt angetreten ist,[574] konstruiert eine lediglich »durchschnittlich politische« Nachrichtenrealität (32,4% Politberichterstattung). Darüber hinaus profiliert sich AJE als ein Nachrichtensender, der mit am Wenigsten über Wirtschaftsthemen berichterstattet (4,5%).

---

574 Vgl.: Staun 2006.

	Ø	AJE	BBC	CNNI	FR24	RT
N	873	336	129	236	75	97
Gesellschaft	44,0	36,6	56,0	40,7	56,0	50,6
Internationale Politik	18,4	16,2	23,5	17,7	18,7	22,6
Nationale Politik	14,4	16,2	13,4	8,8	13,3	24,7
Sport	14,4	26,2	3,1	14,4	-	-
Wirtschaft	8,3	4,5	4,7	17,2	12,0	2,0
Historische Ereignisse	0,3	0,3	-	0,8	-	-
Sonstiges	-	-	-	-	-	-

Tabelle 27: Thematische Verteilung der INC-Berichterstattung (Angaben in Prozent).

Erstaunlicherweise markiert BBC-WN den Sender, der seinen Nachrichtenschwerpunkt am deutlichsten auf Gesellschaftsthemen legt. Mehr als die Hälfte der untersuchten BBC-Beiträge widmen sich Gesellschafts-Themen (56,0%), besonders stark vertreten sind Themen aus den Bereichen Katastrophen/ Unglücke, Kriminalität und Human Interest (37,3%). CNNI fällt schließlich die zweifelhafte Ehre zu, die am wenigsten politische Nachrichtenrealität überhaupt zu konstruieren.

Nur rund ein Viertel der CNN-Nachrichtenthemen (26,5%) entfallen auf den Bereich Politik. Das Nachrichtenflaggschiff des INC-Marktes ähnelt in seiner Themenauswahl damit den Nachrichtenformaten von Sendern wie RTL und Sat1.[575] Anders als diese setzt CNNI aber auf eine deutliche Orientierung an Wirtschaftsthemen. Rund 17% der CNN-Berichte

---

575 Maier et al. 2006: 25.

thematisieren Geschehen auf den Finanzmärkten, in Großunternehmen und auf den Arbeitsmärkten.

Der Sender mit der am stärksten politisch gefärbten Nachrichtenrealität ist erstaunlicherweise der russische RT. Knapp die Hälfte der selegierten Nachrichtenthemen widmet sich hier Themen aus der nationalen und internationalen Politik (47,3%). Neben einem ungewöhnlichen Fokus auf Gesellschaftsthemen ist die Nachrichtenrealität, wie auch im Fall von AJE, durch eine fast durchgehende Abwesenheit von Wirtschaftsthemen charakterisiert.

Die Themengruppe »Gesellschaft« umfasst insgesamt zwölf Unterkategorien. In der Analyse zeigt sich, dass es insbesondere die dramatischen Ereignisse sind, die in dieser Kategorie von INC-Journalisten berücksichtigt werden. Beiträge, die von Naturkatastrophen, Gewaltverbrechen und nichtmilitärischen Angriffen handeln, machen durchschnittlich rund 20% der Gesamt-Berichterstattung aus. Eine weitere herausragende Unterkategorie bildet der Bereich der Rechtsprechung, 7,4% der Gesamtberichterstattung erzählt von Straf- und Zivil-Prozessen, von Urteilsverkündungen und Prozessauftakten. Die reine Boulevard-Berichterstattung, die ausschließlich das »Human Interest« bedient, ist mit 4,4% weniger stark vertreten, als Kritiker dem Journalismus bisweilen vorwerfen. Eine Boulevardisierung der INC-Berichterstattung lässt sich aus den Gesamtergebnissen nicht ablesen.

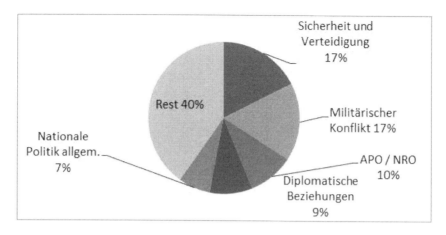

Abbildung 3: Verteilung Politische Gesamtberichterstattung INC (Angaben in Prozent, N:286).

Immerhin ein Drittel der untersuchten Berichterstattung fokussieren politische Themen, wobei die Themen der internationalen Politik (18,4%) dominieren.[576] Bereits hierin könnte ein Hinweis auf eine stärker deterritoriale Nachrichtenperspektive liegen, deren Ausgangspunkt nicht mehr nur ein spezifisches Politisches System ist.

Abb.3 zeigt die Zusammensetzung der »Politischen Gesamtberichterstattung« (Internationale und Nationale Politik) anhand der fünf am stärksten vertretenen Themengruppen. Offensichtlich liegt die Krisenberichterstattung dabei im Mittelpunkt. Wie in Kapitel 2 deutlich wurde, stehen INC mit dieser vergleichsweise starken Fokussierung auf Krisenthemen nicht allein.[577] Erstaunlich an der Politikberichterstattung ist die Tatsache, dass die drittstärkste Beitragsgruppe auf außerparlamentarische Politik, wie etwa auf Demonstrationen und Petitionen, fokussiert. Rechtspolitische, sozial- und gesundheitspolitische sowie umwelt- und bildungspolitische Themen spielen in der INC-Berichterstattung eine nur untergeordnete Rolle. Auch wer sich von INC einen Vorstoß in der Thematisierung entwicklungspolitischer Fragen erhofft, wird enttäuscht. Lediglich 0,5% der

---

576 Also solche Themen, die in ihrem Ursprung und in ihren Folgen sowie in der Zusammensetzung der beteiligten Akteure nicht auf ein, sondern auf mehrere Politische Systeme verweisen, vgl. Codebuch "Eine Globale Agenda" 2012.

577 Vgl. statt anderer: Kepplinger und Weißbecker 1991.

untersuchten Berichterstattung widmet sich Themen aus dem Bereich der Entwicklungspolitik. Das entspricht gerade einmal vier Beiträgen.

Themen aus dem Bereich der privaten Wirtschaft (»Wirtschaft«) sind mit rund 8% ebenfalls fester Bestandteil der INC-Berichterstattung. Hier interessieren die INC-Redakteure vor allem Nachrichten über Großunternehmen (3,7%) und zur allgemeinen Wirtschafts- und Beschäftigungslage (2,1%). Die starke Fokussierung auf die Wirtschaftsberichterstattung von CNNI und FR24 ist sicherlich auch Ausdruck einer thematischen Orientierung an den Interessen der avisierten Zielgruppe, wird diese doch als »highly educated, c-suite or business executives, [as] opinion leaders« beschrieben bzw. als »(new) opinion leaders«.[578] Im Rückschluss darf angenommen werden, dass AJE und RT offenbar weniger wirtschaftsaffine Zielgruppen avisieren.

Negativismus in der INC-Berichterstattung: Die Politische Kommunikation hat sich intensiv mit der Frage beschäftigt, inwiefern Nachrichtenmedien einem Berichterstattungsmuster folgen, das unter dem Begriff des Negativismus beschrieben wird.[579] Zumindest eine Affinität für negative Themen zeigt sich in der vorliegenden Analyse auf Ebene der thematischen Beitragsauswahl. Fasst man die Beitragsthemen Militärischer Konflikt, Katastrophen /Unglücke, Kriminalität, Bewaffneter innerstattlicher Konflikt zu einer Gesamtgruppe »Kriegs- und Konfliktberichterstattung« zusammen, zeigt sich, dass auf diese Gruppe ein gutes Viertel (26,8 %) der Gesamtberichterstattung entfällt (vgl. Abb.4).

Deutlicher noch zeigt sich das redaktionelle Interesse an negativen Themen in der Auswertung der entsprechenden Kategorie. Mehr als die Hälfte aller ausgewerteten Beiträge thematisiert ein negatives Ereignis, das sich auf einen materiellen, politischen, ideellen Schaden bezieht bzw. diesen unmittelbar zum Gegenstand hat. In der Regel stehen dabei Kriege, Anschläge, Katastrophen, Unfälle und »sonstige Personenschäden« im Vordergrund.

---

578 Strunz 2010a; Strunz 2010b.
579 Vgl. statt anderer: Stevenson und Gary 1984; Kepplinger und Weißbecker 1991.

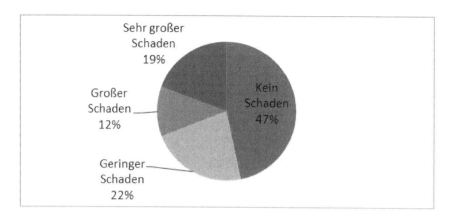

Abbildung 4: Negativismus in der INC-Berichterstattung (Angaben in Prozent, N:873).

Gleichwohl lässt sich aus dieser Zahl allein kein allgemeiner Negativismus ableiten. Wie weiter oben dargelegt, liegt ein Grund für den Überhang negativer Themen sicherlich auch durch die Themenlage in den Erhebungswochen erklären, in denen sich u.a. ein Flugzeugabsturz, eine Chemiekatastrophe und verheerende Waldbrände in Russland ereigneten.[580]

Die Al-Jazeera-Gruppe wurde in der Vergangenheit für eine zu sensationalistische und effekthaschende Berichterstattung kritisiert.[581] In der oberflächlichen Themenanalyse findet sich diese Kritik für AJE nicht bestätigt. Mit einem Anteil von 24,4% an der Kriegs- und Konfliktberichterstattung bleibt AJE unter dem Durchschnittswert (vgl. Tab.28) und wird hierin nur von CNNI untertroffen (17,7%). AJE ist – gemeinsam mit CNNI – der Sender, der am wenigsten stark auf den Faktor Negativismus setzt. Sowohl RT als auch BBC berichterstatten deutlich mehr über Krieg, Katstrophen und Kriminalität. Den absoluten Spitzenreiter in dieser Hinsicht bildet FR24, der über 41% seiner Nachrichtenrealität der Kriegs- und Konfliktberichterstattung widmet. Das Bild, das sich aus der Analyse der Kriegs- und Konfliktberichterstattung ergibt, findet sich in der Analyse der Negativberichterstattung weitgehend bestätigt. Am blutigsten fällt die

---

580 Eine Studie, welche die Negativität der INC-Berichterstattung differenziert analysieren möchte, täte insofern gut daran, auf einen längeren Erhebungszeitraum zu setzten und künstliche Nachrichtenwochen zu erheben.
581 Vgl. statt anderer: Al-Mikhlafy 2006.

Nachrichtenrealität von FR24 aus. Über 37% der FR24-Berichterstattung handelt von »schweren Unfällen mit langfristigen negativen Auswirkungen auf die Umwelt, Unfälle mit Toten, Anschlägen«.

	Ø	AJE	BBC WN	CNNI	FR24	RT
N	873	336	129	236	75	97
Militärischer Konflikt	5,8	3,9	10,9	4,2	8,0	8,2
Katastrophen / Unglücke	11,9	10,7	14,0	8,9	17,3	16,5
Kriminalität	6,9	6,5	9,3	4,2	13,3	6,2
Bewaffneter innerstaatl. Konflikt	2,2	3,3	3,1	0,4	2,7	1,0
Σ	26,8	24,4	37,3	17,7	41,3	31,9

Tabelle 28: Kriegs- und Konfliktberichterstattung von INC.

6.4 Die Nachrichtengeographie von INC
6.4.1 Überblick

Seit dem Beginn der INC-Ära haben sich an dieses neue Format viele Hoffnungen geknüpft. Bisweilen wurden INC als Sender interpretiert, die die Asymmetrien der Weltnachrichtenagenda ausgleichen könnten. Auch sahen Beobachter in INC Apologeten der Weltgesellschaft, die McLuhans Vision des »Global Village« in greifbare Nähe rücken könnten.[582] Wer mit solchen übersteigerten Erwartungen auf die vorliegenden Ergebnisse blickt, wird enttäuscht. Auch die Nachrichtenrealität von INC präsentiert den Zuschauern ein höchst fragmentarisiertes Bild der Welt, das durch

---

582 Vgl.: Wood 1998; vgl. auch: McLuhan und Powers 1992.

starke Asymmetrien und unzählige »weiße Flecken« charakterisiert ist. Dass INC eben keine »Lokalsender für das Globale Dorf« sind,[583] zeigt eine Auswertung der Gesamtländernennungen.[584] Insgesamt, das heißt über den gesamten Untersuchungszeitraum und für jeden Sender betrachtet, wurden lediglich 107 Länder als Handlungs- oder Bezugsort bzw. als Herkunftsländer der (aktiven und passiven) Handlungsträger einer Nachricht thematisiert. Trotz globalisierter Nachrichtennetzwerke und liberalisierter Mediensysteme, und trotz eines »globalen Sendeanspruchs« fanden somit 86 von der UN anerkannte Staaten in der Realität von INC schlichtweg nicht statt.

Man mag darüber streiten, ob INC den Anspruch haben sollten, über einen bestimmten Zeitraum alle Länder der Welt in ihre Nachrichtenrealität zu rücken, Fakt aber bleibt: Ein umfassendes Bild der Welt, wird von den fünf untersuchten Sendern nicht gezeichnet. Diese Einschätzung wird durch die Tatsache untermauert, dass es sich bei vielen der Länder, die in der kollektiven Wahrnehmung von INC keine Rolle spielen, um »alte Bekannte« handelt.[585] Es sind Länder wie Äthiopien, die Elfenbeinküste oder Gambia in Afrika, Belize, Panama oder Surinam in Lateinamerika oder Turkmenistan, Nepal oder Butan in Asien, die auch in der Nachrichtenrealität von INC keine Rolle spielen, und daran ändert offenbar auch eine »globale Zielgruppe« nichts.[586]

---

583 Wood 1998.
584 Die Nachrichtengeographie eines Sendeangebots wird über insgesamt acht Kategorien gemessen: über den Handlungsort einer Nachricht (kodiert wurden die drei in einer Nachricht zuerst genannten Länder), über den Bezugsort einer Nachricht (kodiert wurden die drei in einer Nachricht zuerst genannten Länder) sowie über den Herkunftsort des aktiven und des passiven Handlungsträger. Für einen Überblick können diese Ergebnisse in einer Kategorie »Gesamtländernennungen« zusammengefasst werden. In der weiteren deskriptiven Analyse und in den Regressionsmodellen wird der Fokus enger: es gehen nur die erst-genannten Länder, bzw. die erst genannten Handlungsträger in die Analysen ein. Aus nachrichtentheoretischer Sicht können sie als »wichtigste« geographische Information interpretiert werden.
585 Vgl. Kap. 2.2.
586 Strunz 2010a.

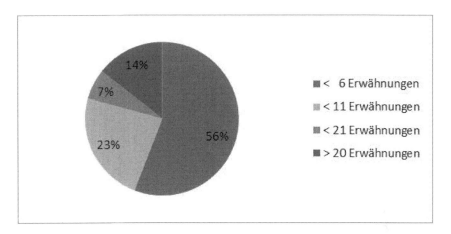

Abbildung 5: Erwähnungshäufigkeit von Ländern als Handlungsort einer Nachricht (Drei erst genannte Länder, Angaben in Prozent (N:77)

Neben solchen Staaten, die in der kollektiven Nachrichtengeographie ohnehin keine größere Rolle zu spielen scheinen, finden sich aber auch Länder in der Liste der nicht-berichterstatteten Staaten, die in der Vergangenheit immer mal wieder größere Aufmerksamkeit auf sich gezogen haben, wie etwa Algerien, Costa Rica, Ghana, Angola, die Slowakei oder Litauen.

In der Darstellung derjenigen Länder, die im Sample Erwähnung fanden, zeigt sich eine klare Hierarchie. Wie Abb.5 verdeutlicht, wird der überwiegende Teil der Länder, die als Handlungsorte auf INC Erwähnung finden, weniger als fünf Mal und somit eher beiläufig erwähnt. Hierzu zählen etwa Länder wie Tansania und Nepal, aber auch Portugal und Neuseeland, die jeweils nur ein einziges Mal als Handlungsort einer Nachricht präsentiert werden. Die Nennungen in dieser größten Ländergruppe (insgesamt zählen hierzu 43 Länder) scheinen fast zufällig zu erfolgen. Jedenfalls herrscht unter den Sendern in der Frage, ob es Länder dieser Gruppe in die Nachrichten schaffen oder nicht, kein ausgeprägter Konsens.

Im Mittelfeld (11-20 Erwähnungen) liegt eine Gruppe von 23 Ländern, die mit einiger Regelmäßigkeit und darüber hinaus auch senderübergreifend in INC-Nachrichten abgebildet werden. Hierzu zählen etwa Nigeria, Japan, Israel, Mexiko und auch Palästina. Die Spitzengruppe versammelt die Top-News-Maker: Insgesamt 11 Länder fanden als Handlungsort einer Nachricht mehr als 25 Mal Erwähnung. Angeführt wird diese Gruppe von den USA, die ihren Status als »Nachrichtensupermacht«[587] auch auf Internationalen Nachrichtensendern verteidigen. Ganze 150 Mal bzw. in rund 17% aller untersuchten Nachrichten, bildeten die USA den Handlungsort einer Meldung. Kein anderes Land ist in der Nachrichtenrealität von INC auch nur annähernd so präsent wie die USA. Und das gilt nicht nur für die Frage, wo eine Nachricht spielt, sondern auch für die Frage, welche Nationalität die aktiven Handlungsträger einer Nachricht besitzen. Auch in diesem Punkt haben INC das globale Nachrichtenangebot weniger stark verändert, als sich dies Kritiker und Medienjournalisten bisweilen wünschen. Insgesamt zeigt die Liste der Top-Ten-Newsmaker, verglichen mit den Ergebnissen vorangegangener, international-vergleichender Studien, viele Gemeinsamkeiten.[588]

So beeinflussen auch auf INC insbesondere die UN-Veto-Mächte USA, Großbritannien, Frankreich, Russland und China das Nachrichtengeschehen. Und auch die BRD findet sich in vorangegangenen Studien immer wieder unter den Ländern, die international besonders stark berücksichtigt werden.[589] Neben diesen »Elitenationen« erregen offenbar auch solche Länder die Aufmerksamkeit von INC, die man als internationale Krisengebiete bezeichnen kann. Hierunter zählten während des Untersuchungszeitraums Pakistan und Afghanistan. Nachrichten aus diesen Ländern beschäftigen sich in aller Regel mittel- oder unmittelbar mit kriegerischem und terroristischem Geschehen und dessen Folgen.[590] Dieses Ergebnis unterstreicht die Einschätzung, dass die Krisenberichterstattung unter Umständen nur sehr kurzfristige ein Schlaglicht auf ein Land bzw. eine Region wirft. So spielt der Irak, für viele Sender über lange Zeit im Mittelpunkt der Krisenberichterstattung,[591] nach dem Abzug der internationalen Kampftruppen, offenbar keine Rolle mehr.[592] Ganz zu schweigen von

---

587 Hagen et al. 1998a: 75.
588 Vgl.: Sreberny-Mohammadi 1995; Stevenson 1996; Wu 2000.
589 Hagen 1998: 146.
590 Die hohe Aufmerksamkeit, die Pakistan erfährt, ist auch auf eine Flugzeugkatstrophe und einen Flugzeugabsturz zurückzuführen, die in den Erhebungszeitraum fielen.
591 Vgl. etwa: Al-Najjar 2009.
592 Im Sample bildet der Irak lediglich in 0,8% der Meldungen den Handlungsort einer Nachricht.

Bosnien, das in der Foreign-News-Studie noch auf Platz fünf des Top-News-Maker landete.[593]

Liste der INC- Top Newsmaker	
1.	USA (17,2 %)
2.	Großbritannien (8,1%)
3.	Frankreich (5,8%)
4.	Pakistan (5,7%)
5.	Afghanistan (5,2%)
6.	Russland (4,7%)
7.	Indien (4,5%)
8.	China (3,1%)
9.	BRD (3,0%)
10.	Ungarn (2,9%)
11.	Palästina (2,9%)

Tabelle 29: INC- Top News-Maker mit >20 Erwähnungen als Handlungsort einer Nachricht (Erstes erwähntes Land, Anteil an der Gesamtberichterstattung, Angaben in Prozent).

Die Rangliste nennt aber auch einige Länder, deren starke Prominenz zumindest erklärungsbedürftig ist, nämlich Indien, Ungarn und Palästina. Die starke Beachtung Ungarns ist leicht zu erklären. In den Untersuchungszeitraum fiel eine Chemiekatastrophe, in deren Folge ganze Landstriche mit rotem, hochgiftigem Schlamm verseucht wurden. An diesen spektakulären Bildern kam offensichtlich kein Sender vorbei, zumal sich die Katstrophe über mehrere Tage entwickelte und zu eskalieren drohte.

---

593 Sreberny-Mohammadi 1995; Stevenson 1996. Im vorliegenden Sample bildet Bosnien in 0,2% der Meldungen den Handlungsort einer Nachricht.

Erwähnungshäufigkeit nach Kontinenten

1.	Asien (29,6)
2.	Westeuropa (24,4)
3.	Nordamerika (17,9)
4.	Naher Osten (7,5)
5.	Lateinamerika (6,7)
6.	Afrika (5,3)
7.	Osteuropa (4,8)
8.	Ozeanien (0,9)

Tabelle 30: Erwähnungshäufigkeit (Handlungsort einer Nachricht) nach Kontinenten (Erstes erwähntes Land, Angaben in Prozent (N:873).

Eine Analyse der thematischen Varianz der Ungarn-Berichterstattung stützt diese Einschätzung. Von 23 Nachrichten, in denen Ungarn den Handlungsort stellt, sind 21 unter der Themenkategorie »Katastrophen / Unglücke« kodiert, zwei unter der Kategorie »Sport«. Eine Themenanalyse der Indienberichterstattung zeigt, dass diese insbesondere einem sportlichen Großereignis geschuldet ist. Da, wie erwähnt, nicht alle Sender einen Sportblock in ihren Nachrichten anbieten, bleibt das Ergebnis in seiner Aussage eingeschränkt. Gleiches gilt für die Stellung Palästinas, wenn auch aus einem anderen Grund: Die starke Stellung, die das Westjordanland und der Gazastreifen im Sample aufweisen erklärt sich, wie zu sehen sein wird, insbesondere durch die starke Beachtung dieser Region durch Al-Jazeera.

Betrachtet man die Erwähnungshäufigkeit nach Kontinenten, zeigen sich in der INC-Berichterstattung im Vergleich zu den Ergebnissen vorangegangener Studien Konstanten, aber auch einige Überraschungen. Wenig überraschend ist die Tatsache, dass sich die USA auch im Ranking nach Kontinenten, als das am besten abgebildete Land der Welt präsentieren. Mit einem Berichterstattungsanteil von rund 18% entspricht der Grad journalistischer Aufmerksamkeit, die INC den USA (und Kanada) entge-

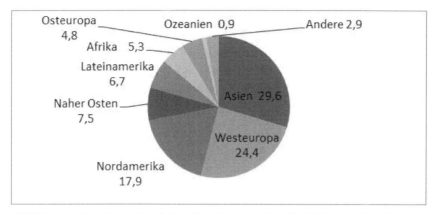

Abbildung 6: Erwähnungshäufigkeit Handlungsort einer Nachricht nach Kontinenten (Erstes erwähntes Land, Angaben in Prozent, N:873).

genbringen, in etwa den Beachtungswerten, die auch Medien ohne grenz-überschreitenden Sendeanspruch aufweisen.[594] Gleiches gilt für die Be-achtungswerte Asiens. Mit rund 30% bildet Asien den am besten reflek-tierten Kontinent. Diese Tatsche darf nicht darüber hinwegtäuschen, dass es sich bei Asien auch um den mit Abstand größten Kontinent handelt. Zudem fallen die beiden Top-Newsmaker Pakistan und Afghanistan in die Region.

Verglichen mit den Werten, die bspw. Tiele in der Auswertung ihrer »globalen Stichprobe« von Zeitungsnachrichten präsentiert (17%), zeigt sich die Berichterstattung über Westeuropa mit über 24% Berichterstat-tungsanteil in der Nachrichtenrealität von INC besonders stark repräsen-tiert.[595] Hierauf wird in der Auswertung der einzelnen Sender noch einge-gangen.

Ein echtes Novum stellt vordergründig die vergleichsweise starke Be-achtung Lateinamerikas dar. Der süd- (und mittel-) amerikanische Konti-nent gehörte lange Zeit zu den am schlechtesten abgebildeten Weltregio-nen überhaupt.[596] Mit einer Erwähnungshäufigkeit von 6,7 % liegt das In-teresse, dass INC Nachrichten entgegenbringen, die in Süd- und Mittel-amerika spielen, etwa gleichauf mit dem Interesse für die Länder des Na-

---

594 Vgl. etwa: Tiele 2010; Meckel 1996.
595 Tiele 2010: 187ff.
596 Vgl. statt anderer: Kamps 1998: 287ff.

hen Ostens! In der Analyse zeigt sich allerdings, dass dieses starke Interesse für Südamerika insbesondere vier Ländern gilt: Chile, Argentinien, Mexiko und Brasilien. Sie zeichnen gemeinsam für rund fünf Prozent der Erwähnungshäufigkeiten verantwortlich. Auch wenn die starke Beachtung, die Südamerika auf Internationalen Nachrichtensendern erfährt, insofern nicht mit einem geographisch fein-differenzierten Nachrichtenbild des Kontinents verwechselt werden darf, ist das Ergebnis dennoch beachtenswert. Zumindest in diesem Punkt zeichnen INC eine geographische Nachrichtenrealität, die sich deutlich von bekannten und tradierten Weltbildern unterscheidet. Die weiteren »weißen Flecken« der internationalen Berichterstattung finden sich auch in den Nachrichtengeographien von INC. Der »vergessene Kontinent« Afrika scheint auch in der INC-Nachrichtenrealität nur am Rande von Interesse zu sein. Eine Nachrichtengeographie, die einer klaren Hierarchie in der Verteilung ihrer Aufmerksamkeit folgt, zeigt sich auch in dem chronischen Desinteresse für Osteuropa und Ozeanien. Abgesehen von der Darstellung einer bildstarken Katastrophe in Ungarn wird Osteuropa von INC so gut wie nicht abgebildet. Gleiches gilt für Ozeanien. Beide Kontinente sind trotz internationalisierter Programangebote weiterhin die am schlechtesten reflektierten Regionen der Welt.

6.3.2 Die Nachrichtengeographie von INC im Vergleich

Die Nachrichtengeographie der einzelnen INC erweist sich als erstaunlich konstant und vieles deutet darauf hin, dass es auch unter INC einen Konsens in der Frage gibt, welche Länder und Kontinente als nachrichtenwert eingeschätzt werden und welche nicht. Entsprechend handelt es sich bei den Abweichungen von den in Kap. 6.3.1 vorgestellten Mustern, oftmals lediglich um Nuancen. Dies zeigt sich deutlich in der Top-Ten-Liste der Erwähnungshäufigkeiten. Tab.31. verdeutlicht, dass sich die nachrichtengeographischen Wirklichkeitsentwürfe der jeweiligen INC quantitativ und nicht so sehr qualitativ unterscheiden. Unterschiede bestehen nicht so sehr in der Frage, ob ein Land in den Nachrichten abgebildet wird oder nicht, sondern vielmehr darin, wie es abgebildet wird, d.h. im Grad der Aufmerksamkeit das es erfährt. So fallen die geographischen Schwerpunkte auf BBC besonders flach aus, während FR24 diese besonders deutlich zeichnet. Deutlichere Verschiebungen zeigen sich auch in dem Beachtungsgrad, der einem Land zukommt. So bringt CNNI der kommenden Wirtschaftsmacht China ein deutlich größeres Interesse entgegen als etwa

AJE und FR24 schreibt den USA offenbar wesentlich weniger Nachrichtenwert zu als RT.

Solche Unterschiede können nicht verdecken, dass in der Frage, welche Länder zu den wichtigsten Nachrichtenmachern gehören, ein Konsens besteht, der sich in Chefredaktionen in Atlanta, in Paris, in Moskau, in London und Doha als tragfähig erweist. Denn Ausreißer-Länder finden sich im Vergleich der jeweiligen Top-Ten-Listen wenige und wenn es sie gibt, so sind sie zumeist im unteren Aufmerksamkeitsfeld angesiedelt. So setzt AJE einen besonderen Schwerpunkt auf die palästinensischen Gebiete und BBC räumt Nachrichten aus Südafrika mehr Platz ein. CNNI interessiert sich stärker für den US-Anrainerstaat Mexiko sowie für Chile.

Grundsätzlich erweist sich die Nachrichtengeographie der untersuchten INC in ihren Spitzen aber als erstaunlich homogen. Und auch die Werte, die den Beachtungsgrad eines Kontinents messen, liegen erstaunlich dicht beieinander. Und selbst die Reihenfolge, die die senderspezifische Beachtungshierarchie festlegt, kennt nur wenige Ausreißer. Entsprechend wird Asien von allen Sendern (mit Ausnahme von FR24) am besten reflektiert (vgl. Tab.32).

	Ø	AJE	BBC-WN	CNNI	FR24	RT
N	873	336	129	236	75	97
1.	USA	USA	UK	USA	Frankr.	Rus.
	17,2	16,4	14,0	26,3	29,3	24,7
2.	UK	UK	USA	UK	Pakistan	USA
	8,1	6,8	11,6	7,2	9,3	13,4
3.	Frank.	Indien	Pakist.	Pakist.	UK	Pakist.
	5,8	6,3	9,3	5,9	9,3	6,2
4.	Pakist.	Afghan.	Afghan.	Indien	USA	UK
	5,7	5,1	8,5	5,5	6,7	5,2
5.	Afghan.	BRD	Rus.	China	Afghan.	Afghan.
	5,2	3,9	4,7	4,7	5,3	4,2
6.	Rus.	Frankr.	Frankr.	Afghan.	Ungarn	Kirgist.
	4,7	3,9	4,7	4,2	4,0	4,)
7.	Indien	Ungarn	China	Frankr.	Russl.	Südkor.
	4,5	3,6	3,9	3,8	4,0	3,1
8.	China	Pakistan	Ungarn	BRD	Belgien	Thail.
	3,1	3,3	3,1	3,4	2,7	3,1)
9.	BRD	Paläst.	Indien	Mexiko	China	Ukraine
	3,0	3,3	3,1	2,5	2,7	(3,1)
10	Ungarn	China	Südafr.	Chile	Liban.	China
	2,9	2,1	2,3	2,1	2,7	2,1

Tabelle 31: INC- Top Newsmaker / Erwähnungshäufigkeit als Handlungsort (Erstes erwähntes Land, Angaben in Prozent).

	Ø	AJE	BBC-WN	CNNI	FR24	RT
N	873	336	129	236	75	97
1.	Asien 29,6	Asien 27,0	Asien 36,8	Asien 27,4	West-Europa 46,6	Asien 55,5)
2.	West-Europa 24,4	West-Europa 23,3	West-Europa 26,6	Nord-Amerika 27,3	Asien 26,5	Nord-Amerika 13,4
3.	Nord-Amerika 17,9	Nord-Amerika 16,7	Nord-Amerika 11,6	West-Europa 21,9	Nord-Amerika 6,7	West-Europa 12,2
4.	Naher Osten 7,5	Naher Osten 9,9	Afrika 7,9	Latein-Amerika 8,3	Latein-Amerika 5,3	Ost-Europa 9,2
5.	Latein-Amerika 6,7	Latein-Amerika 8,4	Latein-Amerika 5,6	Naher Osten 5,3	Naher Osten 4,0	Naher Osten 4,1
6.	Afrika 5,3	Afrika 6,9	Naher Osten 5,6	Afrika 3,3	Ost-Europa 4,0	Afrika 2,1
7.	Ost-Europa 4,8	Ost-Europa 5,4	Ost-Europa 3,6	Ost-Europa 2,5	Afrika 2,6	Latein-Amerika 1,0
8.	Ozeanien 0,9	Ozeanien 0,9	Ozeanien 1,6	Ozeanien 0,4	Ozeanien 1,3	Ozeanien 1,0
n.z.	2,3	2,1	1,6	2,9)	2,7	2,1

Tabelle 32: INC- Top Newsmaker / Erwähnungshäufigkeit als Handlungsort zusammengefast nach Kontinenten (Erstes erwähntes Land, Angaben in Prozent).

181

Große Übereinstimmung besteht in der Frage, welcher Grad an Beachtung Nordamerika, dem Nahen Osten und Osteuropa in der internationalen Nachrichtenarchitektur zukommen. Die größte Übereinstimmung herrscht aber in Bezug auf Ozeanien dem so gut wie keine Beachtung geschenkt wird. Gleichwohl gibt es in den nachrichtengeographischen Wirklichkeitsangeboten von INC auch deutliche Unterschiede, die ein Indiz dafür sind, dass es sich bei den verschiedenen Sendeangeboten nicht nur um ein »more of the same« handelt, sondern um Programme, die ihren Zuschauern tatsächlich ein gewisses Maß nachrichtengeographischer Alterität anbieten. Die deutlichsten Abweichungen von der durchschnittlichen Verteilung zeigt auch hier Russia Today (vgl.: Abb.7). Mehr als jedes zweite Land, das auf RT den Handlungsort einer Nachricht bildet, liegt in Asien.[597] Diese starke Fokussierung geht auf Kosten aller anderen Kontinente und insbesondere von Lateinamerika. Eine Ausnahme bilden hier lediglich die russischen Nachbarstaaten, die in der Region »Osteuropa« zusammengefasst sind.

Sehr deutliche Abweichungen von den durchschnittlichen Beachtungswerten zeigen darüber hinaus CNNI und FR24. Länder aus Westeuropa haben in den FR24 »News« eine beinahe doppelt so große Chance, zum Handlungsort einer Nachricht zu werden, wie in den Nachrichten anderer INC. Wie Tab.32 zeigt, resultiert diese hohe Aufmerksamkeit für Westeuropa vor allem aus einer weit überdurchschnittlichen Beachtung von Geschehen, das sich in Frankreich abspielt. Der starke Fokus von CNNI auf Nordamerika (27,3%) resultiert fast ausschließlich aus einem besonders großen Interesse für Themen, die in den USA spielen. Und noch eins macht Abb.7 deutlich. Die eingangs erwähnten relativ hohen durchschnittlichen Beachtungswerte für Afrika und Ozeanien, wie sie für das Gesamtsample charakteristisch sind, reflektieren insbesondere die Berichterstattungsmuster von AJE und BBC.

---

597 Dieser hohe Wert erklärt sich natürlich auch, aber nicht nur, über die starken Beachtungswerte für Russland.

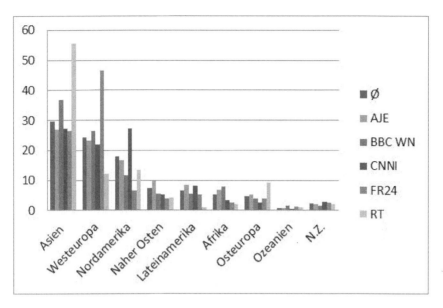

Abbildung 7: INC- Top Newsmaker / Erwähnungshäufigkeit als Handlungsort zusammengefast nach Kontinenten (Erstes erwähntes Land, Angaben in Prozent).

6.3.3 Zentrismus und Elitenfixierung

Forschungsleitend für die Studie sind die Fragen danach, inwiefern INC
geographische Nachrichtenrealität in Abhängigkeit zu ihrem Herkunftsland konstruieren (FF_1) und inwieweit sie in ihrer Berichterstattung auf
mächtige Länder fokussieren (FF_2). Die daraus abgeleiteten Forschungsfragen $FF_{1.1}$ und $FF_{2.1}$ rücken die rein quantitativen Aspekte dieser Fragestellung in den Vordergrund. Sie fragen danach, ob INC ihr ursprüngliches
Herkunftsland in den absoluten Berichterstattung-Mittelpunkt rücken
($FF_{1.1}$) und ob sie Elitenationen in den Mittelpunkt ihrer Berichterstattung
rücken ($FF_{2.1}$). Es wird davon ausgegangen, dass INC ihr jeweiliges Herkunftsland nicht in den absoluten Berichterstattungsmittelpunkt rücken
($H_{1.1}$) und, dass INC die zehn mächtigsten Nationen in den Berichterstattungsmittelpunkt rücken ($H_{2.1}$). $H_{1.1}$ wird angenommen, wenn das ursprüngliche Herkunftsland in nicht mehr als 53% der Fälle der thematisierte Handlungsorte ist und wenn die erwähnten aktiven Handlungsträger
in nicht mehr als 53% der Fälle aus dem ursprünglichen Herkunftsland des
Senders stammen. $H_{2.1}$ wird angenommen, wenn Elitenationen mehr als

50% der in den Nachrichten thematisierten Handlungsorte ausmachen und wenn mehr als 50% der erwähnten aktiven Handlungsträger aus Elitenationen stammen. Dies sind: USA, China, GB, Frankreich, Russland, Japan, Deutschland, Südkorea, Italien, Indien.

Tab.33 zeigt, für welche INC $H_{1.1}$ und $H_{2.1}$ auf Grundlage der Datenauswertung angenommen bzw. zurückgewiesen werden. Die Ergebnisse werden im Folgenden senderspezifisch diskutiert.

Sender	Ereignisort gleich Heimatl.	Aktiver HT gleich Heimatl.	Ereignisort gleich Elitenat.	Aktiver HT gleich Elitenat.	$H_{1.1}$	$H_{2.1}$
AJE	-	1,3	43,6	35,4	√	X
BBC-WN	14,0	17,1	43,6	42,0	√	X
CNNI	26,3	43,9	52,1	58,5	√	√
FR24	29,3	28,0	54,6	32,0	√	X
RT	24,7	49,2	53,6	78,0	√	√

Tabelle 33: Länderbeachtung durch INC (erstes erwähntes Land / erster erwähnter Handlungsträger; Angaben in Prozent).

Al-Jazeera English: Al-Jazeera English ist als die Nachrichtenalternative aus dem Süden angetreten. Nicht zuletzt, weil der Sender mit dem Versprechen geworben hat eine alternative Nachrichtengeographie zu präsentieren, die auf die »underreported regions« dieser Erde fokussiert,[598] hat der Sendestart des Staatsunternehmen aus Katar viel öffentliche Aufmerksamkeit auf sich gezogen. Tatsächlich erweckte das Programm von AJE in den Augen vieler Beobachter zunächst den Anschein radikaler nachrichtengeographischer Alterität.[599] Al-Najjar, der empirisch der Frage nachging: »How alternative is Al-Jazeera English«[600], konnten allerdings zeigen, dass die nachrichtengeographische Agenda von AJE zwar deutliche

---

598   Al-Jazeera 2007.
599   Staun 2006.
600   Al-Najjar 2009.

Abweichungen von bekannten Konstruktionsmustern zeigt, aber gleichwohl keinen größtmöglichen Gegensatz hierzu darstellt. Insbesondere die schwache Repräsentanz solcher Gebiete, die traditionell zur Nachrichtenperipherie zählen und die auch auf AJE kaum Erwähnung finden, bekräftigt diesen Eindruck. Iskandar erklärt denn auch Al-Jazeeras Anspruch auf Alterität zu einer Marketingstrategie.[601]

Die Ergebnisse der vorliegenden Studie kommen zu einem stärker differenzierten Bild. Auch im fünften Jahr seines Bestehens bildet Al-Jazeera English eine nachrichtengeographische Alternative. Und dies gilt sowohl im Vergleich mit den tradierten Berichterstattungsmustern, als auch im Vergleich mit seinen unmittelbaren Konkurrenten. Dennoch fällt Al-Jazeeras Alterität moderat und keineswegs so radikal aus, wie dies die Marketingabteilung des Senders verspricht. Wenig erstaunlich sind zunächst die Beachtungswerte für Asien, mit denen sich AJE in etwa gleichauf mit CNNI bewegt. Was tatsächlich erstaunt, ist AJEs enormes Interesse an Westeuropa und den USA. Beide Kontinente gehören sicherlich nicht zu den »neglected regions«[602] dieser Welt und stehen dennoch im Fokus des Senders. Mit einem Nachrichtenangebot, in dem über 23% der Meldungen in Westeuropa spielen und fast 17% in den USA, bewegt sich AJE in altbekannten Mustern und erweist sich in diesem Punkt als konservativer als manch anderer INC.

---

601 Iskandar 2006: 255.
602 Al-Jazeera 2007.

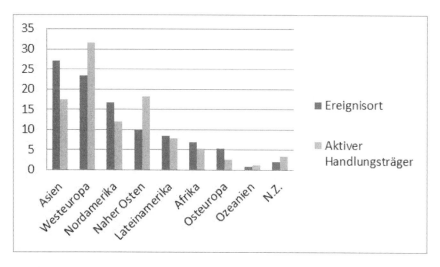

Abbildung 8: AJE: Beachtung von Handlungsorten (erstes erwähntes Land (N:336)) und aktiven Handlungsträgern (erster erwähnter Handlungsträger (N:149)), (zusammengefasst nach Kontinenten, Angaben in Prozent).

Dass AJE mit rund 10% Berichterstattungsanteil einen deutlichen, aber dennoch nicht übermäßigen Nachrichtenschwerpunkt auf Geschehen im Nahen Osten legt, belegt eine deutliche Neuorientierung des Senders, hatten frühere Studien doch höhere Beachtungswerte dokumentiert.[603] Ein deutlicheres Maß an Alterität drückt sich in den vergleichsweise hohen Beachtungswerten für Länder Lateinamerikas (8,4%), Afrikas (6,9%) und Osteuropas (5,4%) aus.

Verglichen mit den Ergebnissen früherer Studien, die zeigen konnten, dass AJE vor einigen Jahren noch eine wesentlich deutlichere Schwerpunktsetzung auf Afrika und Lateinamerika wagte,[604] scheint es so, als hätte sich AJE ein gutes Stück weit dem Berichterstattungsmainstream angepasst. Vom Anspruch radikaler Alterität ist in der Nachrichtengeographie des Senders nicht mehr viel übrig geblieben.

Die Kategorie »Handlungsträger aktiv« dokumentiert Akteure, die in einer Nachricht im Bild zu sehen sind und denen eigene Sprechzeit eingeräumt wurde. Die Auswertung dieser Kategorie ist auch deshalb von Inte-

---

603 Figenschou 2010. Figenschou kann Beachtungswerte von rund 20% dokumentieren, für Nachrichten die im Nahen Osten spielen.
604 Al-Najjar 2009; Figenschou 2010.

resse, da in der NWIKO-Debatte wiederholt der Vorwurf geäußert wurde, dass Akteure der Dritten Welt in westlichen Medien nur unzureichend zu Wort kämen und ihre Sicht der Dinge auf Geschehen, dass sie selbst betrifft, in der Regel nicht darstellen könnten.[605] Abb.8 zeigt, dass auf AJE zwar mehr europäische als etwa asiatische Akteure zu Wort kommen, gleichwohl lässt sich kein grundsätzliches Nord-Süd-Gefälle aus den Daten ablesen. Im Gegenteil darf AJE für sich in Anspruch nehmen, dass Akteure aus Lateinamerika und Afrika vergleichsweise häufig zu Wort kommen. Besonders deutlich bildet AJE dabei Akteure aus dem Nahen Osten, und hier vor allem aus Palästina, ab. Dieses Ergebnis kann als Bestätigung von Schenks Einschätzung gelesen werden, wonach auf AJE Angehörige der muslimischen Religion überdurchschnittlich oft als aktive Handlungsträger in Szene gesetzt werden.[606]

Hinsichtlich der Beantwortung der Ausgangsfragen ergibt sich im Falle von AJE eine Besonderheit. AJE thematisiert sein ursprüngliches Herkunftsland im Untersuchungszeitraum kein einziges Mal als Ereignis- oder Bezugsort einer Nachricht, lediglich zweimal treten Akteure mit katarischer Nationalität in AJE-Nachrichten als aktive Handlungsträger in Erscheinung. Da Katar auch in den Nachrichten der anderen Sender im Untersuchungszeitraum überhaupt keine Rolle spielt, mag man hierin einen Beleg für ein besonders hohes Maß an Deterritorialität sehen. Die fast vollständige mediale Vernachlässigung des Landes, in dem ein Großteil der AJE-Struktur beheimatet und von dessen Regierung AJEs ökonomische Zukunft abhängig ist, lässt sich aber auch anders interpretieren: als Hinweis auf eine bestehende Zensur, durch das Haus Al-Thani, das eine Berichterstattung über die inneren Belange des Golfstaates verhindern möchte.[607] Was nun letztlich der ausschlaggebende Punkt für ein Berichterstattungsmuster ist, das auf die Abbildung des eigenen Heimatlandes beinahe ganz verzichtet, müssen andere Forschungsarbeiten klären. Festzuhalten bleibt, dass $H_{1.1}$ für AJE zutrifft.

Tab.34 zeigt, welchen Grad an Beachtung AJE den so genannten Elitenationen und ihren Handlungsträgern entgegenbringt. Obgleich $H_{2.1}$ weder für die Beachtung von Ereignisorten noch für die Beachtung von Handlungsträgern zutrifft, zeigt sich auf AJE gleichwohl eine deutliche Fixie-

---

605   Vgl. Kap. 2.1.
606   Schenk 2009.
607   Vgl. dazu auch: Al-Mikhlafy 2006.

rung auf die Mächtigen dieser Welt. Dabei sind offensichtlich nicht alle Elitenationen von gleich großem Interesse. Vielmehr folgt die Berichterstattung auch in diesem Segment einer klaren Hierarchie, an deren Spitze die USA und Großbritannien und an deren unterem Ende Italien, Japan und Südkorea stehen. Zumindest als Handlungsort einer Nachricht spielt auch das Schwellenland Indien eine größere Rolle. Die kommende Supermacht China bleibt im Sample hingegen stark unterrepräsentiert. Wie dargelegt bleibt AJE gleichwohl derjenige Sender, der am wenigsten stark auf Elitenationen und auf das eigene Heimatland fokussiert. Wenn man so will, fällt die Nachrichtenagenda von AJE also – gemäß der definierten Kriterien – am stärksten internationalisiert aus.

Land	Ereignisort	Aktiver Handlungsträger
USA	16,4	11,4
China	2,1	1,3
GB	6,8	10,7
Frankreich	3,9	6,0
Russland	2,1	2,7
Japan	0,9	-
Deutschland	3,9	2,0
Südkorea	0,6	-
Italien	0,6	-
Indien	6,3	1,3
Σ	43,6	35,4

Tabelle 34: AJE: Beachtung von Handlungsorten (erstes erwähntes Land (N:336)) und aktiven Handlungsträgern (erster erwähnter Handlungsträger (N:149)), (zusammengefasst nach Elitenationen, Angaben in Prozent).

BBC World News: Sicherlich auch aufgrund der langen Tradition, die die BBC im Nachrichtengeschäft vorzuweisen hat, gelten die BBC World News vielen Zuschauern als Inbegriff des seriösen internationalen TV-

Journalismus. Es verwundert insofern nicht, dass die BBC World News unmittelbar mit den CNN International News konkurrieren und diesen im Jahr 2010 erstmals den Rang abgelaufen haben.[608] Wie Tab.33 zeigt, ist der gute Ruf, den die World News genießen, zumindest in nachrichtengeographischer Hinsicht, durchaus gerechtfertigt. Zwar präsentiert auch die BBC ihren Zuschauern eine Nachrichtenrealität, die sich deutlich an den Strukturmerkmalen der internationalen Berichterstattung orientiert. Gleichwohl gehören die BBC World News neben Al-Jazeeras News Hour zu denjenigen Formaten, die am wenigsten stark auf die eigene Nation und auf Elitenationen fokussieren. Entsprechend trifft $H_{1.1}$ für BBC World News zu, $H_{2.1}$ wird zurückgewiesen.

Was die Nachrichtengeographie der World News vielleicht am deutlichsten von den Nachrichten anderer Sender unterscheidet, ist die konsequente Afrika-Berichterstattung. Mit einem Berichterstattungsanteil von 7,9% weisen die BBC World News nicht nur das mit Abstand stärkste Interesse an Afrika auf, sondern konstruieren darüber hinaus einen besonders breiten Länderfokus.[609] Abb.9 zeigt, dass die Afrika-Berichterstattung der BBC dabei keineswegs besonders negativ ausfällt.[610]

Auch was die Fokussierung auf die USA angeht, können die World News eine stärker ausgewogene Nachrichtenrealität präsentieren. Mit einem Berichterstattungsanteil von 11,6% fällt der Fokus auf Nordamerika im BBC-Sample mit am geringsten aus und liegt deutlich hinter dem »alternativen« Angebot von AJE. Lateinamerika und Osteuropa bilden gleichwohl auch auf BBC World News diejenigen Regionen, die eine nur geringe und äußerst punktuelle Aufmerksamkeit erfahren.

---

608 Thibaut 2010.
609 Insgesamt werden sieben afrikanische Länder in den BBC World News als Handlungsorte einer Nachricht thematisiert, diese sind: Ägypten, D.R. Kongo, Kenia, Nigeria, Südafrika, Somalia und Tansania.
610 Die Aussagekraft bleibt aufgrund der geringen Fallzahl eingeschränkt. Im Falle von FR24 und RT, von denen jeweils zwei bzw. drei afrikanische Länder thematisiert wurden, kann auf Grundlage der vorliegenden Daten faktisch keine Aussage getroffen werden.

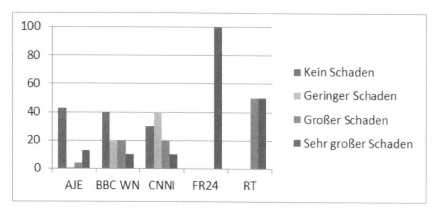

Abbildung 9: Negativismus in der Afrika-Berichterstattung (erstes erwähntes Land, Angaben in Prozent).

Dieser Eindruck wird zumindest im Falle von Osteuropa durch die Auswertung auf Länder- und Themenebene verstärkt. Die gesamte Osteuropaberichterstattung der BBC lässt sich auf gerade einmal ein Land und ein Thema zurückführen: auf den bereits erwähnten Chemieunfall in Ungarn.

Ein Vergleich der Selektionsmuster in den Kategorien »Aktiver Handlungsträger« und »Handlungsort« zeigt nur geringe Abweichungen. Asiatische Handlungsträger sind leicht unter-, europäische und nordamerikanische Handlungsträger leicht überrepräsentiert. Dieses Gefälle ist sicherlich auch in der Krisenberichterstattung aus Afghanistan begründet. Naturgemäß werden hier auch viele Militärs und Politiker aus dem westlichen Lager gehört, obgleich der eigentliche Handlungsort der Meldung in Afghanistan liegt. Auch in den BBC World News bleibt Afrika ein weitgehend stummer Kontinent.

Trotz aller Internationalität in der Darstellung des eigenen Herkunftslandes folgen die World News bekannten Berichterstattungsmustern. Über 14% aller thematisierten Handlungsorte liegen in Großbritannien, und über 17% aller aktiven Handlungsträger sind britischer Herkunft. Die World News bleiben somit zwar deutlich hinter dem Grad zurück, den viele Medien ohne internationalen Sendeanspruch in ihrer »Inlandsberichterstattung« an den Tag legen. Fakt aber bleibt: Großbritannien bildet auch in den World News das in mehrfacher Hinsicht am besten reflektierte Land.

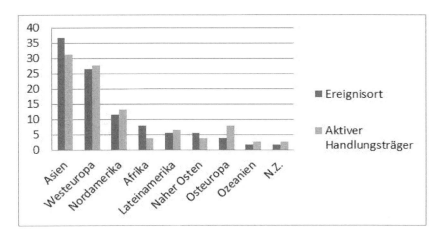

Abbildung 10: BBC WN: Beachtung von Handlungsorten (erstes erwähntes Land (N:129)) und aktiven Handlungsträgern (erster erwähnter Handlungsträger (N:76)), (zusammengefasst nach Kontinenten, Angaben in Prozent).

Land	Ereignisort	Aktiver Handlungsträger
USA	11,6	11,8
China	3,9	2,6
GB	14,0	17,1
Frankreich	4,7	5,3
Russland	4,7	2,6
Japan	0,8	-
Deutschland	1,6	-
Südkorea	-	-
Italien	-	-
Indien	2,3	2,6
Σ	43,6	42,0

Tabelle 35: BBC-WN: Beachtung von Handlungsorten (erstes erwähntes Land (N:129)) und aktiven Handlungsträgern (erster erwähnter Handlungsträger (N:76)), (zusammengefasst nach Elitenationen, Angaben in Prozent).

Und dieser hohe Beachtungsgrad lässt sich offenbar nicht allein über den Status Großbritanniens als Elitenation erklären.[611] Auch wenn $H_{1.1}$ insofern für BBC-WN angenommen wird, bleibt das hohe Maß an einer auf Großbritannien bezogenen Berichterstattung zumindest erklärungsbedürftig.

CNN International: CNN International, der erste Internationale Nachrichtensender überhaupt, sah sich in seiner Geschichte wiederholt dem Vorwurf der nachrichtengeographischen Unausgewogenheit ausgesetzt. Nicht zuletzt, weil die Kritik einer heimatbezogenen Berichterstattung unmittelbar den Markenkern von INC gefährdet, hat die Sendeleitung früh darauf reagiert.[612] Entsprechend erklärt der Sender auf Anfrage: »CNN International doesn't consider one country as the homeland« of the channel as we target a global audience".[613] Trotz dieser Bekundungen ist die Kritik nicht abgerissen. Noch 2004 richteten Rain und Brooker-Gross an CNNI die Frage: »Precisely how international are the cable networks? or are they simply American formats broadcasted to other countries?«.[614] Betrachtet man die vorliegenden Daten, sind diese Fragen durchaus berechtigt.

Deutlicher noch als im Falle von AJE konzentriert sich die Berichterstattung von CNNI auf drei Regionen: Asien, Nordamerika und Westeuropa. Dem Rest der Welt gesteht CNNI gerade einmal ein Viertel seiner Sendezeit zu. Afrika, Osteuropa, Ozeanien und selbst der Nahe Osten spielen im CNNI World Report eine nur nachgeordnete Rolle. Eine deutliche Ausnahme bildet Lateinamerika. Über 8% der untersuchten Beiträge von CNNI spielen in Ländern Süd- und Mittelamerikas. Auch die Analyse der Beitragsthemen lässt den Schluss zu, dass CNNI seinen Zuschauern ein überdurchschnittlich differenziertes Nachrichten-Bild Lateinamerikas anbietet, das wirtschaftliche, politische und gesellschaftliche Entwicklungen abdeckt.

---

611 Wie Kap. 2.2 zeigt, liegen die Beachtungswerte, den andere Studien für Großbritannien dokumentieren können, in der Regel weit unterhalb von 14% bzw. 17%.
612 Flournoy und Stewart 1997.
613 Strunz 2010a.
614 Rain und Brooker-Gross 2004: 327

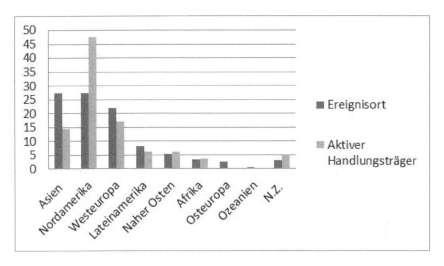

Abbildung 11: CNNI: Beachtung von Handlungsorten (erstes erwähntes Land (N:236)) und aktiven Handlungsträgern (erster erwähnter Handlungsträger (N:82)), (zusammengefasst nach Kontinenten, Angaben in Prozent).

Trotz aller Bekundungen des Gegenteils konstruiert CNNI gleichwohl eine Nachrichtenrealität, in der Nordamerika, genauer gesagt, die USA im Mittelpunkt stehen.[615] Mit über 27% Beachtung sind Nachrichten aus Nordamerika auf CNNI so präsent wie auf keinem anderen Internationalen Nachrichtensender. Die starke Repräsentanz der USA drückt sich nicht nur in der Wahl des Ereignisortes aus, sondern findet auch in der Wahl der Handlungsträger wieder. In der Wahl derjenigen Menschen, die auf CNNI der Nachrichtenrealität eine Stimme geben, sei es als Demonstrant, als Politiker, als Unternehmer oder General, präsentiert CNNI eine besonders amerikanische Nachrichtenrealität. Fast die Hälfte der Menschen, die im World Report zu Wort kommen, sind Amerikaner.

Verglichen mit der Aufmerksamkeit, die CNNI den jeweiligen Weltregionen als Handlungsorte einer Nachricht entgegenbringt, verlieren insbesondere Akteure aus Asien und Westeuropa in den World News an Repräsentanz, Akteure aus Osteuropa und Ozeanien kommen überhaupt nicht zu Wort (vgl. Abb.11). Bezogen auf die Ausgangsfrage wird H$_{1.1}$ zwar ange-

---

615 Nachrichten die in Kanada spielen, machen lediglich 0,8% der Nordamerika-Berichterstattung aus, die restlichen 26,5 Prozent entfallen auf die USA.

nommen, denn CNNI bildet die USA in weniger als 35% der Fälle als Handlungsort einer Nachricht ab. Insbesondere in der starken Betonung amerikanischer Handlungsträger gleicht CNNI aber eher einem amerikanischem als einem internationalisierten Sendeangebot. Die Kritik an der Unausgewogenheit der CNNI-Berichterstattung kann insofern zumindest ein Stück weit nachvollzogen werden.

Land	*Ereignisort*	*Aktiver Handlungsträger*
USA	26,3	43,9
China	4,7	1,2
GB	7,2	4,9
Frankreich	3,8	3,7
Russland	0,8	1,2
Japan	0,4	-
Deutschland	3,4	2,4
Südkorea	-	-
Italien	-	-
Indien	5,5	1,2
Σ	52,1	58,5

Tabelle 36: CNNI: Beachtung von Handlungsorten (erstes erwähntes Land (N:236)) und aktiven Handlungsträgern (erster erwähnter Handlungsträger (N:82)), (zusammengefasst nach Elitenationen, Angaben in Prozent).

Da CNNI in mehr als 50% der Fälle solche Länder und Handlungsträger thematisiert, die als Elitenation, bzw. als Zugehörige zu einer solchen definiert wurden, wird $H_{2.1}$ angenommen. Auch im Falle von CNNI deutet aber bereits die deskriptive Datenanalyse an, dass der bloße Machtfaktor eines Landes kein Garant für Publizität ist.

France 24: Anders als im Falle von AJE, BBC-WN und CNNI hat France 24 seine nationale Herkunft stets betont und die Verbreitung einer französischen Perspektive auf das Weltgeschehen zum Markenkern erklärt.[616] Dies zeigt sich auch in der Nachrichtengeographie des Senders. So bleibt Frankreich in den News von FR24 der zentrale geographische Bezugspunkt. Mit einem Berichterstattungsanteil von fast 30% konstruiert FR24 am deutlichsten von allen INC eine Nachrichtenrealität, die das Heimatland des Senders in den Mittelpunkt rückt. Dieser Fokus geht zu Lasten von Nachrichten aus anderen Ländern, insbesondere der USA. Mit einem Anteil von lediglich 7% von Nachrichten, die maßgeblich in Nordamerika spielen, wird die »Nachrichtensupermacht« USA[617], in den FR24 News ein Stück weit dekonstruiert. Aufgrund der einseitigen Schwerpunktsetzung bleibt für nachrichtengeographische Experimente auf FR24 nicht mehr viel Platz. Sowohl in der Berichterstattung über Lateinamerika als auch über Osteuropa bewegt sich FR24 in bekannten Mustern. Die Berichterstattung über Afrika fällt auf FR24, gleich nach RT, am dünnsten aus, was den Nahen Osten angeht bildet FR24 das Schlusslicht unter allen untersuchten INC. Die geringe Beachtung von Afrika verwundert, denn nicht zuletzt begreift sich FR24 als derjenige Nachrichtensender, der insbesondere nordafrikanische Eliten ansprechen soll.[618]

Im Gegensatz zu allen anderen INC findet die dargestellte Nachrichtengeographie in der Thematisierung des aktiven Handlungsträgers keine Verstärkung. Wie Abb.12 zeigt, gewinnen Akteure aus Lateinamerika, Osteuropa, Afrika und aus dem Nahen Osten, verglichen mit dem Anteil von Nachrichten denen ihr jeweiliges Heimatland Handlungsort ist, zum Teil deutlich an Nachrichtenpräsenz.

Dies geht nicht nur auf Kosten von Handlungsträgern aus Westeuropa und Asien, sondern insbesondere auf Kosten von Politikern, Unternehmern und Experten aus den USA, die in den untersuchten FR24-Nachrichtensendungen kein einziges Mal zu Wort kamen. Wie auch in Tab.36 deutlich wird, bleibt die Aussagekraft dieser Kategorie eingeschränkt.

---

616 Kuhn 2010.
617 Hagen et al. 1998a: 75.
618 Strunz 2010b.

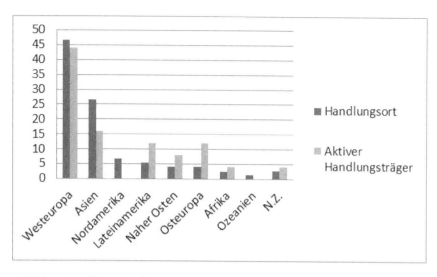

Abbildung 12: FR24: Beachtung von Handlungsorten (erstes erwähntes Land (N:75)) und aktiven Handlungsträgern (erster erwähnter Handlungsträger (N:25)), (zusammengefasst nach Kontinenten, Angaben in Prozent).

Land	Ereignisort	Aktiver Handlungsträger
USA	6,7	-
China	2,7	-
GB	9,3	-
Frankreich	29,3	28,0
Russland	4,0	-
Japan	-	-
Deutschland	1,3	4,0
Südkorea	-	-
Italien	-	-
Indien	1,3	-
Σ	54,6	32,0

Tabelle 37: FR24: Beachtung von Handlungsorten (erstes erwähntes Land (N:75)) und aktiven Handlungsträgern (erster erwähnter Handlungsträger (N:25)), (zusammengefasst nach Elitenationen, Angaben in Prozent).

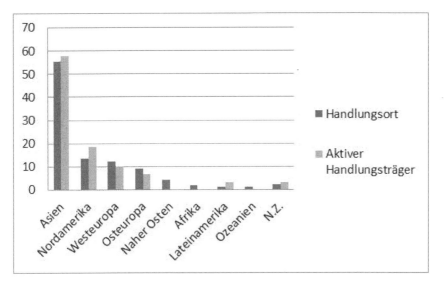

Abbildung 13: RT: Beachtung von Handlungsorten (erstes erwähntes Land (N:97))
und aktiven Handlungsträgern (erster erwähnter Handlungsträger (N:59)), (zusammengefasst nach Kontinenten, Angaben in Prozent).

Russia Today: Ähnlich wie die Sendeleitung von FR24 angibt, eine spezi-
fisch französische Perspektive auf Weltgeschehen vermitteln zu wollen,
erklärt es Russia Today zu seinem Ziel »to accustom the international audience with the Russian perspective«.[619] Ein Blick auf Tab.32 zeigt, dass
sich RT in seiner Nachrichtengeographie sehr deutlich von den übrigen
Angeboten abgrenzt. Die Abweichungen von der Durchschnittsverteilung
fallen so deutlich aus, dass Russia Todays News und nicht Al-Jazeera
Englishs News Hour die eigentliche nachrichtengeographische Alternative
darstellen, wenn auch in einem anderen Sinn, als von Kritikern gefordert.
Genauer gesagt positioniert sich RT als das Referenzmedium für Asien
und Osteuropa und schließt damit eine Lücke in der Nachrichtenland-
schaft.

Über die Hälfte aller Themen, die auf RT Erwähnung fanden, ereigneten sich in Asien. Diese enorme Schwerpunktsetzung, die insbesondere
auf die starke Gewichtung von Geschehen in Russland zurückzuführen ist,
geht auf Kosten der Beachtung aller anderen Weltregionen, insbesondere

---

619 Russia Today 2011.

Europas und Nordamerikas. Einen 'alternativen' Blick präsentiert RT aber auch, was die Beachtung der traditionell unterrepräsentierten Welt-Regionen angeht. Sowohl Afrika, als auch Lateinamerika und Ozeanien finden auf RT so gut wie keine Beachtung. Mit der krassen Geringschätzung von Nachrichtengeschehen in diesen Regionen überzeichnet RT die Strukturmerkmale der Internationalen Berichterstattung und präsentiert sich als derjenige Internationale Nachrichtensender, der sich für die Belange der Nachrichtenperipherie am wenigsten interessiert. Mit einer Ausnahme: Mit einem Anteil von über 9% an Beiträgen, die in Osteuropa spielen, legt RT ein deutliches Gewicht auf die westlichen Nachbarstaaten von Russland. Im Gegensatz zu anderen INC wählt RT für seine Osteuropa-Berichterstattung keinen monothematischen Zugang, auch Länder wie Albanien, Lettland oder Serbien, die im Gesamtsample so gut wie überhaupt nicht vertreten sind, werden zumindest schlaglichtartig abgebildet. Die Geringschätzung von Nachrichten aus Afrika, Ozeanien und dem Nahen Osten findet auch in der Wahl der aktiven Handlungsträger ihren Ausdruck. Obgleich RT vergleichsweise viele Handlungsträger in seinen Nachrichten zu Wort kommen lässt, gibt man O-Ton-Gebern aus diesen Weltregionen überhaupt keinen Platz. Die ohnehin deutliche Schwerpunktsetzung auf Nachrichtengeschehen aus Asien wird in der Wahl der O-Ton Geber noch einmal überzeichnet. In dieser Kategorie erweist sich RT auch nicht so sehr als der Referenzsender des (zentral-) asiatischen Raumes, sondern tritt eher als Sprachrohr russischer Politiker, Unternehmer, Gewerkschaftsmitglieder und Wissenschaftler auf. Beinahe jede zweite Person, die in den RT-Nachrichten zu Wort kommt, ist russischer Herkunft. Auch wenn Russland in der Wahl des Ereignisortes deutlich weniger Berücksichtigung findet und $H_{1.2}$ insofern angenommen wird, geben solche Werte zu denken. RT, der gerne in seiner Außendarstellung als moderner INC auftritt, wirkt zumindest in dieser Hinsicht mehr wie ein klassischer Auslandsrundfunk. Im Übrigen reserviert auch RT reserviert einen größeren Teil seiner Nachrichten für Geschehen in und Akteure aus Elitenationen. $H_{2.1}$ wird insofern angenommen.

Land	Ereignisort	Aktiver Handlungsträger
USA	13,4	18,6
China	2,1	-
GB	5,2	6,8
Frankreich	1,0	-
Russland	24,7	49,2
Japan	1,0	-
Deutschland	1,0	1,7
Südkorea	3,1	-
Italien	-	-
Indien	2,1	1,7
Σ	53,6	78,0

Tabelle 38: RT: Beachtung von Handlungsorten (erstes erwähntes Land (N:97)) und aktiven Handlungsträgern (erster erwähnter Handlungsträger (N:59)), (zusammengefasst nach Elitenationen, Angaben in Prozent).

6.4 Kontextmerkmale in der Berichterstattung von INC

Kapitel 6.4 diskutiert die Ergebnisse der Regressionsanalysen. Wie weiter oben dargelegt, wurde in der Inhaltsanalyse jede einzelne Nachricht als Fall aufgenommen. Um die Regressionsanalysen sinnvoll durchführen zu können, war es nötig den Datensatz so zu aggregieren, dass jedes INC-Länderpaar einen Fall bildet. In den Regressionen wurde also das jeweils erwähnte Land als Fall berücksichtigt,[620] für jeden untersuchten Sender wurde eine eigenständige Datenmatrix angelegt. Bedauerlicherweise reduziert sich somit die Fallzahl so stark, dass nicht mehr alle möglichen

---

620 Vgl. analog dazu: Weber 2008: 405.

Kombinationen aus abhängigen und unabhängigen Variablen sinnvoll zu interpretieren sind (vgl. Tab.39).[621]

INC	*Ländernennungen* *Handlungsort*	*Ländernennungen* *akt. Handlungsträger*
Gesamtsample	(N:77)	. (N:64)
AJ-English	(N:73)	(N:45)
BBC-WN	(N:47)	(N:33)
CNNI	(N:53)	(N:24)
France24	(N:26)	(N:11)
Russia Today	(N:33)	(N:11)

Tabelle 39: Fallzahlen INC: Beachtung von Handlungsorten und aktiven Handlungsträgern.

6.4.1 Ergebnisse der Regressionsanalysen

Die Operationalisierung der Hypothesen $H_{1.2}$ und $H_{2.2}$ sieht vor, dass diese angenommen bzw. zurückgewiesen werden, wenn die lineare Regression systematisch positive Effekte der absoluten und relativen Kontextmerkmale auf die Länderpräsenz bzw. die Präsenz eines geographisch verorteten Akteurs dokumentieren kann bzw. nicht dokumentieren kann. Wie weiter unten ausführlich diskutiert wird, erfüllen die Daten nicht die Voraussetzungen zur Durchführung einer linearen Regression. Eine Annahme bzw. Zurückweisung der Hypothesen ist auf Basis multipler linearer Regressionen nicht möglich.

Al-Jazeera English: Vordergründig kommen alle Regressionsanalysen zu befriedigenden Ergebnissen, auf deren Grundlage sich die aufgestellten Hypothesen scheinbar annehmen bzw. zurückweisen lassen. So auch im Fall von AJE. Die Modelle zeigen: In der Berichterstattung von AJE be-

---

621 Wagschal nennt als Richtgröße eine Fallzahl mittels der mindestens zehn Freiheitsgrade der Residuen übrig sind. Diese Größe wird für FR24 und RT im Falle der abhängigen Variable »Ländernennung akt. Handlungsträger« nicht erreicht. Vgl.: Wagschal 1999: 236; vgl. auch: Green 1991.

steht ein kausaler Zusammenhang zwischen dem Machtstatus eines Landes und der Erwähnungshäufigkeit eines Landes bzw. eines geographisch verorteten aktiven Handlungsträgers. Eine Konstruktion von Nähe findet hingegen nicht statt; die Nähe-Faktoren entwickeln in beiden Modellen keinen signifikanten Einfluss. Für die Nachrichtenrealität von AJE scheint zu gelten: Je mächtiger ein Land ist, desto mehr Beachtung muss ich ihm schenken. Unterziehen wir die Ergebnisse der Regressionsanalyse zunächst einer »globalen Prüfung«.[622] Das Bestimmtheitsmaß R^2 gibt an, welche anteilige Varianz das gewählte Modell erklärt. Das korrigierte Bestimmtheitsmaß adj. R^2 berücksichtigt, dass bei »gegebener Stichprobengröße [...] mit jedem hinzukommenden Regressor ein mehr oder weniger großer Erklärungsanteil hinzugefügt [wird], der möglicherweise nur zufällig bedingt ist«.[623] Adj. R^2 vermindert das einfache Bestimmtheitsmaß abhängig davon, wie viele Regressoren in das Modell eingehen. Mit adj. R^2 = ,291 bzw. adj. R^2 = ,278 fällt die erklärte Varianz nicht sonderlich hoch aus. Regrediert man die Erwähnungshäufigkeit von Ländern auf die unabhängigen Variablen kann das gewählte Modell rund 29% der Varianz erklären, regrediert auf die Erwähnungshäufigkeit aktiver Handlungsträger sind es knapp 28%. Das heißt im Umkehrschluss, dass rund zwei Drittel der jeweiligen Streuung unerklärt bleiben. Ein Test der Nullhypothese (F-Test) zeigt, dass die Nullhypothese (die Grundgesamtheit der Regressionskoeffizienten ist null) für beide Modelle mit einer Wahrscheinlichkeit von 99% abgelehnt werden kann. Wie Tab.40 und Tab.41 verdeutlichen, erreichen nicht alle Regressoren signifikante Werte. In der schrittweisen multiplen Regression werden alle abhängigen Variablen ausgeschlossen, bis auf den Faktor Macht. Der t-Test zeigt, dass der Regressor mit 99% Wahrscheinlichkeit signifikant ist. Für die ausgeschlossenen Variablen ergibt der t-Test notwendigerweise Vertrauenswahrscheinlichkeiten von unter 95%, ein Hinweis darauf, dass die »Variablen nichtlinear oder gar nicht zusammenhängen«.[624] Der Durbin-Watson-Test ergibt einen d-Wert von 1,533 bzw. 1,553.[625]

---

622 Vgl.: Backhaus et al. 2011: 72.
623 Vgl.: Backhaus et al. 2011: 76.
624 Schendera 2008: 54.
625 Wird sich an der Faustregel orientiert: »Je näher die errechneten Werte bei 2 liegen, desto unwahrscheinlicher ist das Vorhandensein von Autokorrelation [der Residuen]«, ist dieser Wert zufriedenstellend, vgl.: Wagschal 1999: 229.

Tatsächlich verhält sich Al-Jazeera English scheinbar so, wie hypothetisch angenommen. Die Ergebnisse zeigen, dass der Grad an Aufmerksamkeit, der einem Land in der News Hour zu Teil wird, ein gutes Stück weit von dessen Machtstatus abhängt. Mit gewissen Abstrichen gilt dies auch für Handlungsträger: Je mächtiger das Herkunftsland eines Handlungsträgers ist, desto größer die Chance, dass er auf Al-Jazeera zu Wort kommt. Dieses Ergebnis ist insofern erstaunlich, als sich Al-Jazeera lange Zeit als Referenzsender für den politischen Süden präsentiert hat. Wie die Analyse der deskriptiven Statistik gezeigt hat, trifft das zwar in gewisser Weise zu, gleichwohl manifestiert sich in der Nachrichtenrealität von AJE scheinbar ein besonders starkes Interesse an jenen Ländern, die auf den vorderen Rängen von Machtstatistiken liegen. Die deskriptive Datenanalyse hat aber noch eins deutlich gemacht. Bereits die in Tab.31 dargestellten Ergebnisse geben einen deutlichen Hinweis darauf, dass einem Land offenbar nicht automatisch wegen dessen Machtstatus Nachrichtenwert zugewiesen wird.

Einfluss von Kontextmerkmalen auf Erwähnungshäufigkeit von Handlungsorten

Adj. R^2	,278	
Faktoren	*β-Werte*	*Sig.*
Macht	,537	,000
Ausgeschlossene Variablen (a)		
Geographische Nähe	-,132	,194
Politische Nähe	-,108	,303
Wirtschaftliche Nähe	,019	,867
Kulturelle Nähe	-,002	,981

Tabelle 40: Einfluss von Kontextmerkmalen auf Erwähnungshäufigkeit von Handlungsorten (AJE). (a): Einflußvariablen: (Konstante), Macht.

Einfluss von Kontextmerkmalen auf Erwähnungshäufigkeit von Handlungsträgern

Adj. R^2	,291	
Faktoren	*β-Werte*	*Sig.*
Macht	,549	,000
Ausgeschlossene Variablen (a)		
Geographische Nähe	-,103	,308
Politische Nähe	-,128	,216
Wirtschaftliche Nähe	,019	,870
Kulturelle Nähe	,009	,931

Tabelle 41 Tabelle 41: Einfluss von Kontextmerkmalen auf Erwähnungshäufigkeit von Handlungsträgern (AJE). (a): Einflußvariablen: (Konstante), Macht.

Überraschend ist die Tatsache, dass sich im AJE-Sample offenbar überhaupt keine systematischen Effekte der Nähe-Faktoren nachweisen lassen. AJE grenzt sich insofern deutlich von dem arabischen Programm ab, das sich in gewisser Weise als panarabisches Sendeangebot etabliert hat.[626] Wie dargelegt, muss eine geographische Realität, die nicht in Relation, sondern unabhängig zur Heimatnation konstruiert wird, nicht zwangsläufig ein Ausdruck besonderer Globalität sein, vielmehr kann sie auch als Zeichen eines besonderen Maßes politischer Restriktion, als »result of self-censorship« interpretiert werden.[627]

In der deskriptiven Analyse wurde deutlich, dass die geographischen Nachrichtenrealitäten aller fünf untersuchten Sender nicht zuletzt durch einige Extremwerte charakterisiert sind. In der Regel werden diese Extremwerte durch das Herkunftsland des Senders und durch die USA bzw. durch Großbritannien abgebildet. Für Regressionsanalysen bringen diese »Ausreißerfälle« u.U. erhebliche methodische Schwierigkeiten mit sich, da »wenige linear angeordnete Ausreißer reichen, eine Linearität vorzu-

---

626 Al-Najjar 2009.
627 Figenschou 2010: 94.

täuschen, bzw. einen fehlenden Zusammenhang zu kaschieren. Im Extremfall wird eine Regressionsgleichung geschätzt, obwohl keine Linearität vorhanden ist«.[628] Erst eine Kontrolle der Ausreißerfälle ermöglicht es, eine Schein-Linearität der Daten als solche zu identifizieren.

Werden die Extremwerte USA und GB ausgeschlossen, nimmt die erklärte Varianz erwartungsgemäß ab und zwar gleichgültig ob die Erwähnungshäufigkeit eines Landes (adj. R^2 = ,112) oder die Erwähnungshäufigkeit eines aktiven Handlungsträgers (adj. R^2 = ,089) regrediert wird. Dennoch bildet der Machtstatus eines Landes den effizientesten Regressor. Der Ausschluss der USA und Großbritanniens zeigt allerdings deutlich, dass die beiden Ausreißerfälle einen erheblichen Einfluss auf die ursprüngliche Regressionsgleichung ausüben. Die erklärte Varianz liegt im veränderten Sample bei nur noch rund 11% bzw. 9%.

Einfluss von Kontextmerkmalen auf Erwähnungshäufigkeit von Handlungsorten / akt. Handlungsträgern		
AV: Erwähnungshäufigkeit von Handlungsorten		
Adj. R^2	,112	
Faktoren	*β-Werte*	*Sig.*
Macht	,353	,003
AV: Erwähnungshäufigkeit von akt. Handlungsträgern		
Adj. R^2	,089	
Faktoren	*β-Werte*	*Sig.*
Macht	,317	,008

Tabelle 42: Einfluss von Kontextmerkmalen auf Erwähnungshäufigkeit von Handlungsorten / Handlungsträgern (AJE; Ausschluss USA / GB).

---

628 Schendera 2008:51; vgl. auch: Field 2009: 215f.

BBC World News: Im Sample von BBC-World fallen die Bestimmtheits-
maße für beide Modelle mit Adj. R^2 ,400 und Adj. R^2 ,364 scheinbar wesentlich höher aus als im Fall von AJE. Die Nullhypothese wird für beide
Modelle mit einer Wahrscheinlichkeit von 99% abgelehnt.

Einfluss von Kontextmerkmalen auf Erwähnungshäufigkeit von
Handlungsorten

Adj. R^2	,400	
Faktoren	*β-Werte*	*Sig.*
Wirtschaftliche Nähe		,000
Ausgeschlossene Variablen (a)		
Machtstatus	,094	,577
Geographische Nähe	-,053	,727
Politische Nähe	-,123	,395

Tabelle 43: Einfluss von Kontextmerkmalen auf Erwähnungshäufigkeit von Handlungsorten (BBC-WN; Gesamtsample). (a): Einflußvariablen: (Konstante), Wirtschaftliche
Nähe.

Einfluss von Kontextmerkmalen auf Erwähnungshäufigkeit von
Handlungsorten

Adj. R^2	,364	
Faktoren	β-Werte	Sig.
Wirtschaftliche Nähe	,615	,000
Ausgeschlossene Variablen (a)		
Machtstatus	,029	,865
Geographische Nähe	,073	,638
Politische Nähe	,011	,940
Kulturelle Nähe	,118	,357

Tabelle 44: Einfluss von Kontextmerkmalen auf Erwähnungshäufigkeit von Handlungsträgern (BBC-WN; Gesamtsample). (a): Einflußvariablen: (Konstante), Wirtschaftliche Nähe.

In der schrittweisen multiplen Regression wird nicht den Machtstatus eines Landes, sondern die wirtschaftliche Nähe als effizientesten Schätzer selektiert. Der t-Test zeigt, dass die Nullhypothese mit einer Vertrauenswahrscheinlichkeit von 99% zu Recht abgelehnt wurde, der standardisierte Regressionskoeffizient ist hochsignifikant. Der Faktor »wirtschaftliche Nähe« misst die Verflechtungen im Bereich des Güteraustauschs zweier Länder. Die Modelle sprechen vordergründig dafür, dass in der Nachrichtengeographie der BBC World News ein systematischer Zusammenhang zwischen wirtschaftlicher Nähe und journalistischer Aufmerksamkeit besteht. Auch die BBC-Berichterstattung würde demnach das altbekannte Muster aufweisen, nachdem Nachrichten mit den Waren ins Land kommen.[629]

Allerdings wird die Effizienz des Schätzers offenbar durch den Ausreißerfall Großbritannien und USA mitversursacht, die die beiden Länder haben einen so starken Einfluss auf die Gleichung, dass sie die Ergebnisse verzerren. Unter Ausschluss Großbritanniens, das in 14% Prozent der Nachrichten den Handlungsort bildet und aus dem rund 17% Prozent der aktiven Handlungsträger stammen, fällt die erklärte Varianz auf knapp 19% bzw. knapp 14%, die Ergebnisse sind nur noch schwach signifikant. Werden auch noch die USA ausgeschlossen, in denen knapp 12% der Nachrichten spielen und aus denen knapp 12% der aktiven Handlungsträger stammen, kommen die Regressionsanalysen zu keinem signifikanten Ergebnis. Die Gewichte Großbritanniens und der USA scheinen demnach so stark zu sein, dass sie in der Regressionsgleichung eine Linearität der Daten wiederspiegeln, die faktisch nicht gegeben ist.[630] Spätestens hier wird deutlich, dass sich in den BBC-Nachrichten keine Systematik niederschlägt, die Nachrichtenwert linear anhand von Macht- oder Nähe-Faktoren zuweist.

CNNI: Auch im Falle von CNNI erweist sich die wirtschaftliche Nähe zunächst als aussagekräftigster Prädiktor der Länderpräsenz bzw. der Präsenz eines geographisch verorteten, aktiven Handlungsträgers. Auch für CNNI scheint demnach zu gelten: Je stärker der Handelsaustausch zwischen den USA und einem anderen Land, desto größer ist die Chance,

---

629 Scherer et al. 2006: 221.
630 Schendera 2008:51.

dass dieses Land auch auf CNNI abgebildet wird bzw. dass ein Vertreter dieses Landes auf CNNI zu Wort kommt. Dieses Ergebnis korrespondiert mit den Ergebnissen vorangegangener Studien.

Wird die Erwähnungshäufigkeit eines Landes regrediert, erweist sich das Modell mit einer Varianzaufklärung von knapp 47% als besonders erklärungsstark (Adj. R^2 = ,469). Im Falle der zweiten unabhängigen Variable erweist sich das Modell mit adj. R^2 = ,522 sogar als noch leistungsstärker. Während im ersten Modell lediglich der Faktor wirtschaftliche Nähe als effizientester Schätzer selegiert wird, gestaltet sich das zweite Modell differenzierter.

Einfluss von Kontextmerkmalen auf Erwähnungshäufigkeit von Handlungsorten

Adj. R^2	,469	
Faktoren	*β-Werte*	*Sig.*
Wirtschaftliche Nähe		,000
Ausgeschlossene Variablen (a)		
Macht	,051	,730
Geographische Nähe	,180	,210
Politische Nähe	,169	,139
Kulturelle Nähe	,058	,595

Tabelle 45: Einfluss von Kontextmerkmalen auf Erwähnungshäufigkeit von Handlungsorten (CNNl). (a): Einflußvariablen: (Konstante), Wirtschaftliche Nähe.

Hier weisen auch die Faktoren politische und geographische Nähe einen signifikanten Einfluss auf die Erwähnungshäufigkeit aktiver Handlungsträger auf, allerdings verlieren die Faktoren an Signifikanz. Die Beta-Koeffizienten sind standardisierte Regressionskoeffizienten. Die z-Transformation lässt es zu, die in die Analyse eingegangenen Variablen in ihrer spezifischen Bedeutung zu hierarchisieren.[631] Neben den Faktoren politische Nähe (β = ,251) und geographische Nähe (β = ,310) erweist sich auch hier die wirtschaftliche Nähe (β = ,346) als einflussreichster Prädiktor. Ei-

---

631 Wagschal 1999: 227.

ne starke Orientierung an wirtschaftlich nahen Staaten wäre im Falle von CNNI nicht weiter verwunderlich. Wie in Kap. 4 dargelegt, wendet sich CNNI ausdrücklich an ein Publikum, von dem man annehmen darf, dass es stark wirtschaftsaffin ist.[632]

Einfluss von Kontextmerkmalen auf Erwähnungshäufigkeit von Handlungsträgern		
Adj. R^2	,522	
Faktoren	β-Werte	Sig.
Wirtschaftliche Nähe	,346	,021
Politische Nähe	,251	,025
Geographische Nähe	,310	,027
Ausgeschlossene Variablen (a)		
Macht	-,057	,722
Kulturelle Nähe	-,054	,659
Adj. R^2	,522	

Tabelle 46 Tabelle 46: Einfluss von Kontextmerkmalen auf Erwähnungshäufigkeit von Handlungsträgern (CNNI). (a): Einflußvariablen: (Konstante), Wirtschaftliche Nähe, Politische Nähe, Geographische Nähe.

Die Bedeutung der Variable wirtschaftliche Nähe wird dabei offenbar nicht zuletzt durch einige Ausreißer-Fälle künstlich unterstützt. So unterscheidet sich die Nachrichtengeographie von CNNI im Top-Ten-Ranking der am meisten berichterstatteten Länder zwar nicht besonders stark von der Nachrichtengeographie anderer Sender. Gleichwohl haben die USA eine stärkere wirtschaftliche Verflechtung mit einigen der jeweiligen Top-News-Maker, insbesondere mit Deutschland, China, Großbritannien und Mexiko. Am stärksten beeinflusst wird die Bedeutung der Nähe-Faktoren aber durch die ausgesprochen starke Berücksichtigung us-amerikanischen

---

632 Vgl.: Strunz 2010a.

Geschehens und us-amerikanischer Handlungsträger. Insbesondere in der Frage, wer auf CNNI zu Wort kommt und wer nicht, zeigt sich eine deutliche Fixierung auf das Herkunftsland des Senders. Zumindest in diesem Punkt scheint der Vorwurf einer zu starken Zentrierung auf die USA angemessen. Werden die beiden Regressionen unter Ausschluss des Ausreißers USA gerechnet, verändern sich notwendigerweise die Gewichte der erklärenden Variablen und die Modelle verlieren an Erklärungskraft. Regrediert man die Erwähnungshäufigkeit eines Landes auf die unabhängigen Variablen, verliert das Modell erheblich an Erklärungskraft (adj. R^2 = ,163), wie zu erwarten, erweist sich nun die Variable Macht als der alleinige signifikante Prädiktor (0,01 Niveau). Wird die »Erwähnungshäufigkeit eines aktiven Handlungsträgers« auf die unabhängigen Variablen regrediert ergibt sich eine Varianzaufklärung von etwa 13%. Anders als hypothetisch formuliert, bildet die politische Nähe den alleinigen signifikanten Prädiktor (0,01 Niveau). Dieses Ergebnis wird bestätigt, wenn darüber hinaus Großbritannien als Ausreißerfall ausgeschlossen wird. Die Varianzaufklärung beider Modelle nimmt allerdings so stark ab, dass die Ergebnisse kaum noch befriedigen. Auch im Fall von CNNI zeigt der Ausschluss der beiden Ausreißerfälle, dass Vorsicht bei der Interpretation der Ergebnisse angebracht ist. Die stark abnehmende erklärte Varianz im Ausschluss-Modell zeigt, dass die USA und Großbritannien einen stark verzerrenden Einfluss auf die Ergebnisse der linearen Regressionen ausüben, wiederum ein deutlicher Hinweis auf eine fehlende Linearität der Daten.

209

Einfluss von Kontextmerkmalen auf Erwähnungshäufigkeit von Handlungsorten / akt. Handlungsträgern		
AV: Erwähnungshäufigkeit von Handlungsorten		
Adj. R^2	,097	
Faktoren	*β-Werte*	*Sig.*
Macht	,340	,016
AV: Erwähnungshäufigkeit von akt. Handlungsträgern		
Adj. R^2	,081	
Faktoren	*β-Werte*	*Sig.*
Politische Nähe	,315	,026

Tabelle 47: Einfluss von Kontextmerkmalen auf Erwähnungshäufigkeit von Handlungsorten / Handlungsträgern (CNNI; Ausschluss USA).

France 24: Auch im Falle von France 24 erweist sich vordergründig die wirtschaftliche Nähe als stärkster Prädiktor der Nachrichtenpräsenz, allerdings gehen in beiden Modellen sowohl die erklärte Varianz als auch die Signifikanz deutlich zurück, was auch mit der geringeren Fallzahl zusammenhängt. Wird die Erwähnungshäufigkeit von Ländern als unabhängige Variable regrediert, erreicht das Modell eine Varianzaufklärung von gut 37% (adj. R^2 = ,371), für die Erwähnungshäufigkeit aktiver Handlungsträger liegt die Varianzaufklärung bei nur noch rund 20% (adj. R^2 = ,206). Zwar legen die Ergebnisse des F-Tests nahe, dass ein linearer Zusammenhang zwischen unabhängiger und abhängiger Variable besteht. Die Irrtumswahrscheinlichkeit fällt aber höher aus als in den Fällen der anderen Sender (vgl. Tab.48 und Tab.49). Wie bereits oben dargelegt, müssen die Ergebnisse der Regressionen auf die Erwähnungshäufigkeiten von aktiven Handlungsträgern im Falle von France 24 und Russia Today besonders vorsichtig interpretiert werden. Wagschal schlägt als Minimalanforderung für eine stabile Regressionsgleichung vor, dass mindestens zehn Freiheitsgrade für die Residuen vorhanden sind.[633] Im Falle der Sender France 24 und Russia Today wird diese Fallzahl-Größe für das Modell, das die Variable Erwähnungshäufigkeit aktiver Handlungsträger zum Regressanden wählt, unterschritten.[634] Die deskriptive Auswertung hat gezeigt, dass France 24 einen besonders großen Anteil seiner Nachrichtenrealität auf die Darstellung solchen Geschehens verwendet das im Heimatland des Senders spielt (29,3%) bzw. zu dem sich französische Akteure äußern (28,0%).[635] Dass es sich bei Frankreich um einen Extremwert handelt, der die Ergebnisse massiv verzerrt, zeigt das Ausschluss-Modell.

Einfluss von Kontextmerkmalen auf Erwähnungshäufigkeit von Handlungsorten

Adj. R^2	,371	
Faktoren	*β-Werte*	*Sig.*
Wirtschaftliche Nähe	,629	,001
Ausgeschlossene Variablen (a)		
Machtstatus	,001	,996
Geographische Nähe	-,133	,594
Politische Nähe	-,053	,806
Kulturelle Nähe	,135	,492

Tabelle 48: Einfluss von Kontextmerkmalen auf Erwähnungshäufigkeit von Handlungsorten (FR24). (a): Einflußvariablen: (Konstante), Wirtschaftliche Nähe.

---

633 Wagschal 1999: 225. Aber auch wesentlich strengere Richtwerte werden diskutiert. Vgl. statt anderer: Field 2009: 222.
634 Vgl. Tab.44.
635 Vgl. Tab.38.

Einfluss von Kontextmerkmalen auf Erwähnungshäufigkeit von Handlungsträgern		
Adj. R^2	,206	
Faktoren	*β-Werte*	*Sig.*
Wirtschaftliche Nähe	,488	,011
Ausgeschlossene Variablen (a)		
Machtstatus	-,291	,227
Geographische Nähe	,085	,761
Politische Nähe	,182	,453
Kulturelle Nähe	,224	,308

Tabelle 49: Einfluss von Kontextmerkmalen auf Erwähnungshäufigkeit von Handlungsträgern (FR24). (a): Einflußvariablen: (Konstante), Wirtschaftliche Nähe.

Unter Ausschluss Frankreichs rückt der Faktor Machtstatus in den Vordergrund. Wird die Erwähnungshäufigkeit eines Handlungsortes auf die unabhängigen Variablen regrediert liegt die Varianzaufklärung des Modells nur noch bei 13% (adj. R^2 = ,130), das Ergebnis ist schwach signifikant. Im Falle der Erwähnungshäufigkeit aktiver Handlungsträger liefert die Regression keine signifikanten Ergebnisse. Wird Großbritannien als weiterer Ausreißer ausgeschlossen, liefern beide Regressionsmodelle keine signifikanten Ergebnisse mehr. Wiederum wird deutlich, dass die Ergebnisse der Regressionsrechnungen von wenigen Ausreißerfällen verzerrt werden. Eine besondere Schwierigkeit ergibt sich, da die Ausreißer offenbar keinen vorhandenen Trend verstärken, sondern die Ergebnisse der Regression in eine andere Richtung lenken.

Russia Today: Im Falle von Russia Today erweisen sich zunächst zwei Faktoren als besonders starke Prädiktoren der Präsenz von Ländern und geographisch verorteten aktiven Akteuren: die politische Nähe zu Russland und der Machtstatus eines Landes. Die beiden Modelle erweisen sich scheinbar als besonders erklärungskräftig. Rund 70% der Varianz von Handlungsorten (adj. R^2 = ,714) und rund 80% der Varianz von aktiven Handlungsträgern (adj. R^2 = ,820), lassen sich scheinbar allein durch den Einfluss beider Faktoren erklären. Die Irrtumswahrscheinlichkeit beider Modelle liegt unter einem Prozent. Auch im Fall von RT erweist sich der Nähe-Faktor dabei zunächst als der effizientere Schätzer. In beiden Modellen ergibt der t-Test eine höhere Vertrauenswahrscheinlichkeit, die β-Werte für den Faktor politische Nähe (β = ,758, bzw. ,835) fallen deutlich höher aus als für den Faktor Machtstaus (β = ,281, bzw. ,244).

Auch im Falle von Russia Today zeigt die Kontrolle Russlands eine deutliche Verschiebung des Modells. Wie zu erwarten, verlieren die Modelle erheblich an Erklärungskraft (adj. R^2 = ,371 bzw. adj. R^2 = ,130), die Irrtumswahrscheinlichkeit steigt von unter einem auf unter fünf Prozent. Wiederum verliert in den kontrollierten Modellen der Nähe-Faktor seine Erklärungskraft, der Faktor Macht erweist sich auch hier als effizientester Prädiktor der Berichterstattung. Davon abgesehen wird auch die von Russia Today angebotene Nachrichtengeographie von solchen Ländern maßgeblich bestimmt, die sich durch ihre militärische, politische und kulturelle Macht auszeichnen. Dass sich beide Ergebnisse allein durch Ausreißerfälle erklären lassen, zeigt der zusätzliche Ausschluss der USA. Kontrolliert für Russland und die USA liefern die Modelle keine signifikanten Ergebnisse.

Einfluss von Kontextmerkmalen auf Erwähnungshäufigkeit von Handlungsorten

Adj. R^2	,714	
Faktoren	*β-Werte*	*Sig.*
Politische Nähe	,758	,000
Machtstatus	,281	,004
Ausgeschlossene Variablen (a)		
Geographische Nähe	-,076	,480
Wirtschaftliche Nähe	-,200	,193
Kulturelle Nähe	-,053	,768

Tabelle 50: Einfluss von Kontextmerkmalen auf Erwähnungshäufigkeit von Handlungsorten (RT). (a): Einflußvariablen: (Konstante), Politische Nähe, Machtstatus.

Einfluss von Kontextmerkmalen auf Erwähnungshäufigkeit von Handlungsträgern

Adj. R^2	,820	
Faktoren	*β-Werte*	*Sig.*
Politische Nähe	,835	,000
Machtstatus	,244	,002
Ausgeschlossene Variablen (a)		
Geographische Nähe	-,154	,063
Wirtschaftliche Nähe	-,115	,351
Kulturelle Nähe	,014	,919

Tabelle 51: Einfluss von Kontextmerkmalen auf Erwähnungshäufigkeit von Handlungsträgern (RT). (a): Einflußvariablen: (Konstante), Politische Nähe, Machtstatus.

6.4.2 Modellannahmen

In der Diskussion der Ergebnisse der Regressionsanalysen wurde deutlich, dass die Modelle nur vordergründig befriedigen können. Offenbar sind die Ergebnisse der Regressionsmodelle ganz erheblich von Ausreißerfällen bestimmt. Ein Annehmen oder Zurückweisen der Hypothesen ist auf Basis dieser Ergebnisse nicht möglich. Vielmehr hat die Datenanalyse deutliche Hinweise darauf ergeben, dass einige Modellannahmen multipler Regressionen verletzt wurden.

Linearität: Ein Blick auf die jeweiligen Streudiagramme bestätigt den Verdacht, dass es sich bei allen gefundenen Ergebnissen um Scheinergebnisse handelt, die maßgeblich von wenigen Ausreißerfällen bestimmt sind.[636] Bereits bei oberflächlicher Betrachtung wird deutlich, dass die zugrundeliegende Beziehung zwischen unabhängigen und abhängigen Variablen keineswegs linear ist. Eine zentrale Grundvoraussetzung für die Rechnung linearer Regressionen ist somit nicht erfüllt, die gefundenen

---

636 Die jeweiligen Scatterplots sind im Internet dokumentiert unter: www.nomos-shop.de/21964.

Schätzer sind nicht BLUE. Die Linearität der Datenverteilung wird in vielen Forschungsarbeiten nicht thematisiert, so wie die »Annahmen und Anforderungen der Regressionsanalyse nachweislich allgemein vernachlässigt werden«.[637] Gleichwohl hat die nichtlineare Datenverteilung forschungslogisch betrachtet eine gravierende Konsequenz, denn eine »nichtlineare Funktion mittels einer linearen Regressionsanalyse zu untersuchen mündet in fehlerhaften Ergebnissen«.[638] Wie bereits erwähnt sind die vorliegenden Ergebnisse der inferenzstatistischen Untersuchung nicht befriedigend zu interpretieren. Auch wenn die nichtvorhandene Linearität in der Beziehung zwischen unabhängigen und abhängigen Variablen für sich genommen ein interpretationsfähiges Ergebnis darstellt, lassen sich die aufgestellten Hypothesen $H_{1.2}$ und $H_{2.2}$ mithilfe der gewählten Methode nicht beantworten. Eine nicht-vorhandene Linearität legt gleichwohl die Interpretation nahe, dass die hypothetisch formulierte Beziehung zwischen unabhängigen und abhängigen Variablen nicht besteht.

Eine nichtlineare Datenverteilung kann unterschiedliche Ursachen haben und bspw. auch auf eine mangelhafte Operationalisierung der abhängigen und unabhängigen Variablen oder auf Messfehler hindeuten.[639] Da sich die Operationalisierung der Daten eng an bestehenden Modellen orientiert und die Reliabilitätstests zu befriedigenden Ergebnissen geführt haben, können diese Fehlerquellen weitgehend ausgeschlossen werden. Tatsächlich stellt sich vielmehr die Frage, inwiefern die nachrichtengeographische Berichterstattung insgesamt und die nachrichtengeographische Berichterstattung von Internationalen Nachrichtensendern im Besonderen den von der Nachrichtenwerttheorie unterstellten nachrichtengeographischen Mustern folgen. Eine lineare Beziehung zwischen Nachrichtenwert und Kontextmerkmalen, wie sie etwa die These formuliert »Ein Land hat umso größere Chancen, Gegenstand der Berichterstattung zu sein, je größer seine Macht ist« formuliert, ist zu bezweifeln. Offensichtlich spielen viele andere Faktoren in die Berichterstattung, die den Nachrichtenwert eines Landes (unabhängig von dessen Machtstatus) beeinflussen können.

Multikollinearität: Eine weitere zentrale Modellannahme multipler Regressionen besagt, dass die Prädiktoren nicht hoch miteinander korrelieren dürfen. Denn wenn zwei oder mehrere unabhängige Variablen stark korre-

---

637 Schendera 2008: 43.
638 Schendera 2008: 35.
639 Backhaus et al. 2011: 86.

lieren, ist nicht mehr festzustellen, auf welche unabhängige Variable eine Veränderung der abhängigen Variable zurückzuführen ist. Als Richtwert schlägt Wagschal einen Korrelationskoeffizienten von r < ± 0,7 vor.[640] Eine lineare und hohe Korrelation der unabhängigen Variablen kann in multivariaten Regressionen im Extremfall dazu führen, dass »Regressionskoeffizienten, Standardfehler, Signifikanztests und Konfidenzintervalle« nicht mehr interpretierbar sind.[641]

Korrelationsanalysen nach Pearson belegen, dass in allen Datensätzen unabhängige Variablen miteinander korrelieren und dass bisweilen auch der kritische Wert von r = 0,7 überschritten wird.[642] So korrelieren im Fall von AJE die kulturelle und die politische Nähe hoch (r = .773), im Fall von BBC-WN wirtschaftliche Nähe und Macht (r = .722) sowie geographische und politische Nähe (r = .741). Den stärksten hochsignifikanten Korrelationswert weisen im Fall von FR24 geographische und politische Nähe auf (r = .898), zudem korrelieren wirtschaftliche und geographische Nähe hoch miteinander (r = .755). Im Fall von RT korrelieren kulturelle und politische Nähe hoch (r = .850), im Fall von CNNI Macht und wirtschaftliche Nähe (r = .708).

Diese hohen Korrelationswerte sind für die Datenanalyse hinderlich, gleichwohl sind sie wenig erstaunlich. So ist es durchaus plausibel, dass USA und Großbritannien mit solchen Nationen viel Handel treiben, die auch mächtig sind.[643] Im Falle von BBC-WN und FR24 schlagen sich in den bedenklich hohen Korrelationswerten auch die faktischen Integrationsfortschritte der EU nieder. Im Fall von AJE kann man die starke Korrelation von politischer und kultureller Nähe auch als Hinweis darauf lesen, dass Katar insbesondere mit solchen Ländern Bündnisse pflegt, in denen arabische Sprachen Amtssprache sind und die überwiegend islamisch und wenig freiheitlich geprägt sind. Einige Autoren schlagen in diesem Zshg. vor, Faktoranalysen zu rechnen und die neuen Faktorendimensionen als Prädiktoren in die Regressionsanalyse einzugeben.[644] Wenn ein solches

---

640 Wagschal 1999: 237.
641 Schendera 2008: 104.
642 Die Ergebnisse der Korrelationsanalysen sind im Internet dokumentiert unter: www.nomos-shop.de/21964.
643 Entsprechend fallen die Korrelationskoeffizienten für die Variablen wirtschaftliche Nähe und Macht in allen Samples hoch aus.
644 Vgl. statt anderer: Ruhrmann et al. 2003: 320ff.

Vorgehen auch sicherlich zu besseren Ergebnissen der Regressionsanalyse führt, stellt sich gleichwohl die Frage, wie sinnvoll die künstlich geschaffenen Faktorendimensionen noch zu interpretieren sind. Wagschal weist darauf hin, dass Regressionskoeffizienten, trotz bestehender Multikollinearität, effizient sein können.[645] In Anlehnung an Schendera sei an dieser Stelle allerdings darauf hingewiesen, dass im Falle von Multikollinearität Schlüsse auf Basis der Regressionsanalyse nur vorsichtig gezogen werden sollten.[646]

6.5 Zusammenfassung

Die deskriptiv-statistische Analyse führt zu drei zentralen Ergebnissen. Zunächst verdeutlicht die Analyse, dass die Nachrichtenangebote von INC keine radikal veränderten Nachrichtengeographien anbieten. Vielmehr erweisen sich diese in mehrfacher Hinsicht als erstaunlich konsistent. Dies zeigt sich deutlich in der Beantwortung der Frage, welche Länder besonders stark in den Nachrichtenfokus gerückt werden und welche nicht. Ein Vergleich der jeweiligen Top-Ten-Newsmaker zeigt, dass in dieser Frage ein weitreichender Konsens unter den Redaktionen besteht. Besonders starkes Nachrichteninteresse rufen nach wie vor Elite- und Krisennationen wach. Zwar »leistet« sich jeder Sender in seiner Top-Ten-Liste mindestens einen Ausreißer – so blickt bspw. CNNI besonders deutlich auf Mexiko, während RT Kirgistan unter seine Top-Ten zählt – eine radikale Alterität zeigt sich hier aber nicht. Vielmehr reproduzieren INC in der Beachtung der Welt weitgehend altbekannte Muster der Nachrichtengeographie. Die »shared professional culture« der Nachrichtenselektion macht, zumindest in diesem Punkt, auch vor INC nicht Halt.[647]

Gleichwohl zeichnen die untersuchten Sender durchaus eigenständige Nachrichtenrealitäten. Dieser Eindruck ergibt sich nicht nur aus der Detailanalyse, die die länderspezifischen Schwerpunktsetzungen verdeutlicht. Auch die nach Weltregionen aufgegliederte Gesamtberichterstattung zeichnet das Bild von Sendeangeboten, die sich in ihrer globalen Nachrichtengeographie mehr als nur in Nuancen voneinander unterscheiden. So

---

645 Wagschal 1999: 237.
646 Schendera 2008: 105.
647 Dahlgren 1991: 202.

profiliert sich BBC-WN als ein Sender, der besonders deutlich Afrika und Asien in den Mittelpunkt seiner Berichterstattung rückt. FR24 ist der Sender, der die USA auffallend stark ignoriert. RT ist der Referenzsender für Russland und Osteuropa. Betrachtet man das Gesamtbild, zeigt sich darüber hinaus, dass sich die untersuchten Nachrichtenrealitäten in dieser Frage auch von tradierten nachrichtengeographischen Konstruktionsmustern unterscheiden. Auch wenn die starken Beachtungswerte für Lateinamerika sicherlich auch einem besonders nachrichtenwerten Ereignis geschuldet sind, erstaunen sie dennoch und markieren einen deutlichen Unterschied zu den Untersuchungsergebnissen vieler anderer Studien. Auch die hohen Beachtungswerte für Asien – die nicht nur auf ein gesteigertes Interesse an den Krisenregionen Pakistan und Afghanistan zurückgeführt werden können – sprechen für einen eigenständigen bzw. für einen veränderten Blickwinkel in der Frage, welche Regionen wichtig sind und welche nicht. In der Frage, ob Osteuropa oder Ozeanien berichterstattenswert sind oder nicht, sind sich die Nachrichtenredaktionen von INC und anderen Medien offenbar einig. In Übereinstimmung mit zahlreichen anderen Studien konnte dokumentiert werden, dass auch (fast) alle INC diesen beiden Regionen so gut wie keinen Nachrichtenwert beimessen.[648]

Hinsichtlich der aufgestellten Hypothesen ergibt sich ein differenziertes Bild. $H_{1.1}$, die annimmt, dass alle INC ihr Heimatland nicht in den absoluten Mittelpunkt ihrer Berichterstattung rücken, kann für alle Sender angenommen werden. Dieser Befund mag auf den ersten Blick erfreuen, tatsächlich ist er aber nicht zuletzt auf die hohen Anforderungen zurückzuführen, die an eine Zurückweisung der Hypothese gestellt wurden. Mit Ausnahme von AJE und BBC-WN rücken die untersuchten INC ihr Heimatland sehr deutlich in Fokus ihrer Berichterstattung. Zwischen einem Viertel und einem Drittel der Nachrichten spielen in der Regel im jeweiligen Heimatland des Senders. Noch deutlicher spiegelt sich dieser Fokus in der Frage, welche Akteure auf den jeweiligen Sendern zu Wort kommen. Abgesehen von den genannten Ausnahmen, stammen zwischen 30% und 50% (!) der jeweils thematisierten aktiven Handlungsträgern aus den Ländern, in denen auch die Redaktion der Sender ursprünglich beheimatet ist. Insbesondere das Nachrichtenangebot der BBC, dessen Nachrichtengeo-

---

648 Besonders erstaunen die niedrigen Beachtungswerte für Osteuropa, wo sich während des Beachtungszeitraums eine schwere Naturkatastrophe abspielte.

graphie sich deutlich im Internationalisierungsgrad von den Angeboten der anderen Akteure abhebt, bildet in diesem Kontext eine Ausnahme.

$H_{2.1}$ geht davon aus, dass INC besonders mächtige Nationen, so genannte Elitenationen, in den Mittelpunkt ihrer Berichterstattung rücken. Diese Hypothese wird nur für CNNI und RT angenommen. In den Nachrichten beider Sender bilden Elitenationen den Handlungsort in über 50% der untersuchten Fälle, deutlich über 50% der Handlungsträger, die auf diesen beiden Sendern zu Wort kommen, stammen aus den mächtigsten Nationen der Erde. Für alle anderen Sender wird sie zurückgewiesen. Das kann aber nicht darüber hinwegtäuschen, dass Elitenationen auf allen Sendern den Dreh- und Angelpunkt der Berichterstattung bilden. In der Regel deutlich über 40% aller Nachrichten der untersuchten Sender spielen in Elitenationen, ebenso viele aktive Handlungsträger stammen aus Elitenationen.

Ursprünglich war es das Ziel, durch multiple lineare Regressionen zu testen, welchen Einfluss relative und absolute Kontextmerkmale auf die geographische Gestaltung der jeweiligen Sendungen haben. Bereits in der Auswertung der Ergebnisse der Regression sind Schwierigkeiten aufgetreten. Die Kontrolle der Ausreißerfälle hat deutlich gemacht, dass die ursprünglichen Regressionsmodelle offenbar stark von wenigen Ausreißerfällen bestimmt sind. Der Ausschluss der Ausreiser führte in der Regel nicht nur dazu, dass die erklärte Varianz drastisch abnahm, auch erreichten die Ausschluss-Modelle keine oder eine nur noch sehr eingeschränkte Signifikanz. In der Überprüfung der Modellannahmen bestätigte sich der Verdacht, dass diese Problematik auf eine Verletzung der Modellannahmen zurückzuführen ist. Die Datenverteilung ist nichtlinear, auf Basis linearer Regressionen lassen sich die formulierten Hypothesen weder beantworten noch zurückweisen. Gleichwohl lässt die spezifische Datenverteilung einen Rückschluss auf die Ausgangsfragestellung zu: Offenbar, das zeigen sowohl die Ergebnisse der Regressionen als auch die Streudiagramme, liegt der Nachrichtengeographie von INC keine Systematik zugrunde, die besonders nahen oder besonders mächtigen Nationen oder deren Akteuren in Abhängigkeit zu ihrer spezifischen Nähe bzw. ihrer spezifischen Macht Publizität zuweist. Dieses Ergebnis steht nicht im Wiederspruch zu den Ergebnissen der deskriptiven Analyse. Im Gegenteil hat die deskriptive Analyse bspw. verdeutlicht, dass Länder, die als besonders mächtig oder als senderspezifisch besonders nah eingestuft werden können, zwar auch ein besonders hohes Maß an Aufmerksamkeit erlangen konnten. Gleichwohl fanden sich unter den besonders stark reflektierten Ländern immer auch solche Länder, auf die das nicht zutrifft. Als einleuchtendes Beispiel sind in diesem Kontext Schauplätze von Krisen und

Katastrophen zu nennen, wie etwa Pakistan oder Afghanistan, die auf allen INC ein besonders hohes Maß an Aufmerksamkeit erreichen, zugleich aber weder ein außergewöhnliches Maß an Nähe noch an Macht aufweisen.

Was bedeuten diese Ergebnisse für die Ausgangsfragestellung? Vordergründig lässt sich mit dem gewählten Analyseweg die aufgeworfene Fragestellung nicht zweifelsfrei beantworten. Gleichwohl liefern die Ergebnisse deutliche Hinweise auf die Antwort. Ziel war es zunächst die Frage zu beantworten, ob INC Nachrichtenrealität in Abhängigkeit zu ihrem Herkunftsland konstruieren. Die Ergebnisse der vorliegenden Studie lassen den Schluss zu, dass dem nicht so ist. Zwar legen alle untersuchten INC (mit Ausnahme von AJE) einen deutlichen Berichterstattungsschwerpunkt auf die Darstellung ihres Heimatlandes. Diese Form des Zentrismus spiegelt sich dabei zum einen in der Selektion der Handlungsorte von Nachrichten wieder, noch deutlicher tritt sie aber in der Wahl der Handlungsträger zutage. Die Schwerpunktsetzung auf die eigene Nation fällt dabei für viele INC wesentlich deutlicher aus, als dies von Verantwortlichen für die jeweiligen Sender in Anspruch genommen wird.[649] Faktisch bleibt diese Schwerpunktsetzung aber hinter dem Grad an Zentrismus zurück, den Studien für gewöhnliche Nachrichtenmedien dokumentieren. Die inferenzstatistische Datenanalyse konnte zudem zeigen, dass es offenbar keinen linearen Zusammenhang zwischen der politischen, geographischen, ökonomischen und kulturellen Nähe einer Nation zur Heimatnation eines Senders und dem Grad ihrer journalistischen Beachtung gibt. Auch dies kann als Hinweis darauf gelesen werden, dass die untersuchten INC geographische Nachrichtenrealität nicht in Abhängigkeit zu ihrem Herkunftsland konstruieren.

Weiter sollte Klarheit in der Frage geschaffen werden, ob INC in ihrer Berichterstattung auf mächtige Länder, auf sogenannte Elitenationen, fokussieren. Im Rahmen der deskriptiven Datenanalyse konnte die diesbezügliche Hypothese für alle Sender bis auf CNNI und RT zurückgewiesen werden. Nur CNNI und RT wählten sowohl für über 50% aller Fälle eine Elitenation zum Handlungsort als auch einen Vertreter einer Elitenation zum aktiven Handlungsträger ihrer Nachrichten. Die inferenzstatistische Analyse konnte zeigen, dass es offenbar keinen linearen Zusammenhang

---

649 Strunz 2010a; Strunz 2010b.

zwischen der Macht einer Nation und ihrer Präsenz in INC-Nachrichten gibt. Dieses Ergebnis kann allerdings nicht darüber hinwegtäuschen, dass der Fokus auf die Mächtigen dieser Erde auf allen INC sehr deutlich ausfällt und zwar selbst auf solchen Medien, die einstmals als Stimme des Politischen Südens angetreten sind.

7. Eine Globale Agenda?

Wie im Forschungsüberblick dargelegt wurde, beschäftigt sich eine lange Forschungslinie mit der Frage, welche Länder aus welchen Gründen Gegenstand von Nachrichten werden und welche Länder nicht. Der Forschungsüberblick konnte zeigen, dass die Ergebnisse nachrichtengeographischer Studien auf diese Fragen keineswegs eindeutige Antworten liefern. Auch aufgrund einer kaum mehr zu überblickenden Vielfalt, an methodischen Zugängen zum Thema, dokumentiert Kapitel 2 unterschiedlichste Forschungsergebnisse. Umso größeres Gewicht fällt denjenigen Ergebnissen zu, die unabhängig von Forschungsobjekt, Forschungskontext und Untersuchungszeitraum weitgehend konstant bleiben. Diese Ergebnisse wurden als Strukturmerkmale der Internationalen Berichterstattung identifiziert:

i.) Nachrichtenmedien tendieren dazu, geographische Realität in Abhängigkeit zum Herkunftsland des Nachrichtenmediums zu konstruieren.
- **Zentrismus:** Nachrichtenmedien tendieren dazu, das eigene Land in den absoluten Berichterstattungsmittelpunkt zu rücken.
- **Nähe:** Nachrichtenmedien tendieren dazu, solchen Ländern größere Beachtung zu schenken, die in einem Nähe-Verhältnis zu ihnen stehen.

ii.) Nachrichtenmedien tendieren dazu, in ihrer Auslandsberichterstattung auf mächtige Länder zu fokussieren.
- **Elitezentrierung:** Nachrichtenmedien tendieren dazu, in ihrer Auslandsberichterstattung auf Elitenationen zu fokussieren.
- **Macht:** Nachrichtenmedien tendieren dazu, Ländern eine umso stärkere Beachtung zu schenken, je größer deren militärische, wirtschaftliche und wissenschaftliche Macht ausfällt.

Diese Strukturmerkmale der Internationalen Berichterstattung bilden den Ausgangspunkt für die nachrichtengeographische Analyse Internationaler Nachrichtensender und dienen als Maßstab für die Beantwortung der Frage, inwiefern INC eine alternative, stärker internationalisierte Nachrichtenagenda konstruieren, als gewöhnliche TV-Angebote. Auf Grundlage der Nachrichtenwerttheorie (Zwei-Komponenten-Modell) und der Selbstzuschreibungen von INC wurden vier Hypothesen über das nachrichten-geographische Konstruktionsverhalten von INC deduziert und operationalisiert.

- $H_{1.1}$) INC rücken ihr ursprüngliches Herkunftsland nicht in den absoluten Berichterstattungsmittelpunkt.
- $H_{1.2}$) Die journalistische Beachtung, die INC einem Land zuweisen, hängt nicht von dessen ökonomischer, politischer, kultureller und geographischer Nähe zum ursprünglichen Herkunftsland des INC ab.
- $H_{2.1}$) INC rücken Elitenationen in ihren Berichterstattungmittelpunkt.
- $H_{2.2}$) INC schenken Ländern eine umso größere journalistische Beachtung, je größer deren Machtstatus ausfällt.

$H_{1.1}$ und $H._{2.1}$ formulieren Annahmen, die in deskriptiv-statistischen Verfahren getestet werden können. $H_{1.2}$ und $H_{2.2}$ formulieren Kausalzusammenhänge, deren Test inferenz-statistische Verfahren notwendig macht. Ihren theoretischen Ausgangspunkt finden $H_{1.2}$ und $H_{2.2}$ in der Nachrichtenwerttheorie. Die Nachrichtenwerttheorie ist mittlerweile stark ausdifferenziert und nicht alle theoretischen Verzweigungen bieten sich für empirische Tests an. Um unterschiedliche Nachrichtenwertzuweisungen theoretisch plausibel zu machen, wurde das Zwei-Komponenten-Modell nach Kepplinger auf das Wirken von Kontextfaktoren übertragen, die die spezifischen Selektionsdeterminanten der Nachrichtengeographie bilden. Das Zwei-Komponenten-Modell erweist sich als besonders leistungsstark. Durch die Einführung der Kategorie »journalistische Selektionskriterien« kann es theoretisch präzise erklären, weshalb Medien u.U. höchst eigene Wege beschreiten, wenn es darum geht, welchen Kontextmerkmalen sie welchen Grad an Nachrichtenwert zuweisen. Für die statische Auswertung inhaltsanalytisch gewonnener Daten bietet das Modell Vorzüge, da es somit Inferenzen von statistisch dokumentierten Kausalbeziehungen auf dahinterliegende Selektionsmechanismen zulässt.

Die Ergebnisse der deskriptiven Analyse zeigen, dass auch Internationale Nachrichtensender die Welt in Nachrichtenzentren, ein Nachrichtenmittelfeld und eine Nachrichtenperipherie untergliedern. Nachrichtenzentren zeichnen sich dadurch aus, dass sie fester Bestandteil (fast) jeder Sendung sind. Es sind die Nachrichtenzentren, die Nachrichtenrealität dauerhaft bestimmen, die in einer hochkontingenten Nachrichtenwelt Orientierung bieten und deren Vertreter Weltgeschehen deuten. Hierunter zählt allem voran das jeweilige Heimatland des Senders. Denn zumindest von CNNI, FR24 und RT, in abgeschwächter Form auch von BBC-WN, wird das ursprüngliche Herkunftsland des Senders am deutlichsten in den Nachrichten konturiert. Dieses Ergebnis ist erstaunlich und wirft die Frage auf, inwiefern es sich bei Internationalen Nachrichtensendern tatsächlich um »deterritoriale« Nachrichtenprodukte handelt. AJE, der sein Heimatland fast gänzlich ignoriert, bildet in dieser Hinsicht eine Ausnahme. Es bleibt offen, ob sich aus diesem spezifischen Berichterstattungsmuster ein besonders hoher Grad an Deterritorialität oder nicht vielmehr ein besonders hoher Grad der Selbstzensur ableiten lässt.

Gleich nach der eigenen Heimat werden solche Länder in den Fokus gerückt, die als Elitenationen bzw. als Krisennationen bezeichnet werden können. Die mit Abstand größte Aufmerksamkeit erfährt die Supermacht USA, gefolgt – wenn auch mit deutlichem Abstand – von einigen anderen G-8-Staaten. Erstaunlich hohe Beachtungswerte weisen darüber hinaus einige Krisennationen (insbesondere Pakistan und Afghanistan) auf. Bereits die deskriptive Statistik verdeutlicht allerdings, dass sich aus dem bloßen Krisen- bzw. Elitestatus einer Nation nicht zwangsläufig eine überdurchschnittliche Beachtung ableiten lässt. So fokussieren auch die Nachrichtenagenden von INC auf nur wenige Krisennationen, die gleichsam pars pro toto für eine konfliktreiche Welt stehen. Und auch für Elitenationen scheint die Gleichung «je mächtiger ein Land ist, desto stärker wird es zwangsläufig beachtet» nicht zu gelten. Dies machen die erstaunlich niedrigen Beachtungswerte für einige Elitenationen (wie etwa China) deutlich.

Neben diesem Grundmuster, in dem sich alle untersuchten Sender weitgehend ähneln, konstruieren INC darüber hinaus aber auch einige Nachrichtenzentren, die als Alleinstellungsmerkmale der jeweiligen INC gelten können. So profiliert sich RT als Referenzsender für Teile des zentralasiatischen Raums, CNNI blickt stärker als andere Sender auf den Nachbarn Mexiko, FR24 auf Belgien und AJE auf Palästina. In diesem Punkt profilieren sich die untersuchten Sender als durchaus eigenständige Formate, die ihren geographischen Nachrichteagenden deutlich zu identifizieren sind.

Was die Nachrichtenrealitäten von INC von gewöhnlichen Programmangeboten deutlich unterscheidet, ist das Nachrichtenmittelfeld. Hierunter zählen einige Länder, über die mit größerer Regelmäßigkeit von unterschiedlichen Sendern berichtet wird. Sie liegen nicht zwangsläufig in Westeuropa oder den USA, sondern auch in Asien, im Nahen Osten oder in Afrika und werden in der Regel nicht nur monothematisch in die Nachrichten eingebunden. Die größte Berichterstattungsgruppe bilden jedoch die Länder der Nachrichtenperipherie. Sie zeichnen sich dadurch aus, dass sie lediglich sporadisch und fast willkürlich erwähnt werden. Unter den Sendern besteht kein ausgeprägter Konsens in der diesbezüglichen Nachrichtenwertzuweisung. So kann es durchaus sein, dass einige Länder der Nachrichtenperipherie im Untersuchungszeitraum Gegenstand der Nachrichtenrealität eines INC waren, während alle anderen Sender diese nicht abbildeten. Typischerweise liegen die Länder der Nachrichtenperipherie in Afrika, Lateinamerika, in Ozeanien oder in Osteuropa. Das gleiche gilt für die 86 (!) Länder, die in den beiden Erhebungswochen kein einziges Mal in den Realitätsangeboten der internationalen Nachrichtenschwergewichte Erwähnung gefunden haben. Trotz liberalisierter Medienmärkte und stattelitengestützter Echtzeitkommunikation bleiben Länder wie Gambia, Belize, Panama, Turkmenistan, Nepal, Ghana, Angola, die Slowakei oder Litauen »weiße Flecken« der Berichterstattung.

Auf Basis dieser Ergebnisse konnte $H_{1.1}$ für alle Sender angenommen, $H_{2.1}$ für alle Sender, bis auf CNNI und Russia Today, zurückgewiesen werden. Vordergründig mag dieses Ergebnis erfreuen, bedeutet es doch, dass INC die eigene Heimat nicht zum absoluten Berichterstattungsmittelpunkt wählen und Elitenationen weniger stark in den Mittelpunkt ihrer Berichterstattung rücken, als manche Kritiker dies vermutet haben. Tatsächlich muss dieses Ergebnis mit Vorsicht interpretiert werden. Die Operationalisierung der Hypothesen orientiert sich an Mittelwerten, die aus internationalen Studien gewonnen wurden und somit auch durch Extremwerte beeinflusst sind. Von der Konstruktion einer »Globalen Nachrichtenagenda«, die keine erkennbare Nähe zur Heimatnation des jeweiligen INC konstruiert und in der Elitenationen ebenso abgebildet werden, wie alle anderen Länder dieser Erde, sind INC weit entfernt.

Dass die Nachrichtenagenden von INC ein weitaus geringeres Maß an nachrichtengeographischer Alterität bieten, als die Marketingabteilungen mancher Sender glauben machen, zeigt nicht zuletzt ein Vergleich, der die Nachrichtengeographie auf Ebene der Kontinente abbildet. Mit wenigen Ausnahmen finden sich hier große Kontinuitäten zu altbekannten Berichterstattungsmustern, die bereits im Zuge der NWIKO-Debatte beklagt wurden. Hierzu zählt u.a. die weitgehende Missachtung Afrikas, Osteuropas und Ozeaniens. Eine in mehrfacher Hinsicht erfreuliche Ausnahme bildet die Nachrichtenrealität von BBC-WN. Sie fällt in ihren Spitzen vergleichsweise flach aus. Zudem profiliert sich BBC-WN, stärker noch als AJE als der Sender, der Afrika besonders deutlich in der Berichterstattungsmittelpunkt rückt.

Die Hypothesen $H_{1.2}$ und $H_{2.2}$ konnten über den gewählten Analyseweg nicht zweifelsfrei angenommen oder zurückgewiesen werden. Auf den ersten Blick ergaben die Regressionsmodelle signifikante Ergebnisse und eine Varianzaufklärung, die mit Werten zwischen 27% und 82% von zufriedenstellend, bis zu extrem hoch reichten. Als erklärungsstärkste Prädiktoren der Länderpräsenz erwiesen sich dabei im Großteil der Modelle die Faktoren Macht bzw. wirtschaftliche Nähe. Diese Befunde korrespondieren mit den Ergebnissen zahlreicher vorangegangener Studien. In der deskriptiven Datenanalyse wurde deutlich, dass alle untersuchten Nachrichtenagenden durch Extremwerte gekennzeichnet sind. Als Extremwerte konnten vor allem das jeweilige Heimatland des Senders sowie die USA identifiziert werden. Welche methodischen Schwierigkeiten diese Ausreißerfälle mit sich bringen, zeigte deren Kontrolle. Unter Ausschluss beider Ausreißer kam die überwiegende Zahl der Modelle nicht mehr zu signifikanten Ergebnissen, wenige Modelle zeigten schwach signifikante Effekte. In der Überprüfung der Modellannahmen zeigte sich, dass das Grundproblem in der Datenverteilung liegt. Sämtliche Streudiagramme zeigen eine nichtlineare Datenverteilung, bei den gefundenen Ergebnissen handelt es sich insofern um Scheinergebnisse. Die gefundenen Schätzer sind nicht BLUE und können strenggenommen nicht als Parameter zur Beantwortung oder Zurückweisung der Hypothesen dienen. Ein Blick auf die Streudiagramme spricht allerdings dafür, dass die angenommenen Kausalbeziehungen zwischen abhängigen und unabhängigen Variablen nicht gegeben sind. Drei Aspekte sind an diesem Resultat interessant. Zum einen legen die Ergebnisse den Verdacht nahe, dass INC Nachrichtenrealität nach einer anderen Gesetzmäßigkeit konstruieren, als von der Nachrichtenwerttheorie angenommen. Es stellt sich die Frage, ob dieses Ergebnis von anderen Studien (unter Einbeziehung aller Nachrichtenfaktoren) reproduziert werden kann und ob sich somit der Wirkungsbereich der Nachrichtenwerttheorie einschränkt. Es stellt sich dann die Frage, nach welchen alternativen Gesetzmäßigkeiten INC Nachrichtenrealität konstruieren. Um diese Frage zu klären, wären notwendigerweise feinere Methoden als eine deduktive Inhaltsanalyse das Mittel der Wahl. Ein weiterer Aspekt springt an dem Ergebnis ins Auge. Es stellt sich grundsätzlich die Frage, inwiefern es sich bei einer nichtlinearen Datenverteilung um ein INC-spezifisches Phänomen handelt oder um ein Problem, dass unterschiedliche Medien betrifft.

Konstruieren INC geographische Nachrichtenrealität in Abhängigkeit zu ihrem Herkunftsland und fokussieren INC in ihrer Berichterstattung auf mächtige Länder? Im Rahmen der vorliegenden Arbeit konnten diese Fragen nur teilweise geklärt werden. Deutlich wurde, dass alle untersuchten INC (mit Ausnahme von AJE) die eigene Heimatnation stärker in den Vordergrund rücken, als dies zu erwarten gewesen wäre. Insbesondere CNNI sieht sich in diesem Kontext zu Recht dem Vorwurf ausgesetzt, es wäre ein zu »amerikanisch« gefärbtes Programm. Gleichwohl zeigt sich weder in der Nachrichtenrealität von CNNI, noch in den Nachrichtenrealitäten der anderen Sender, eine lineare Systematik nach der Nachrichtenwert anhand von Nähe zugewiesen wird. Ähnlich sieht es bei der Fokussierung der Mächtigen dieser Erde aus. Zwar sind alle Sender weit davon entfernt ihren Zuschauern eine Globale Nachrichtenagenda zu liefern. Gleichwohl entscheidet offenbar nicht allein der Machtfaktor eines Landes darüber, ob es von INC prominent abgebildet wird.

8. Literaturverzeichnis

Adams, William C. (1986): Whose lives count? TV coverage of natural disasters. In: *Journal of Communication*, S. 113–122.

Al-Jazeera (2006): Werbetrailer A). Al-Jazeera, 2006.

Al-Jazeera (2007): Network Brochure. Doha.

Allen, Cleo J. (2005): Foreign news coverage in selected U.S. newspapers 1927 – 1997: a content analysis.

Almaney, Adnan (1970): International and foreign affairs on network television news. In: *Journal of Broadcasting* 14 (4), S. 499–518.

Al-Mikhlafy, Abdo J. (2006): Al-Jazeera: Ein regionaler Spieler und globaler Herausforderer. Eine Studie über ein arabisches Medium das Geschichte gemacht hat. Marburg: Schüren.

Al-Najjar, Abeer (2009): How Arab is Al-Jazeera English? Comparative study of Al-Jazeera Arabic and Al-Jazeera English news channels. In: *Global Media Journal* 8 (14), S. Art. 7.

Altwegg, Jürg (2010): Palastrevolution gegen Königin Christine. In: *Frankfurter Allgemeine Zeitung* 2010, 29.12.2010.

Amin, Hussein Y. (2006): The BBC World Service presents Arabic tv. Revival of a dream or sudden death by the competition. In: Walter Armbrust und Marwan Kraidy (Hg.): The Real (Arab) World. Is Reality TV democratizing the Middle East? And other Studies in Satellite Broadcasting in the Arab and Islamic Worlds. Cairo: Adham Center for Electronic Journalism The American University in Cairo [u.a.], S. 170–176.

Anonymus (2007): Everybody wants one now. Hg. v. The Economist. Online verfügbar unter http://www.economist.com/world/international/displaystory.cfm? story_id =8356337 [24.08.2007].

Anonymus (2009): BBC World News: Mehr Zuschauer in Hauptsendezeiten als CNN. Online verfügbar unter http://www.digitalfernsehen.de/news/news_847376.html [24.08.2007].

Anonymus (2010): China startet englischsprachigen Nachrichtensender. Der Standard. Online verfügbar unter http://derstandard.at/1277337188040/CNC-World-China-startet-englischsprachigen-Nachrichtensender [01.07.2010].

Arnett, Peter (1994): Unter Einsatz des Lebens. Der CNN-Reporter live von den Kriegsschauplätzen der Welt. Dt. Erstausg. München: Droemer Knaur.

Atteslander, Peter; Cromm, Jürgen (2008): Methoden der empirischen Sozialforschung. 12., durchges. Aufl. Berlin: E. Schmidt (ESV basics).

Backhaus, Klaus; Erichson, Bernd; Plinke, Wulff; Weiber, Rolf (2011): Multivariate Analysemethoden. Eine anwendungsorientierte Einführung. 13. Aufl. Heidelberg: Springer.

Bahador, Babak (2007): The CNN effect in action. How the news media pushed the West toward war in Kosovo. 1. ed. New York, NY: Palgrave Macmillan.

Barkho, Leon (2005 (?)): The Arabic Aljazeera Vs Britain´s BBC and America´s CNN: who does journalism right? Jönköping, Media Management and Transformation Centre Jönköping International Business School.

Bartsch, Bernhard (2009): Gewaltige Marketingoffensive aus Peking. Die chinesische Regierung will die internationale Berichterstattung über ihr Land beeinflussen. In: *Stuttgarter Zeitung*, 22.01.2009 (17), S. 5.

Bauer, Udo (1988): Fernsehjournalismus rund um die Uhr. Programmproduktion, Marktsituation und Unternehmensperspektiven von Cable News Network und Headline News. Diplomarbeit. Universität Dortmund, Dortmund.

BBC (2011): BBC World News seit 20 Jahren auf Sendung. London.

Beaumont, Peter (2011): The truth about Twitter, Facebook and the uprisings in the Arab world. In: *The Guardian* 2011, 2011 (25.02.2011).

Becker, Jörg (1984): Vom Vorurteil zur Abhängigkeit. Konflikte auf dem Weg zu einer Neuen Internationalen Informationsordnung. Eine Einleitung. In: Reiner Steinweg und Jörg Becker (Hg.): Medienmacht im Nord-Süd-Konflikt. Die neue internationale Informationsordnung. Erstausg., 1. Aufl. Frankfurt am Main: Suhrkamp, S. 16–44.

Becker, Jörg (1985): Massenmedien im Nord- Süd- Konflikt. Frankfurt/New York.

Behnke, Joachim; Baur, Nina; Behnke, Nathalie (2006): Empirische Methoden der Politikwissenschaft. Paderborn: Schöningh.

Bell, Allan (1983): Telling it, like it isn´t: inaccuracy in editing international news. In: *International Communication Gazette* (31), S. 185–203.

Berelson, Bernard (1971): Content Analysis in Communication Research. 2. Aufl. New York: Hafner Publishing Company.

Bessaiso, Ehab (2005): Al- Jazeera and the War in Afghanistan: A Delivery System or a Mouthpiece? In: Mohamed Zayani (Hg.): The Al Jazeera Phenomenon. Critical Perspectives on the Arab Mediascape. Boulder: Paradigm Publishers, S. 153–170.

Beymann, Jeremy (1998): Ted Turner. Cable Television Tycoon. Greensboro: M. Reynolds.

Bibb, Porter (1994): Ted Turner. Der Mann der CNN erfand. Berlin: Ullstein Buchverlag.

Bonfadelli, Heinz (2002): Medieninhaltsforschung. Grundlagen, Methoden, Anwendungen. Konstanz: UVK Verl.-Ges. (UTB Medien- und Kommunikationswissenschaft, 2354).

Bonfadelli, Heinz (2003): Medieninhalte. In: Günter Bentele, Felix Brosius und Otfried Jarren (Hg.): Öfentliche Kommunikation. Handbuch Kommunikations- und Medienwissenschaften. Wiesbaden: Westdt. Verl, S. 79–100.

Borchardt, Knut (2001): Globalisierung in historischer Perspektive. München: C.H. Beck.

Boyd-Barret, Claudi; Boyd-Barret, Oliver (2010): 24/7 News as counter-hegemonic soft power in Latin America. In: Stephen Cushion und Justin Lewis (Hg.): The rise of 24-hour news television. Global perspectives. New York, NY: Lang.

Boyd-Barret, Oliver; Xie, Shuang (2008a): Al-Jazeera, Phoenix Satellite Television and the return of the state: Case studies in market liberalization, public sphere and media imperialism. In: *International Journal of Communication* (2), S. 206–222.

Boyd-Barret, Oliver; Xie, Shuang (2008b): Al-Jazeera, Phoenix Satellite Television and the Return of the State: Case studies in market liberalization, public sphere and media imperialism. In: *International Journal of Communication* 2, S. 206–222.

Brettschneider, Frank (1998): Massenmedien, öffentliche Meinung und Aussenpolitik. In: Wolf-Dieter Eberwein und Karl Kaiser (Hg.): Deutschlands neue Außenpolitik. München: R. Oldenbourg Verlag, S. 215–226.

Brettschneider, Frank (2005): Massenmedien und politische Kommunikation in Deutschland. In: Oscar W Gabriel (Hg.): Handbuch politisches System der Bundesrepublik Deutschland. 3., völlig überarb. und erw. Aufl. München: Oldenbourg (Lehr- und Handbücher der Politikwissenschaft), S. 687–726.

Bromley, Michael (2010): "All the World's a Stage". 24/7 news, newspapers, and the ages of media. In: Stephen Cushion und Justin Lewis (Hg.): The rise of 24-hour news television. Global perspectives. New York, NY: Lang, S. 31–49.

Busch-Janser, Sandra; Florian, Daniel (2007): Die neuen Diplomaten? Public Diplomacy und die Rolle von Kommunikationsagenturen in der Außenpolitik. In: Jens Tenscher (Hg.): Politische Kommunikation in internationalen Beziehungen. Berlin: LIT (Studien zur politischen Kommunikation, 2), S. 215–233.

Bussemer, Thymian (2003): Medien als Kriegswaffe. Eine Analyse der amerikanischen Militärpropaganda im Irak-Krieg. In: *Aus Politik und Zeitgeschichte (APuZ)* B 49-50, S. 20–28.

Carlsson, Ulla (2003): The rise and fall of NWICO. From a vision of international regulation to a reality of multilevel governance. In: *Nordicom Review* 24 (2), S. 31–67.

Chalaby, Jean (2006): American cultural primacy in a new media order. A European perspective. In: *The International Communication Gazette* 68 (1), S. 33–51.

Chalaby, Jean (2009): Transnational television in Europe. London: Tauris.

Chalaby, Jean; K. (2003): Television for a New Global Order : Transnational Television Networks and the Formation of Global Systems. In: *Gazette* 65 (6), S. 457–472.

Chang, Tsan-Kuo; Lau, Toen-Ya; Xiaoming, Hao (2000): From the United States with news and more: International flow, television coverage, and the world system. In: *Gazette: The International Journal for Communication Studies* 62, S. 505–522.

Chang, Tsan-Kuo; Lee, Jae-Won (1992): Factors affecting gatekeepers' selection of foreign news: a national survey of newspaper editors. In: *Journalism Quaterly* 69 (3), S. 554–561.

Chang, Tsan-Kuo; Shoemaker, Pamela J; Brendlinger, Nancy (1987): Determinants of international news coverage in the U.S. media. In: *Communication Research* 14, S. 396–414.

Codebuch "Eine Globale Agenda" (2012). Freiburg Breisgau.

Choong, Dennis; Druckmann, James N. (2007): Framing Theory. In: *Annual Review of Political Sciences* (10), S. 103–126.

Clausen, Lisbeth (2004): Localizing the global: 'domestication' processes in international news production. In: *Media, Culture & Society* 26 (1), S. 25–44.

Cohen, Bernhard C. (1963): The Press, the Public and Foreign Policy. Princeton: University Press.

Cottle, Simon; Rai, Mugdha (2008): Global 24/7 news providers - Emissaries of global dominance or global public sphere? In: *Global Media and Communication* 4 (2), S. 157–181.

Creswell, John W. (2009a): Research Design. Qualitative, Quantitative, and Mixed Methods Approaches. 3. Aufl. Los Angeles / London / New Delhi / Singapore: Sage.

Creswell, John W. (2009b): Research Design. Qualitative, Quantitative, and Mixed Methods Approaches. 3. Aufl. Los Angeles / London / New Delhi / Singapore: Sage.

Cushion, Stephen (2010): Three phases of 24-hour news television. In: Stephen Cushion und Justin Lewis (Hg.): The rise of 24-hour news television. Global perspectives. New York, NY: Lang, S. 15–27.

Cushion, Stephen; Lewis, Justin (2010): Introduction: What is 24-hour news television? In: Stephen Cushion und Justin Lewis (Hg.): The rise of 24-hour news television. Global perspectives. New York, NY: Lang, S. 1–11.

Dahinden, Urs (2006): Framing. Eine integrative Theorie der Medienkommunikation. Konstanz: UVK Verl.-Ges.

Diehlmann, Nicole (2003): Journalisten und Fernsehnachrichten. In: Georg Ruhrmann, Jens Woelke, Michaela Maier und Nicole Diehlmann (Hg.): Der Wert von Nachrichten im deutschen Fernsehen. Ein Modell zur Validierung von Nachrichtenfaktoren. Opladen: Leske + Budrich, S. 99–144.

Diekmann, Andreas (2009): Empirische Sozialforschung. Grundlagen, Methoden, Anwendungen. Orig.-Ausg., vollst. überarb. und erw. Neuausg., 20. Aufl. Reinbek bei Hamburg: Rowohlt-Taschenbuch-Verl.

Donsbach, Wolfgang (1987): Journalismusforschung in der Bundesrepublik. Offene Fragen trotz "Forschungsboom". In: Jürgen Wilke (Hg.): Zwischenbilanz der Journalistenausbildung. München, S. 105–142.

Eilders, Christiane (1997): Nachrichtenfaktoren und Rezeption. Eine empirische Analyse zur Auswahl und Verarbeitung politischer Information. Opladen: Westdt. Verl.

Eilders, Christiane (2006): News factors and news decisions. Theoretical and methodological advances in Germany. In: *Communications* 31 (1), S. 5–24.

Einfeldt, Anja; Stannies Jan A. (2000): Teststrecke Deutschland. In: *message* (3), S. 108–111.

El-Nawawy, Mohammed; Iskandar, Adel (2002): Al-Jazeera. How the Free Arab News Network Scooped the World and Changed the Middle East. Cambridge, MA: Westview Press.

Emmerich Andreas (1985): Nachrichtenfaktoren: Die Bausteine der Sensationen. Eine empirische Studie zur Theorie der Nachrichtenauswahl in den Rundfunk- und Zeitungsredaktionen. Saarbrücken.

Entman, Robert N. (1993): Toward Clarification of a Fractured Paradigm. In: *Journal of Communication* 43 (4), S. 51–58.

Esser, Frank (2003): Gut, dass wir verglichen haben. Bilanz und Bedeutung der komparativen politischen Kommunikationsforschung. In: Frank Esser und Barbara Pfetsch (Hg.): Politische Kommunikation im internationalen Vergleich. Grundlagen, Anwendungen, Perspektiven. 1. Aufl. Wiesbaden: Westdt. Verl., S. 437–494.

Fariborz, Arian (2007): Außen hui, innen pfui. In: *Jungle World* 2007, 2007 (29.07.2007), S. 10–11.

Field, Andy (2009): Discovering statistics using SPSS. London: Sage.

Figenschou, Tine U. (2010): A voice for the voiceless? A quantitative content analysis of Al-Jazeera English's flagship news. In: *Global Media and Communication* 6 (1), S. 85–107.

Figenschou, Tine U. (2011): Suffering up close. The strategic construction of mediated suffering on Al Jazeera English. In: *International Journal of Communication* (5), S. 233–253.

Fischer, David M. (1993): Ted Turner. Rourke Biographies: Pioneers. Vero Beach: Rourke.

Flegel, Ruth C.; Chaffee, Steve H. (1971): Influences of editors, readers and personal opinion on reporters. In: *Journalism Quaterly* 48, S. 645–651.

Flournoy, Don M.; Stewart, Robert K. (1997): CNN. Making News in the Global Market. Luton: University of Lutton Press.

France 24 (2011): France 24 Press Kit. Paris.

Francis, Michael J. (1967): The U.S. press and castro: a stufy in declining relations. In: *Journalism Quaterly* 47, S. 257–266.

Fretwurst, Benjamin (2008): Nachrichten im Interesse der Zuschauer. Eine konzeptionelle und empirische Neubestimmung der Nachrichtenwerttheorie. Konstanz: UVK Verl.-Ges.

Friedland, Lewis A. (1996): World televisons news: An analytical map. In: *Gazette* (57), S. 53–71.

Früh, Werner (2001): Kategorienexploration bei der Inhaltsanalyse. Basiswissengeleitete offene Kategorienfindung (BoK). In: Werner Wirth und Edmund Lauf (Hg.): Inhaltsanalyse. Perspektiven, Probleme, Potentiale. Köln: Halem, S. 117–139.

Früh, Werner (2007): Inhaltsanalyse. Theorie und Praxis. 5. Aufl. Konstanz: UVK Verl.-Ges.

Fukuyama, Francis (1992): The End of History and the Last Man. London/New York: Free Press.

Galtung, Johan (1971): A structural theory of imperialism. In: *Journal of Peace Research* 8, S. 81–118.

Galtung, Johan (1974): A rejoinder. In: *Journal of Peace Research* 11 (2), S. 157–160.

Galtung, Johan; Ruge, Mari H. (1965): The structure of foreign news. The presentation of the Congo, Cuba and Cyprus crisis in four Norwegian newspapers. In: *Journal of Peace Research* 2, S. 64–91.

Gans, Herbert J. (1980): Deciding what's news. A Study of CBS evening news, NBC nightly news, and Time. New York: Vintage Books.

George, Susan (2006): Die unkontrollierte Macht der Mediengiganten. In: Le Monde Diplomatique (Hg.): Atlas der Globalisierung. Berlin: taz-Verlags und Vertriebs GmbH, S. 76–77.

Gerbner, George; Marvanyi, George (1977): The many worlds of the world press. In: *Journal of Communication*, S. 52–66.

Gerhards, Jürgen (1994): Politische Öffentlichkeit. In: Friedhelm Neidhardt (Hg.): Öffentlichkeit, öffentliche Meinung, soziale Bewegungen. Opladen: Westdt. Verl., S. 77–105.

Gerhards, Jürgen; Neidhardt, Friedhelm (1993): Strukturen und Funktionen moderner Öffentlichkeit. Fragestellungen und Ansätze. In: Wolfgang R Langenbucher (Hg.): Politische Kommunikation. Grundlagen, Strukturen, Prozesse. 2., überarb. Aufl. Wien: Braumüller, S. 52–88.

Giddens, Anthony (1995): Konsequenzen der Moderne. Frankfurt am Main: Suhrkamp.

Gilboa, Eytan (2000): Mass Communication and Diplomacy: A Theoretical Framework. In: *Communication Theory* (3), S. 275–309.

Gilboa, Eytan (2002): Global Communication and Foreign Policy. In: *Journal of Communication*, S. 731–748.

Goffman, Erving (1974a): Frame analysis. An essay on the organization of experience. New York: Harper (Harper colophon books).

Goffman, Erving (1974b): Frame Analysis. New York: Harper and Row.

Golan, Guy J. (2008): Where in the world is Africa? Predicting coverage of Africa by US television networks. In: *Gazette: The International Journal for Communication Studies* 70 (1), S. 41–57.

Golan, Guy J.; Wanta, Wayne (2003): International elections on US network news. In: *The International Journal for Communication Studies* 65 (1), S. 25–39.

Goodman, Amy; Goodman, David (2004): Cheerleader des Krieges. In: *message* (3), S. 37–41.

Görke, Alexander (1999): Risikojournalismus und Risikogesellschaft. Sondierung und Theorieentwurf. Opladen/Wiesbaden: Westdt. Verl.

Görke, Alexander (2002a): Journalismus und Öffentlichkeit als Funktionssystem. In: Armin Scholl (Hg.): Systemtheorie und Konstruktivismus in der Kommunikationswissenschaft. Konstanz: UVK-Verl.-Ges., S. 69–90.

Görke, Alexander (2002b): Journalismus und Öffentlichkeit als Funktionssystem. In: Armin Scholl (Hg.): Systemtheorie und Konstruktivismus in der Kommunikationswissenschaft. Konstanz: UVK-Verl.-Ges., S. 69–90.

Görke, Alexander (2003): Das System der Massenmedien, öffentliche Meinung und Öffentlichkeit. In: Kai-Uwe Hellmann (Hg.): Das System der Politik. Niklas Luhmanns politische Theorie. 1. Aufl. Wiesbaden: Westdt. Verl., S. 121–135.

Görke, Alexander (2005): Von marxistischen Weltsystemtheorien zur Weltgesellschaft. In: Andreas Hepp, Friedrich Krotz und Carsten Winter (Hg.): Globalisierung der Medienkommunikation. Eine Einführung. 1. Aufl. Wiesbaden: VS Verl. für Sozialwiss., S. 45–67.

Görke, Alexander (2008a): Die Gleichzeitigkeit des Verschiedenen. Nation und Weltgesellschaft als Referenzgrößen des Journalismus. In: Bernhard Pörksen, Wiebke Loosen und Armin Scholl (Hg.): Paradoxien des Journalismus. Theorie - Empirie - Praxis ; Festschrift für Siegfried Weischenberg. 1. Aufl. Wiesbaden: VS Verl. für Sozialwiss., S. 269–295.

Görke, Alexander (2008b): Perspektiven einer Systemtheorie öffentlicher Kommunikation. In: Carsten Winter, Andreas Hepp und Friedrich Krotz (Hg.): Theorien der Kommunikations- und Medienwissenschaft. Grundlegende Diskussionen, Forschungsfelder und Theorieentwicklungen. 1. Aufl. Wiesbaden: VS Verl. für Sozialwiss., S. 173–190.

Görke, Alexander; Kollbeck, Johannes (2003): Weltgesellschaft und Mediensystem. Zur Funktion und Evolution internationaler Medienkommunikation. In: Frank Esser und Barbara Pfetsch (Hg.): Politische Kommunikation im internationalen Vergleich. Grundlagen, Anwendungen, Perspektiven. 1. Aufl. Wiesbaden: Westdt. Verl., S. 263–281.

Graber, Doris A. (2004): Methodological Developments in Political Communication. In: Lynda L. Kaid (Hg.): Handbook of Political Communication Research. Mahwah, NJ: Lawrence Erlbaum Assoc., S. 45–67.

Graber, Doris A.; Smith, James M. (2005): Political Communication faces the 21st century. In: *Journal of Communication*, S. 479–507.

Gramsci, Antonio (1986): Zu Politik, Geschichte und Kultur: Ausgewählte Schriften. Bonn: Pahl-Rugenstein.

Grimberg, Steffen (2009): Deuter von Bildern und Nachrichten. Auslandssender. Ihre Zahl steigt, ihre journalistische Unabhängigkeit ist fraglich. In: *Das Parlament*, 23.02.2009 (09), S.23-32.

Gurevitch, Michael; Blumler, Jay G (1990): Comparative Research: The Extending Frontier. In: David L. Swanson und Dan Nimmo (Hg.): New Directions in Political Communication. A Resource Book. Newbury Park, London, New Delhi: Sage Publ., S. 305–328.

Gurevitch, Michael; Blumler, Jay G (2003): Der Stand der vergleichenden politischen Kommunikationsforschung: Ein eigenständiges Feld formiert sich. In: Frank Esser und Barbara Pfetsch (Hg.): Politische Kommunikation im internationalen Vergleich. Grundlagen, Anwendungen, Perspektiven. 1. Aufl. Wiesbaden: Westdt. Verl., S. 371–392.

Gurevitch, Michael; Levy, Mark R.; Roeh, Itzhak (1993): "The Global Newsroom: Convergence and Diversities in the Globalization of Television News". In: Peter

Dahlgren und Colin Sparks (Hg.): Communication and Citizenship. Journalism and the Public Sphere. New York: Routledge, S. 195–216.

Hafez, Kai (2005): Mythos Globalisierung. Warum die Medien nicht grenzenlos sind. 1. Aufl. Wiesbaden: VS Verl. für Sozialwiss.

Hagen, Lutz M. (1998): Die Beachtung Deutschlands in ausländischen Medien als Funktion des Nachrichtenfaktors Nähe. In: *Publizistik* 43 (2), S. 143–157.

Hagen, Lutz M.; Berens, Harald; Zeh, Reimar; Leidner, Daniela (1998): Ländermerkmale als Nachrichtenfaktoren. Der Nachrichtenwert von Ländern und seine Determinanten in den Auslandsnachrichten von Zeitungen und Fernsehen aus 28 Ländern. In: Christina Holtz-Bacha, Helmut Scherer und Norbert Waldmann (Hg.): Wie die Medien die Welt erschaffen und wie die Menschen darin leben. Opladen: Westdt. Verl., S. 59–82.

Hague, Rod; Harrop, Martin (2005): Comparative government and politics. An introduction. 6. ed., fully rev. and updated, [Nachdr.]. Basingstoke: Palgrave Macmillan.

Hahn, Oliver (2003): Die tiefen Gräben der globalen Medienwelt. Interkulturelle Medienkompetenz, Krisenkommunikation und der Kampf um regionale und lokale Absatzmärkte. In: *Frankfurter Rundschau* 2003, 09.12.2003, S. 9.

Hahn, Oliver (2004): Neues arabisches Nachrichtenfernsehen zwischen Kulturbindung und Propagandadialog. In: *Zeitschrift für Kommunikationsökologie* 6 (1), S. 44–47.

Hallenberger, Gerd (2005): Vergleichende Fernsehprodukt- und Programmforschung. In: Andreas Hepp, Friedrich Krotz und Carsten Winter (Hg.): Globalisierung der Medienkommunikation. Eine Einführung. 1. Aufl. Wiesbaden: VS Verl. für Sozialwiss., S. 165–186.

Hartung, Joachim; Elpelt, Bärbel; Klösener, Karl-Heinz (1991): Statistik. Lehr- und Handbuch der angewandten Statistik. 8. Aufl. München, Wien: Oldenbourg.

Held, David (1999): Globalization, Culture and the Fade of Nations. In: David Held, Anthony McGrew, David Goldblatt und Jonathan Perraton (Hg.): Global Transformations. Politics, Economics and Culture. Oxford: Polity Press, S. 327–375.

Held, David; McGrew, Anthony (2006): Introduction. In: David Held und Anthony McGrew (Hg.): The Global Transformations Reader. 2. Aufl. Cambridge: Polity Press, S. 4–19.

Held, David; McGrew, Anthony; Goldblatt, David; Perraton, Jonathan (Hg.) (1999): Global Transformations. Politics, Economics and Culture. Oxford: Polity Press.

Hepp, Andreas (2006): Transkulturelle Kommunikation. Konstanz: UVK-Verl.-Ges.

Hepp, Andreas; Krotz, Friedrich; Winter, Carsten (Hg.) (2005): Globalisierung der Medienkommunikation. Eine Einführung. 1. Aufl. Wiesbaden: VS Verl. für Sozialwiss. (Medien - Kultur - Kommunikation).

Hepp, Andreas; Löffelholz, Martin (Hg.) (2002): Grundlagentexte zur transkulturellen Kommunikation. Konstanz: UVK-Verl.-Ges.

Herkner, Werner (1974): Inhaltsanalyse. In: Angelika Weidmann und Jürgen van Koolwijk (Hg.): Erhebungsmethoden: Beobachtung und Analyse von Kommunikation. München: Oldenbourg, S. 158–192.

Hester, Al (1978): Five years of foreign news on U.S. television evening newscasts. In: *International Communication Gazette* 24, S. 86–95.

Hjarvard, Stig (1995): TV news flow studys revisited. In: *The Electronic Journal of Communication* 5 (2&3).

Hopkins, Terence K; Wallerstein, Immanuel (1996): The World System: Is there a crisis? In: Terence K Hopkins und John Casparis (Hg.): The age of transition. Trajectory of the world-system 1945 - 2025. London: Zed Books, S. 1–12.

Hornig, Frank (2003): Zwischen den Fronten. In: *Der Spiegel* (16), S. 160–162.

Hur, Kyoon K. (1984): A critical analysis of international news flow research. In: *Critical Studies in Mass Communiaction Research* (1), S. 365–378.

Iskandar, Adel (2006): Is Al Jazeera alternative? Mainstreaming alterity and assimilating discourses of content. In: Walter Armbrust und Marwan Kraidy (Hg.): The Real (Arab) World. Is Reality TV democratizing the Middle East? And other Studies in Satellite Broadcasting in the Arab and Islamic Worlds. Cairo: Adham Center for Electronic Journalism The American University in Cairo, S. 249–261.

Iyengar, Shanto; Bennett, Lance W. (2009): A new era of minimal effects? The changing foundations of political communication. In: *Journal of Communication*.

Jäckel, Michael (2008): Medienwirkungen. Ein Studienbuch zur Einführung. 4. Aufl. Wiesbaden: VS Verlag für Sozialwissenschaften.

Jahn, Detlef (2006): Einführung in die vergleichende Politikwissenschaft. 1. Aufl. Wiesbaden: VS Verl. für Sozialwiss.

Jakob, Stefan (1991): Crisis News Network. In: *epd/Kirche und Rundfunk* 43 (4), S. 3–5.

Jansen, Andrea; Ruberto, Rosaia (1997): Mediale Konstruktion politischer Realität. Politikvermittlung im Zeitalter der Fernsehdemokratie. Wiesbaden: Dt. Univ.-Verl.

Jarren, Ottfried; Donges, Patrick (2006): Politische Kommunikation in der Mediengesellschaft. Eine Einführung. 2. Aufl.: VS Verl. für Sozialwiss.

Jurkiewicz, Sarah (2009): Al-Jazeera vor Ort. Journalismus als ethische Praxis. Berlin: Frank & Timme.

Kamalipour, Yahya R (2006): The battle of the airwaves: the rise and proliferation of Iranian satellite tv channels. In: Walter Armbrust und Marwan Kraidy (Hg.): The Real (Arab) World. Is Reality TV democratizing the Middle East? Cairo: Adham Center for Electronic Journalism The American University in Cairo [u.a.], S. 85–90.

Kamps, Klaus (1998): Nachrichtengeographie. Themen, Strukturen, Darstellungen. In: Klaus Kamps und Miriam Meckel (Hg.): Fernsehnachrichten. Prozesse, Strukturen, Funktionen. Opladen: Westdt. Verl., S. 275–294.

Kamps, Klaus (1999): Politik in Fernsehnachrichten. Struktur und Präsentation internationaler Ereignisse; ein Vergleich. Baden-Baden: Nomos-Verl.-Ges.

Kayser, Jaques (1953): One weeks´s news. Comparative study of 17 major dailiesfor a seven day period. Paris: UNESCO.

Kepplinger, Hans M. (1989a): Instrumentelle Aktualisierung. Grundlagen einer Theorie publizistischer Konflikte. In: *Kölner Zeitschrift für Soziologie und Sozialpsychologie* (Sonderheft 29), S. 199–220.

Kepplinger, Hans M. (1989b): Theorien der Nachrichtenauswahl als Theorien der Realität. In: *Aus Politik und Zeitgeschichte* B 15, S. 3–16.

Kepplinger, Hans M. (1998): Der Nachrichtenwert der Nachrichtenfaktoren. In: Christina Holtz-Bacha, Helmut Scherer und Norbert Waldmann (Hg.): Wie die Medien die Welt erschaffen und wie die Menschen darin leben. Opladen: Westdt. Verl., S. 19–38.

Kepplinger, Hans M. (2006): Forschungslogik der Nachrichtenwertforschung. In: Werner Wirth (Hg.): Forschungslogik und -design in der Kommunikationswissenschaft. Köln: von Halem.

Kepplinger, Hans M. (2008a): News Factors. In: Wolfgang Donsbach (Hg.): The International Encyclopedia of Communication. 12 Bände. Malden, MA: Blackwell Pub., S. 3245–3248.

Kepplinger, Hans M. (2008b): News values. In: Wolfgang Donsbach (Hg.): The International Encyclopedia of Communication. 12 Bände. Malden, MA: Blackwell Pub., S. 3281–3286.

Kepplinger, Hans M.; Bastian, Rouwen (2000): Der prognostische Gehalt der Nachrichtenwerttheorie. In: *Publizistik* (4), S. 462–475.

Kepplinger, Hans M.; Borsius, Hans-Bernd; Staab, Joachim F. (1991): Instrumental actualization: a theory of mediated conflicts. In: *European Journal of Communication* (6), S. 263–290.

Kepplinger, Hans M.; Ehmig, Simone C. (2006): Predicting news decisions. An empirical test of the two-component theory of news selection. In: *Communications* 31, S. 25–43.

Kepplinger, Hans M.; Weißbecker, Helga (1991): Negativität als Nachrichtenideologie. In: *Publizistik*, S. 330–342.

Kerrick, Jean S.; Anderson, Thomas E.; Swales, Luita B. (1964): Balance and the writer´s attitude in news stories and editorials. In: *Journalism Quarterly* 41, S. 207–215.

Kim, Hun S. (2002): Gatekeeping international news: an attitudinal profile of U.S. television journalists. In: *Journal of Broadcasting & Electronic Media* 46 (3), S. 431–452.

Kim, Kyungmo (2003): Organizational determinants of international news coverage in Korean newspapers. In: *The International Communication Gazette* 65 (1), S. 65–85.

Kim, Kyungmo; Barnett, George A. (1996): The determinants of international news flow : a network analysis. In: *Communication Research* 23 (3).

Klawitter, Nils (2003): "Wir machen den Krieg nicht keimfrei". In: *Der Spiegel* (14), S. 206.

Klein, Malcom W.; Maccoby, Nathan (1954): Newspaper Objectivity in the 1952 Campaign. In: *Journalism Quaterly* 31, S. 285–296.

Kleinsteuber, Hans J. (1994): Nationale und internationale Mediensysteme. In: Klaus Merten, Siegfried J Schmidt und Siegfried Weischenberg (Hg.): Die Wirklichkeit der Medien. Eine Einführung in die Kommunikationswissenschaft. Opladen: Westdt. Verl., S. 545–568.

Kleinsteuber, Hans J. (2003): Medien und Kommunikation im internationalen Vergleich. Konzepte, Methoden, Befunde. In: Frank Esser und Barbara Pfetsch (Hg.): Politische Kommunikation im internationalen Vergleich. Grundlagen, Anwendungen, Perspektiven. 1. Aufl. Wiesbaden: Westdt. Verl., S. 78–103.

Knutson, Troy (2008): Working paper: Longitudinal analysis of news about China in the U.S. Media: Changes explained by world system theory? Joint Workshop between Korea University and Waseda University. Waseda University, 2008.

Kraidy, Marwan M. (2002): Arab Satellite Television Between Regionalization and Globalization. In: *Global Media Journal* 1 (1), S. Art. 4.

Kropp, Sabine; Minkenberg, Michael (2005): Vergleichen in der Politikwissenschaft. 1. Aufl. Wiesbaden: VS Verl. für Sozialwiss.

Krüger, Udo M.; Zapf-Schramm, T. (1998): Fernsehwahlkampf in Nachrichten und Informationssendungen. In: *Media Perspektiven* (5), S. 222–236.

Kuhlmann, Christoph (2007): Die vieldimensionale Welt. Themenanalysen und das Problem der Kommunikationswissenschaft mit der Realität. In: Werner Wirth und Werner Früh (Hg.): Dynamisch-transaktional denken. Theorie und Empirie der Kommunikationswissenschaft ; für Werner Früh. Köln: Halem, S. 126–152.

Kuhn, Raymond (2010): France 24: To little, to late, to French? In: Stephen Cushion und Justin Lewis (Hg.): The rise of 24-hour news television. Global perspectives. New York, NY: Lang, S. 265–279.

Küng-Shankleman, Lucy (1997): Investigating the BBC and CNN: How Culture Drives Strategic Development in Broadcasting Organisations. Bamberg: Difo-Druck.

Küng-Shankleman, Lucy (2000): Inside the BBC and CNN. Managing media organisations. London/New York: Routledge.

La Roche von, Walther; Buchholz, Axel (Hg.) (2009): Radio-Journalismus. Ein Handbuch für Ausbildung und Praxis. 9. Aufl. Berlin: Ullstein Buchverlag.

Lacy, Stephen; Chang, Tsan-Kuo; Lau, Tuen-yu (1989): Impact of allocation decisions and market factors on foreign news coverage. In: *Newspaper Research Journal* 10, S. 23–32.

Landesamt für Verfassungsschutz Baden-Württemberg (2006): Sattelitensender Al-Djazira aus Katar. Online verfügbar unter http://www.verfassungsschutz-bw.de/kgi/islam_medien_arab-med_jazzera.htm [22.04.2012].

Larson, James F (1979): International affairs coverage on U. S. network television. In: *Journal of Communication*, S. 136–147.

Larson, James; Hardy, Andy (1977): International affairs coverage on network television news: a study of news flow. In: *International Communication Gazette* 23 (4), S. 241–256.

Lasswell, Harold D. (1960): The structure and function of communication. In: Wilbur Schramm (Hg.): Mass Communications. Urbana: University of Illionois Press, S. 117–130.

Lauf, Edmund (2001): "96 nach Holsti". Zur Reliabilität von Inhaltsanalysen und deren Darstellung in kommunikationswissenschaftlichen Fachzeitschriften. In: *Publizistik* 46 (1), S. 57–68.

Lauth, Hans-Joachim (Hg.) (2006): Vergleichende Regierungslehre. Eine Einführung. 2. Aufl. Wiesbaden: VS Verlag für Sozialwissenschaften / GWV Fachverlage GmbH Wiesbaden.

Lauth, Hans-Joachim; Pickel, Gert; Pickel, Susanne (2009): Methoden der vergleichenden Politikwissenschaft. Eine Einführung. 1. Aufl. Wiesbaden: VS Verl. für Sozialwiss.

Lauth, Hans-Joachim; Winkler, Jürgen R. (2006): Methoden der Vergleichenden Politikwissenschaften. In: Hans-Joachim Lauth (Hg.): Vergleichende Regierungslehre. Eine Einführung. 2. Aufl. Wiesbaden: VS Verlag für Sozialwissenschaften, S. 37–69.

Leidinger, Christiane (2003): Medien - Herrschaft - Globalisierung. Folgenabschätzung zu Medieninhalten im Zuge transnationaler Konzentrationsprozesse. 1. Aufl. Münster: Verl. Westfälisches Dampfboot.

Lewin, Kurt (1943): Forces behind food habits and methods of change. In: *Bulletin of the National Research Council* 108 (35-65).

Lijphart, Arend: Comparative politics and the comparative method. In: *The American Political Science Review* 65 (3), S. 682–693.

Lim, Joon Soo (2008): CNN (Cable News Network). In: Lynda Lee Kaid und Christina Holtz-Bacha (Hg.): Encyclopedia of Political Communication. Los Angeles, Calif.: Sage Publ., S. 114–115.

Lindenberg, Sonja (2006): Al-Jazeera. Der arabische Satellitensender und das internationale Nachrichtengeschäft. Saarbrücken: VDM Verlag Dr. Müller.

Lin, Yang (2004): Fragmentation of the Structure of Political Communication: Diversification or Isolation. In: Lynda L. Kaid (Hg.): Handbook of Political Communication Research. Mahwah, NJ: Lawrence Erlbaum Assoc., S. 69–107.

Lippmann, Walter (1922): Public Opinion. New York: The Macmillan Company.

Lippmann, Walter; Noelle-Neumann, Elisabeth (1990): Die öffentliche Meinung. Reprint des Publizistik-Klassikers. Bochum: Brockmeyer.

Lisch, Ralf; Kriz, Jürgen (1978): Grundlagen und Modelle der Inhaltsanalyse. Bestandsaufnahme und Kritik. Reinbek bei Hamburg: Rowohlt.

Löffelholz, Martin (Hg.) (2004): Krieg als Medienereignis. Krisenkommunikation im 21. Jahrhundert. Wiesbaden: VS Verl. für Sozialwiss.

Loosen, Wiebke; Scholl, Armin; Woelke, Jens (2002): Systemtheoretische und konstruktivistische Methodologie. In: Armin Scholl (Hg.): Systemtheorie und Konstruktivismus in der Kommunikationswissenschaft. Konstanz: UVK-Verl.-Ges., S. 37–65.

Lubetkin, Mario (2009): Thementod aus Zeitungsnot. Hg. v. Der Freitag. http://www.freitag.de/positionen/0918-krise-zeitungssterben-entwicklungspolitik [07.05.2009].

Luhmann, Niklas (1996): Die Realität der Massenmedien. 2. Aufl. Opladen: Westdt. Verl.

Lynch, Marc (2006): Voices of the New Arab Public. Iraq, Al-Jazeera, and Middle East Politics Today. New York: Columbia University Press.

Mac Kinnon, Rebecca (2004): Priorities of American Global TV: Humanity, National Interest, or Commercial Profit?

Mackay, Hamish (2004): Press & journal sinks the Titanic newspaper myth. In: *Press Gazette.*

Maier, Michaela (2003a): Analysen deutscher Fernsehnachrichten 1992-2001. In: Georg Ruhrmann, Jens Woelke, Michaela Maier und Nicole Diehlmann (Hg.): Der Wert von Nachrichten im deutschen Fernsehen. Ein Modell zur Validierung von Nachrichtenfaktoren. Opladen: Leske + Budrich, S. 61–98.

Maier, Michaela (2003b): Nachrichtenfaktoren - Stand der Forschung. In: Georg Ruhrmann, Jens Woelke, Michaela Maier und Nicole Diehlmann (Hg.): Der Wert von Nachrichten im deutschen Fernsehen. Ein Modell zur Validierung von Nachrichtenfaktoren. Opladen: Leske + Budrich, S. 27–50.

Maier, Michaela; Ruhrmann, Georg; Klietsch, Kathrin (2006): Der Wert von Nachrichten im deutschen Fernsehen. Ergebnisse einer Inhaltsanalyse 1992 - 2004. Hg. v. Landesanstalt für Medien Nordrhein-Westfalen (LfM). Düsseldorf.

Maier, Michaela; Ruhrmann, Georg; Stengel, Karin (2009): Der Wert von Nachrichten im deutschen Fernsehen. Inhaltsanalyse von TV-Nachrichten im Jahr 2007. Hg. v. Landesanstalt für Medien Nordrhein-Westfalen (LfM). Düsseldorf.

Marcinkowski, Frank (2002): Agenda Setting als politikwissenschaftlich relevantes Paradigma. In: Winand Gellner und Gerd Strohmeier (Hg.): Freiheit und Gemeinwohl, : Nomos-Verlag. Politikfelder und Politikvermittlung zu Beginn des 21. Jahrhunderts. Baden-Baden: Nomos Verl.-Ges., S. 159–170.

Martin, Hans-Peter; Schumann, Harald (1998): Die Globalisierungsfalle. Der Angriff auf Demokratie und Wohlstand. Berlin: Rowohlt-Taschenbuch-Verl.

Matthes, Jörg (2007): Framing-Effekte. Zum Einfluss der Politikberichterstattung auf die Einstellungen der Rezipienten. München: Fischer.

Maurer, Marcus (2010): Agenda-Setting. Baden-Baden: Nomos Verl.-Ges.

Mayring, Philipp (2000): Qualitative Inhaltsanalyse. Grundlagen und Techniken. 7. Aufl. Weinheim: Dt. Studien-Verl.

McCombs, Maxwell E.; Shaw, Donald L. (1972): The Agenda Setting Function of the Mass Media. In: *Public Opinion Quarterly* 36, S. 176–187.

McLuhan, Marshall; Powers, Bruce R (1992): The global village. Transformations in world life and media in the 21th century. New York: Oxford Univ. Press.

Meckel, Miriam (1996): Informationsleistungen nationaler und internationaler Nachrichtensendungen: Anspruch und Wirklichkeit. In: Peter Ludes (Hg.): Informationskontexte für Massenmedien. Theorien und Trends. Opladen: Westdt. Verl., S. 189–211.

Meckel, Miriam (1998): Internationales als Restgröße. In: Klaus Kamps und Miriam Meckel (Hg.): Fernsehnachrichten. Prozesse, Strukturen, Funktionen. Opladen: Westdt. Verl., S. 257–274.

Meckel, Miriam (2006): Kampf ums Weltbild. In: *Neue Zürcher Zeitung*, 17.11.2006 (268), S. 65.

Meckel, Miriam; Kamps, Klaus (2005): Internationale Kommunikation. In: Siegfried Weischenberg, Hans J. Kleinsteuber und Bernhard Pörksen (Hg.): Handbuch Journalismus und Medien. Konstanz: UVK Verl.-Ges., S. 481–491.

Meier, Werner A. (1984): Ungleicher Nachrichtenaustausch und fragmentarische Weltbilder. Eine empirische Studie über Strukturmerkale in der Auslandberichterstattung. Bern: Lang.

Merten, Klaus (1994): Wirkungen von Kommunikation. In: Klaus Merten, Siegfried J Schmidt und Siegfried Weischenberg (Hg.): Die Wirklichkeit der Medien. Eine Einführung in die Kommunikationswissenschaft. Opladen: Westdt. Verl., S. 291–326.

Merten, Klaus (1995): Inhaltsanalyse. Einführung in Theorie, Methode und Praxis. Opladen: Westdt. Verl.

Merten, Klaus (1998): Methoden der Fernsehnachrichtenforschung. Ziele, Möglichkeiten, Grenzen. In: Klaus Kamps und Miriam Meckel (Hg.): Fernsehnachrichten. Prozesse, Strukturen, Funktionen. Opladen: Westdt. Verl., S. 85–100.

Mohammadi, Ali (2002): Kommunikation und der Globalisierungsprozess in den Entwicklungsländern. In: Andreas Hepp und Martin Löffelholz (Hg.): Grundlagentexte zur transkulturellen Kommunikation. Konstanz: UVK-Verl.-Ges., S. 164–185.

Mowlana, Hamid (2001): The Renewal of the Global Media Debate: Implications for the Relationsship between the West and the Islamic World. In: Kai Hafez (Hg.): Islam and the West in the Mass Media. Cresskill, NJ: Hampton Press, S. 105–118.

Mutz, Michael (2005): Methoden. Schrittweise (hierarchische) Regression. Universität Potsdam, Potsdam. Soziologie.

Najjar, Orayb (2007): New trends in global broadcasting: "nuestro norte es el sur" (our north is the south). In: *Global Media Journal* 6 (10).

Neidhardt, Friedhelm (Hg.) (1994): Öffentlichkeit, öffentliche Meinung, soziale Bewegungen. Opladen: Westdt. Verl.

Neisses, Bettina (2010): BBC World News rüstet sich mit Relaunch gegen wachsende Konkurrenz. Horizont.net. http://www.horizont.net/aktuell/medien/pages/protected/BBC-World-News-ruestet-sich-mit-Relaunch-gegen-wachsende-Konkurrenz_90193.html [14.02.2010].

Neuendorf, Kimberly A (2002): The content analysis guidebook. Thousand Oaks: Sage Publ.

Noelle-Neumann, Elisabeth; Kepplinger, Hans M. (1978): Journalistenmeinungen, Medieninhalte udn Medienwirkungen. Eine empirische Untersuchung zum Einfluß der Journalisten auf die Wahrnehmung sozialer Probleme durch Arbeiter und Elite. In: Getraude Steindl (Hg.): Publizistik aus Profession. Festschrift für Johannes Binkowski aus Anlass der Vollendung seines 70. Lebensjahres. Düsseldorf, S. 41–78.

Nordenstreng, Kaarle (1986): The Rise and Life of the Concept. In: Kaarle Nordenstreng, Enrique G. Manet und Wolfgang Kleinwächter (Hg.): New International Information and Communication Order. Sourcebook. Prag: International Organization of Journalists, S. 9–42.

Nordenstreng, Kaarle; Kleinwächter, Wolfgang (1989): The New International Information and Communication Order. In: Molefi K. Asante und William B. Gudykunst (Hg.): Handbook of International and Intercultural Communication. Newbury Park, London, New Delhi: Sage Publ., S. 87–113.

Nordenstreng, Kaarle; Manet, Enrique G.; Kleinwächter, Wolfgang (Hg.) (1986): New International Information and Communication Order. Sourcebook. Prag: International Organization of Journalists.

Osgood, Charles E.; Anderson, Lois (1957): Certain relations between experienced contingencies, associative structure, and contingencies in encoded messages. In: *American Journal of Psychology* (70), S. 411–420.

Östgaard, Einar (1965): Factors influencing the flow of news. In: *Journal of Peace Research* 2 (1), S. 39–63.

Padovani; Claudia; Nordenstreng, Kaarle (2005): From NWICO to WSIS: another world information and communication order? In: *Global Media and Communication* 3 (1), S. 264–272.

Paterson, Christopher (1997): Global Television News Service. In: Anabelle Sreberny-Mohammadi, Winseck, Dwayne, Jim McKenna und Oliver Boyd-Barret (Hg.): Media in Global Context. London, New York, u.a.: Arnold, S. 145–160.

Pietiläinen, Jukka (2006): Foreign News and Foreign Trade: What Kind of Relationship? In: *International Communication Gazette* 68 (3), S. 217–228.

Pintak, Lawrence (2006): A CNN for the Developing World. In: *Spiegel Online*. Online verfügbar unter http://www.spiegel.de/international/0,1518,448830,00.html [16.02.2016].

Powlick, Philip J. (1995): The Sources of Public Opinion for American Foreign Policy Officals. In: *International Studies Quarterly* 39, S. 427–451.

Prior, Markus (2007): Post-broadcast democracy. How media choice increases inequality in political involvement and polarizes elections. New York: Cambridge Univ. Press.

Pürer, Heinz (1990): Einführung in die Publizistikwissenschaft. Systematik, Fragestellungen, Theorieansätze, Forschungstechniken. München: Ölschläger.

Rai, Mugdha; Cottle, Simon (2007): Global mediations. On the changing ecology of sattelite television news. In: *Global Media and Communication* 3 (1), S. 51–78.

Rai, Mugdha; Cottle, Simon (2010): Global news revisited: mapping the contemporary landscape of satellite television news. In: Stephen Cushion und Justin Lewis (Hg.): The rise of 24-hour news television. Global perspectives. New York, NY: Lang, S. 51–79.

Rain, David R.; Brooker-Gross, Susan R. (2004): A World on Demand: Geography of the 24-Hour Global TV News. In: Stanley D. Brunn, Susan L. Cutter und J. W. Harrington (Hg.): Geography and Technology. Dordrecht: Kluwer Academic Publisher, S. 315–337.

243

Reimann, Horst (1992): Transkulturelle Kommunikation und Weltgesellschaft. Zur Theorie und Pragmatik globaler Interaktion. Opladen: Westdt. Verl.

Ritzer, Georg; Vogel, Sebastian (1995): Die McDonaldisierung der Gesellschaft. Frankfurt am Main: Fischer.

Robinson, Gertrude J. (1973): 25 Jahre »Gatekeeper« Forschung: Eine kritische Rückschau und Bewertung. In: Jörg Aufermann, Hans Bohrmann und Rolf Sülzer (Hg.): Gesellschaftliche Kommunikation und Information. Forschungsrichtungen und Problemstellungen. Ein Arbeitsbuch zur Massenkommunikation. Frankfurt am Main: Athenäum, S. 344–355.

Robinson, Piers (1999): The CNN effect: can the news media drive foreign policy? In: *Review of International Studies* (25), S. 301–309.

Robinson, Piers (2001): Theorizing the influence of media on world politics. In: *European Journal of Communication* 16 (4), S. 523–544.

Röhl, Henning (1992): Die Macht der Nachrichten. Frankfurt am Main: Ullstein Buchverlag.

Rosengren, Karl E. (1970): International news: intra and extra media data. In: *Acta Sociologica* 13 (2), S. 96–109.

Rosengren, Karl E. (1974): International news: methods, data and theory. In: *Journal of Peace Research* 2 (11), S. 145–156.

Rosi, Eugene J. (1964): How 50 periodicals and the "times" interpreted the test ban controversy. In: *Journalism Quaterly* 41 (545-556).

Rössler, Patrick (1997): Agenda-Setting. Theoretische Annahmen und empirische Evidenzen einer Medienwirkungshypothese. Opladen: Westdt. Verl.

Rössler, Patrick (2003): Botschaften Politischer Kommunikation: Länder, Themen und Akteure internationaler Fernsehnachrichten. In: Frank Esser und Barbara Pfetsch (Hg.): Politische Kommunikation im internationalen Vergleich. Grundlagen, Anwendungen, Perspektiven. 1. Aufl. Wiesbaden: Westdt. Verl., S. 305–336.

Rössler, Patrick (2004): Political Communication Messages. Pictures of our World on Television News. In: Frank Esser und Barbara Pfetsch (Hg.): Comparing political communication. Theories, cases, and challenges. Cambridge: Cambridge Univ. Press (Communication, society, and politics), S. 271–292.

Rössler, Patrick (2005): Inhaltsanalyse. Konstanz: UVK Verl.-Ges.

Rössler, Patrick (2008): Gütekriterien bei international vergleichenden Inhaltsanalysen. In: Gabriele Melischek, Josef Seethaler und Jürgen Wilke (Hg.): Medien & Kommunikationsforschung im Vergleich. Grundlagen, Gegenstandsbereiche, Verfahrensweisen. Wiesbaden: VS Verlag für Sozialwissenschaften , S. 419–434.

Ruchatz, Jens (2004): Kanalisierung des freien Informationsflusses. In: Irmela Schneider, Christina Bartz und Isabell Otto (Hg.): Medienkultur der 70er Jahre. 3 Bände. Wiesbaden: Westdt. Verl., S. 99–124.

Rühl, Manfred (2008): Kommunikationskulturen der Weltgesellschaft. Theorie der Kommunikationswissenschaft. 1. Aufl. Wiesbaden: VS Verl. für Sozialwiss.

Ruhrmann, Georg (2005): Nachrichtenselektion. In: Siegfried Weischenberg, Hans J. Kleinsteuber und Bernhard Pörksen (Hg.): Handbuch Journalismus und Medien. Konstanz: UVK Verl.-Ges., S. 317–320.

Ruhrmann, Georg; Woelke, Jens (2003): Der Wert von Nachrichten. Ein Modell zur Validierung von Nachrichtenfaktoren. In: Georg Ruhrmann, Jens Woelke, Michaela Maier und Nicole Diehlmann (Hg.): Der Wert von Nachrichten im deutschen Fernsehen. Ein Modell zur Validierung von Nachrichtenfaktoren. Opladen: Leske + Budrich, S. 13–26.

Ruhrmann, Georg; Woelke, Jens; Maier, Michaela; Diehlmann, Nicole (Hg.) (2003): Der Wert von Nachrichten im deutschen Fernsehen. Ein Modell zur Validierung von Nachrichtenfaktoren. Opladen: Leske + Budrich.

Rushing, Josh; Elder, Sean (2007): Mission Al-Jazeera. Build a Bridge - Seek the Truth - Change the World. New York: Palgrave Macmillan.

Russia Today (2010): Profile. Russia Today. Online verfügbar unter http://www.russiatoday.ru/russiatoday.ru/ [02.10.2012].

Russia Today (2011): Corporate Profile. Online verfügbar unter http://rt.com/about/corporate-profile/ [02.10.2012]

Sakr, Naomi (2005): Maverick or Model? Al-Jazeera´s Impact on Arab Satellite Television. In: Jean Chalaby (Hg.): Transnational Television Wolrdwide. Towards a New Media Order. London/New York: Tauris, S. 66–95.

Sande, Oystein (1971): The perception of forgein news. In: *Journal of Peace Research* 8, S. 221–237.

Schäfer, Peter (2002): Wachstum im Krieg. Al- Dschasira: Propaganda- Maschine oder Pionier der arabischen Medienfreiheit. In: Goedart Palm und Florian Rötzer (Hg.): Medien, Terror, Krieg. Zum neuen Kriegsparadigma des 21. Jahrhunderts. Hannover: Heinz Heise, S. 190–200.

Schendera, Christian F. G. (2008): Regressionsanalyse mit SPSS. München: Oldenbourg Wissenschaftsverlag.

Schenk, Michael (1987): Medienwirkungsforschung. Tübingen: Mohr.

Schenk, Susan (2009): Das Islambild im internationalen Fernsehen : ein Vergleich der Nachrichtensender Al Jazeera English, BBC World und CNN International. ein Vergleich der Nachrichtensender Al Jazeera English, BBC World und CNN International: Frank & Timme.

Scherer, Helmut; Tiele, Annekaryn; Haase, Ansgar Hergenröder Sabine; Schmid, Hannah (2006): So nah und doch so fern? Zur Rolle des Nachrichtenfaktors »Nähe« in der internationalen Tagespresse. In: *Publizistik* 51 (51), S. 201–224.

Scheufele, Bertram (1999): Framing as a Theory of Media Effects. In: *Journal of Communication*, S. 103–122.

Schludermann, Walter (1998): Im Süden nichts Neues. In: *Medienimpulse* 12, S. 27–33.

Schneider, Irmela (2007): Nachrichtenfaktoren und Nachrichtenwert. In: Irmela Schneider und Christina Bartz (Hg.): Medienereignisse. Bielefeld: transcript-Verl., S. 13–24.

Schneider, Wolf; Raue, Paul-Josef (2001): Handbuch des Journalismus. Reinbek bei Hamburg: Rowohlt-Taschenbuch-Verl.

Schnell, Rainer; Hill, Paul B.; Esser, Elker (2008): Methoden der empirischen Sozialforschung. 8. Aufl. München: Oldenbourg Wissenschaftsverlag.

Scholl, Armin; Weischenberg, Siegfried (1998): Journalismus in der Gesellschaft. Theorie, Methodologie und Empirie. Opladen: Westdt. Verl.

Schulz, Winfried (1976): Die Konstruktion von Realität in den Nachrichtenmedien. Analyse der aktuellen Berichterstattung. 1. Aufl. Freiburg Breisgau: Alber.

Schulz, Winfried (1982): News structure and people´s awareness of political events. In: *International Communication Gazette* 30, S. 139–153.

Schulz, Winfried (1983): Nachrichtengeographie. Untersuchungen über die Struktur der internationalen Berichterstattung. In: Manfred Rühl, Heinz-Werner Stuiber und Franz Ronneberger (Hg.): Kommunikationspolitik in Forschung und Anwendung. Festschrift für Franz Ronneberger. Düsseldorf: Droste, S. 281–291.

Schulz, Winfried (2007): Politische Medienwirkungen: Fortschritte der Kommunikationsforschung. In: Birgit Krause, Benjamin Fretwurst und Jens Vogelgesang (Hg.): Fortschritte der politischen Kommunikationsforschung. Festschrift für Lutz Erbring. 1. Aufl. Wiesbaden: VS Verl. für Sozialwiss., S. 35–50.

Schulz, Winfried (2008): Politische Kommunikation. Theoretische Ansätze und Ergebnisse empirischer Forschung. Wiesbaden.

Schulz, Winfried (2009): Inhaltsanalyse. In: Elisabeth Noelle-Neumann, Winfried Schulz und Jürgen Wilke (Hg.): Fischer Lexikon Publizistik Massenkommunikation. Frankfurt am Main: Fischer Taschenbuch Verlag, S. 43–64.

Shannon, Claude E.; Weaver, Warren (1963): The mathematical theory of communication. Urbana: University of Illinois Press.

Sheafer, Tamir; Gabay, Itay (2009a): Mediated Public Diplomacy: A Strategic Contest over International Agenda Building and Frame Building. In: *Political Communication* 26 (4), S. 447–467.

Sheafer, Tamir; Gabay, Itay (2009b): Mediated Public Diplomacy: A Strategic Contest over International Agenda Building and Frame Building. In: *Political Communication* 26 (4), S. 447–467.

Shoemaker, Pamela J (1991): Gatekeeping. Newbury Park: Sage Publications.

Shoemaker, Pamela J; Reese, Stephen D (1996): Mediating the message. Theories of influences on mass media content. 2. ed. White Plains, NY: Longman Publishers.

Shoemaker, Pamela J; Vos, Tim P (2009): Gatekeeping theory. New York: Routledge.

Siebold, Thomas (1984): Zur Geschichte und Struktur der Weltnachrichtenordnung. In: Reiner Steinweg und Jörg Becker (Hg.): Medienmacht im Nord-Süd-Konflikt. Die neue internationale Informationsordnung. Erstausg., 1. Aufl. Frankfurt am Main: Suhrkamp, S. 45–92.

Siegert, Gabriele (2002): Medienökonomie und Systemtheorie. In: Armin Scholl (Hg.): Systemtheorie und Konstruktivismus in der Kommunikationswissenschaft. Konstanz: UVK-Verl.-Ges., S. 161–178.

Sinclair, John; Jacka, Elizabeth; Cunningham, Stuart (2002): Peripheral Vision. In: John Sinclair (Hg.): New patterns in global television. Peripheral vision. Oxford: Oxford Univ. Press, S. 1–32.

Smoltczyk, Alexander (2003): Im Sandsturm der Bilder. In: *Der Spiegel* (14), S. 202–204.

Snider, Paul: "Mr. Gates" revisited. A 1966 version of the 1949 case study. In: *Journalism Quaterly* 1967 (3), S. 419–427.

Sreberny-Mohammadi, Anabelle (1984): The "World of the News" study. In: *Journal of Communication*, S. 121–134.

Sreberny-Mohammadi, Anabelle (1995): International news flow in the post-cold war world. Mapping the news and the news producers. In: *The Electronic Journal of Communication* 5 (2&3).

Sreberny-Mohammadi, Anabelle; Nordenstreng, Kaarle; Stevenson, Robert L.; Ugboajah, Frank (1985): Foreign News in the Media: International Reporting in 29 Countries. Paris: UNESCO.

Staab, Joachim F. (1990a): Nachrichtenwert-Theorie. Formale Struktur und empirischer Gehalt. Freiburg: Alber.

Staab, Joachim F. (1990b): The role of news factors in news selection: a theoretical reconsideration. In: *European Journal of Communication* 5 (5), S. 423–443.

Staab, Joachim F. (1998): Faktoren aktueller Berichterstattung. Die Nachrichtenwerttheorie und ihre Anwendung auf das Fernsehen. In: Klaus Kamps und Miriam Meckel (Hg.): Fernsehnachrichten. Prozesse, Strukturen, Funktionen. Opladen: Westdt. Verl., S. 49–64.

Stauber, John; Rampton, Sheldon (2006): Giftmüll macht schlank. Medienprofis, Spin Doctors, PR Wizards ; die Wahrheit über die Public-Relations-Industrie. Freiburg im Breisgau: Orange Press.

Staun, Harald (2006): Außen Cnn, innen Attac. "Al-Jazeera English" will Globalisierungskritik in Hochglanzbildern üben. In: *Frankfurter Allgemeine Sonntagszeitung*, 19.11.2006 (46), S. 33.

Steinweg, Reiner; Becker, Jörg (Hg.) (1984): Medienmacht im Nord-Süd-Konflikt. Die neue internationale Informationsordnung. Erstausg., 1. Aufl. Frankfurt am Main: Suhrkamp.

Stevenson, Robert L. (1996): Remapping the news of the world. In: *Medien Journal* (4), S. 41–48.

Stevenson, Robert L.; Gary, Gaddy (1984): Bad news and the third world. In: Robert L. Stevenson und Donald L. Shaw (Hg.): Foreign news and the new world information order. Ames: The IowaState University Press, S. 88–97.

Stichweh, Rudolf (2001): Die Weltgesellschaft. Soziologische Analysen. 1. Aufl., [Nachdr.], Orig.-Ausg. Frankfurt am Main: Suhrkamp.

Stieler, Kaspar (1969 (Original1695)): Zeitungs Lust und Nutz. Bremen: Carl Schünemann Verlag.

Straubhaar, Joseph D (2005): Adapting US transnational television channels to a complex world. In: Jean Chalaby (Hg.): Transnational Television Wolrdwide. Towards a New Media Order. London/New York: Tauris, S. 216–253.

Strunz, Benedikt (2010a): Interview CNNI. Interview mit CNN-International / Veronika Weiß. Freiburg Breisgau.

Strunz, Benedikt (2010b): Interview France 24. Interview mit France 24 / Damien Amadou. Freiburg Breisgau.

Strunz, Benedikt (2010c): Tele-Visonen: Anspruch und mediale Realität von Al-Jazeera English. In: *Informationszeitschrift Dritte Welt* (318), S. 36–39.

Strunz, Benedikt; Villinger, Ingeborg (2007): Heckenschütze im Informationskrieg? Zur Rolle Al-Jazeeras im Irakkrieg von 2003. In: Barbara Korte und Horst Tonn (Hg.): Kriegskorrespondenten: Deutungsinstanzen in der Mediengesellschaft. Wiesbaden: VS Verlag für Sozialwissenschaften, S. 155–179.

Tai, Zixue (2000): Media of the world and the world of the media. A cross national study of the ´top ten world events` from 1988 to 1998. In: *International Communication Gazette* 62, S. 331–353.

Tenscher, Jens; Viehrig, Henrike (2007): Politische Kommunikation in internationalen Beziehungen. Zugänge und Perspektiven. In: Jens Tenscher (Hg.): Politische Kommunikation in internationalen Beziehungen. Berlin: LIT (Studien zur politischen Kommunikation, 2), S. 7–32.

Thibaut, Matthias (2010): BBC will Vorsprung vor CNN ausbauen. In: *Potsdamer Neueste Nachrichten*, http://www.pnn.de/medien/262161/ [20.02.2010].

Thompson, John B. (2006): The Globalization of Communication. In: David Held und Anthony McGrew (Hg.): The Global Transformations Reader. 2. Aufl. Cambridge: Polity Press, S. 246–259.

Thussu, Daya K. (2000): Development News versus Globalized Entertainment. In: Abbas Malek und Anandam P. Kavoori (Hg.): The global dynamics of news. Studies in international news coverage and news agendas. Stamford, Conn.: Ablex, S. 323–342.

Thussu, Daya K. (2003): Live TV And bloodless deaths: War, infotainment and 24/7 news. In: Daya Kishan Thussu und Des Freedman (Hg.): War and the media. Reporting conflict 24/7. Reprint. London: Sage Publ., S. 116–132.

Thussu, Daya K. (2005): From MacBride to Murdoch: The marketisation of global public communication. In: *the public* 12 (3), S. 47–60.

Thussu, Daya K. (2006): International Communication. 2. Aufl. London: Hodder Arnold.

Thussu, Daya Kishan; Freedman, Des (Hg.) (2003): War and the media. Reporting conflict 24/7. Reprint. London: Sage Publ.

Tiele, Annekaryn (2010): Nachrichtengeographien der Tagespresse. Eine international-vergleichende Nachrichtenwertstudie. Berlin: Logos Verlag.

Tietje, Christian (2005): Grundzüge und rechtliche Probleme der internationalen Informationsordnung. In: Hans-Bredow-Institut (Hg.): Internationales Handbuch Medien 2004/2005. 27. Aufl., S. 15–39.

Tomlinson, John (1999): Globalization and Culture. Chicago: Univ. of Chicago Press.

Treverton, Gregory F.; Jones, Seth G. (2005): Measuring National Power. Hg. v. RAND National Security Research Division. Santa Monica.

Tupper, Patricio (2010): Yes, the ideas of the MacBride-Report are still current. In: *Quaderns del CAC* (21), S. 49–51.

UNESCO-Kommission der Bundesrepublik Deutschland, Österreichs und der Schweiz (1981): Viele Stimmen - eine Welt. Kommunikation und Gesellschaft - heute und morgen. Bericht der Internationalen Kommission zum Studium der Kommunikationsprobleme unter dem Vorsitz von Sean MacBride an die UNESCO. Konstanz: Universitätsverlag Konstanz GmbH.

Varchaver, Nicholas (1999): CNN takes over the world. In: *message* (11), S. 52–59.

Virilio, Paul (1997): Krieg und Fernsehen. Frankfurt am Main: Fischer.

Volkmer, Ingrid (1999): News in the Global Sphere. A Study of CNN and its Impact on Global Communication. Lutton: University of Lutton Press.

Volkmer, Ingrid (2002): Sphären transkultureller Öffentlichkeit. Dialektische Räume im globalen Diskurs. In: Andreas Hepp und Martin Löffelholz (Hg.): Grundlagentexte zur transkulturellen Kommunikation. Konstanz: UVK-Verl.-Ges., S. 819–834.

Vowe, Klaus W. (1993): Grenzen der Ökonomie in der Medienwelt? In: *Medien & Erziehung* 37 (1), S. 79–81.

Wagschal, Uwe (1999): Statistik für Politikwissenschaftler. München: Oldenbourg.

Wallerstein, Immanuel (1979): The capitalist world-economy. Essays. Cambridge: Univ. Pr.

Wallerstein, Immanuel (1991): Geopolitics and geoculture. Essays on the changing world-system. Cambridge: Cambridge Univ. Press.

Wallerstein, Immanuel Maurice (2004): World-systems analysis. An introduction. Durham, NC: Duke Univ. Press.

Wanta, Wayne; Golan, Guy J.; Lee, Cheolhan (2004): Agenda-Setting and International News: Media Influence on Public Perceptions of Foreign Nations. In: *Journalism & Mass Communication Quarterly* 81, S. 364–377.

Warren, Carl (1934): Modern News Reporting. New York: Harper & Bros Publishing.

Weaver, David; McCombs, Maxwell E.; Shaw, Donald L. (1998): International trends in agenda setting research. In: Christina Holtz-Bacha, Helmut Scherer und Norbert Waldmann (Hg.): Wie die Medien die Welt erschaffen und wie die Menschen darin leben. Opladen: Westdt. Verl., S. 189–203.

Weaver, David; McCombs, Maxwell E.; Shaw, Donald L. (2004): Agenda-Setting Research: Issues, Attributes, and Influences. In: Lynda L. Kaid (Hg.): Handbook of Political Communication Research. Mahwah, NJ: Lawrence Erlbaum Assoc. (LEA's communication series), S. 257–282.

Weaver, David; Potter, C. J.; Evans, M. E. (1984): Patterns in foreign news coverage of on U.S.network tv. A 10-year anaysis. In: *Journalism Quaterly* 61, S. 356–363.

Weber, Patrick (2008): Nachrichtengeographie: Beschreibungsmodell und Erklärungsansatz auf dem Prüfstand. In: *Medien & Kommunikationswissenschaft* 56 (3), S. 392–413.

Weber, Patrick (2010): No news from the East? Predicting patterns of coverage of Eastern Europe in selected German newspapers. In: *International Communication Gazette* 72 (6).

Weischenberg, Siegfried (1995a): Journalistik. Theorie und Praxis aktueller Medienkommunikation. Medientechnik, Medienfunktionen, Medienakteure. Opladen: Westdt. Verl. (2).

Weischenberg, Siegfried (1995b): Legitimation als Gegengeschäft. Warum CNN zum Symbol journalistischer Dummheit geworden ist. In: Kurt Imhof und Peter Schulz (Hg.): Medien und Krieg – Krieg in den Medien. Zürich: Seismo (1), S. 163–168.

Westerståhl, Jörgen; Johansson, Folke (1986): News ideologies as moulders of domestic news. In: *European Journal of Communication* (1), S. 133–149.

Westerståhl, Jörgen; Johansson, Folke (1994): Foreign News: Values and Ideologies. In: *European Journal of Communication* (9), S. 71–89.

White, David M. (1950): The "Gate Keeper": A case study in the selection of news. In: *Journalism Quaterly* 3, S. 383–390.

Whittemore, Hank (1990): CNN. The inside story. Boston, Toronto, London: Little, Brown & Co.

Wiegel, Michaela (2006): "Wir sind nicht Chiracs TV". France 24 nimmt seinen Sendebetrieb auf. In: *Frankfurter Allgemeine Zeitung*, 2006 (06.12.2006), S. 5.

Wilke, Jürgen: Internationalisierung der Massenmedien. In: *Internationale Politik*, S. 3–10.

Wilke, Jürgen (1984a): Nachrichtenauswahl und Medienrealität in vier Jahrhunderten: Eine Modellstudie zur Verbindung von historischer und empirischer Publizistikwissenschaft. Berlin: de Gruyter.

Wilke, Jürgen (1984b): The changing world of media reality. In: *Gazette* 34, S. 175–190.

Wilke, Jürgen (1998): Konstanten und Veränderungen in der Auslandsberichterstattung. In: Christina Holtz-Bacha, Helmut Scherer und Norbert Waldmann (Hg.): Wie die Medien die Welt erschaffen und wie die Menschen darin leben. Opladen: Westdt. Verl., S. 39–57.

Wilke, Jürgen (1999): Strategien und Grenzen der Internationalisierung von Massenmedien. In: Kurt Imhof, Otfried Jarren und Roger Blum (Hg.): Steuerungs- und Regelungsprobleme in der Informationsgesellschaft. Westdeutscher Verlag: Opladen / Wiesbaden.

Wilke, Jürgen (2008): Nachrichtenberichterstattung im internationalen Vergleich. In: Gabriele Melischek, Josef Seethaler und Jürgen Wilke (Hg.): Medien & Kommunikationsforschung im Vergleich. Grundlagen, Gegenstandsbereiche, Verfahrensweisen. Wiesbaden: VS Verlag für Sozialwissenschaften, S. 237–252.

Wirth, Werner (2001): Zum Stellenwert der Inhaltsanalyse in der kommunikations- und medienwissenschaftlichen Methodenausbildung. In: Werner Wirth und Edmund Lauf (Hg.): Inhaltsanalyse. Perspektiven, Probleme, Potentiale. Köln: Halem, S. 353–361.

Wood, Mark (1998): CNN: Lokalsender für das Globale Dorf oder Voice of America für das Zeitalter des Fernsehens. In: *Bertelsmann Briefe* (139), S. 22–26.

Wright, Mark (2006): CNNI New on Air Strategy. In: *Newsletter Promax* 9.

Wu, Denis (2000): Systematic determinants of international news coverage: a comparison of 38 countries. In: *Journal of Communication* 2 (50), S. 110–130.

Wu, Denis (2003): Homogenity around the world? Comparing the systemic determinants of international news flow between developed and developing countries. In: *Gazette: The International Journal for Communication Studies* 65 (1), S. 9–24.

Wu, Denis (2007): A brave new world for international news? Exploring the determinants of the coverage of foreign nations on US websites. In: *The International Communication Gazette* 69 (6), S. 539–551.

Wu, Denis H. (1998): Investigating the determinants of international news flow. A meta analysis. In: *Gazette* 60 (6), S. 493–512.

Zayani, Mohamed (Hg.) (2005): The Al Jazeera Phenomenon. Critical Perspectives on the Arab Mediascape. Boulder: Paradigm Publishers.

Zayani, Mohamed; Sahraoui, Sofiane (2007): The Culture of Al Jazeera. Inside an Arab Media Giant. Jefferson, NC: McFarland.

Zeh, Reimar (2008): News selection process. In: Lynda Lee Kaid und Christina Holtz-Bacha (Hg.): Encyclopedia of Political Communication. Los Angeles, Calif.: Sage Publ., S. 509–513.

Zelizer, Barbie (1992): CNN, the Gulf war and journalistic practice. In: *Journal of Communication* 42 (66-81).

Zimmer, Jochen (1996): Nachrichten im Wettbewerb. Fernsehnachrichten für nationale und übernationale Märkte. In: Miriam Meckel und Markus Kriener (Hg.): Internationale Kommunikation. Eine Einführung. Opladen: Westdt. Verl., S. 162–178.